Management
Communication

康青　蔡惠伟　编著

管理沟通教程

（第五版）

立信会计出版社
LIXIN ACCOUNTING PUBLISHING HOUSE

图书在版编目(CIP)数据

管理沟通教程 / 康青，蔡惠伟编著. —5 版. —上
海：立信会计出版社，2021.3
ISBN 978 - 7 - 5429 - 6753 - 4

Ⅰ. ①管… Ⅱ. ①康… ②蔡… Ⅲ. ①管理学—教材
Ⅳ. ①C93

中国版本图书馆 CIP 数据核字(2021)第 026027 号

责任编辑　　王艳丽

管理沟通教程(第五版)

Guanli Goutong Jiaocheng

出版发行	立信会计出版社		
地　　址	上海市中山西路 2230 号	邮政编码	200235
电　　话	(021)64411389	传　　真	(021)64411325
网　　址	www.lixinaph.com	电子邮箱	lixinaph2019@126.com
网上书店	http://lixin.jd.com		http://lxkjcbs.tmall.com
经　　销	各地新华书店		

印　　刷	上海万卷印刷股份有限公司		
开　　本	787 毫米×960 毫米	1/16	
印　　张	17.25		
字　　数	319 千字		
版　　次	2021 年 3 月第 5 版		
印　　次	2021 年 3 月第 1 次		
印　　数	1—3 100		
书　　号	ISBN 978 - 7 - 5429 - 6753 - 4/C		
定　　价	43.00 元		

如有印订差错，请与本社联系调换

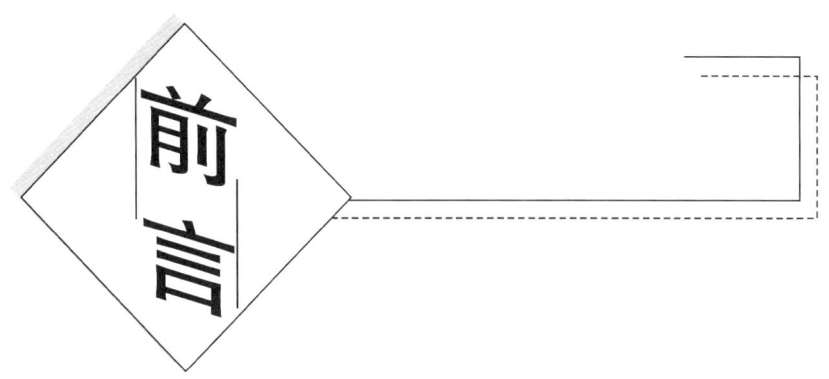

前言

　　在现代管理过程中，管理沟通比以往任何时候都显得更加重要，以至于说管理过程即为沟通过程一点也不为过。那么，在管理过程中，如何确保沟通渠道通畅？如何使各种管理决策在传递过程中不走样？这些都是各级管理者面临的共同问题。结合这些问题，基于编者团队多年的教学实践，我们编写了这本《管理沟通教程》。

　　本教材自2000年出版以来，受到广大读者，尤其是高校同仁的认同与共鸣，许多高校相继使用本教材作为相关课程的教学用书和参考书。有感于读者对本教材的青睐和立信会计出版社社长戎其玉女士的热情鼓励，编者在《管理沟通教程》（第四版）的基础上对原书中的部分案例、章节进行了更新和补充，以便新版教材更具有时代特色，更适合于"管理沟通"课程教学。

　　此次修订内容主要包括以下方面：①对全书案例进行了重新审读和部分更新；②替换了第五章中的引导性案例和第八章中的案例分析内容；③对第十四章中"网络沟通的主要形式"部分的内容做了进一步的更新和补充，增加了"视频会议沟通""手机沟通"和"微信沟通"等内容。除此之外，编者还对全书的文字表述进行了进一步的提炼。

新版教材基本保持了第四版原有的结构和风格，全书共十四章，包括沟通概论、管理沟通、倾听、非语言沟通、口头沟通、书面沟通、冲突处理、组织中的纵向沟通、组织中的横向沟通、团队沟通、会议沟通、面谈、跨文化沟通和网络沟通等内容。每章都以引导性案例为先导，引入相关概念，由浅入深，层层递进。此外每章末尾还编有各种案例分析、情景模拟和角色扮演等练习，以丰富"管理沟通"课程教学实践。

与其说管理沟通理论是一门科学，不如说它是一门艺术。掌握一门艺术，理论学习固然重要，但更重要的是要靠实践和经验积累。因此，我们并不奢望仅凭这本教材就能使你步入管理沟通的艺术殿堂。但是，如果这本教材对于有志于学习和完善自己的沟通艺术的读者有所启迪的话，编者也就感到十分欣慰了。

本教材中的一些观点是编者在教学科研中的点滴体会，不一定成熟，加之时间仓促，书中难免会有疏漏和错误，敬请各位同仁和读者提出宝贵意见和建议，来函请寄：kangq@ecust.edu.cn。

康　青
2020 年 12 月于上海

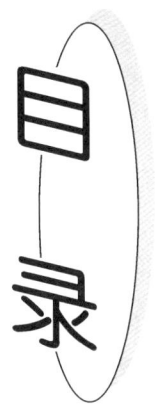

管理沟通教程

第 一 章

沟 通概论

学习目标

- 明确沟通的定义
- 了解沟通的过程及其基本要素
- 识别沟通的障碍
- 掌握有效沟通的策略

引导性案例

2008 年 4 月 28 日 4 时 41 分，由北京开往青岛的下行 T195 次旅客列车，运行至山东省境内胶济铁路周村站至王村站间，发生列车脱轨事故，机车后第 9 节至 17 节车厢脱轨，其中尾部车厢侵入上行线，与上行线由烟台开往徐州的 5034 次旅客列车发生碰撞，造成 5034 次列车机车及机车后第 1 节至 5 节车厢脱轨。事故共造成 72 人死亡、416 人受伤。受伤旅客中有 4 名外籍旅客。1 辆机车严重受损，14 节车厢报废，648 米铁路线及部分牵引供电设备损坏，事故造成胶济铁路行车中断近 22 小时。这是一场近年来全国铁路行业罕见的列车相撞事故，给国家和人民生命财产安全造成重大损失，举国震惊。

事故的表层原因

据时任国务院事故调查组组长、安全监管总局局长王君介绍，这是一起典型的责任事故。28 日凌晨，北京至青岛的 T195 次列车严重超速，在本应限速每小时 80 公里的路段，实际时速居然达到了每小时 131 公里。通过调阅 T195 次列车运行记录监控装置数据，该列车实际运行速度每小时超速 51 公里，致使该列车第 9 节至 17 节车厢在铁路弯道处脱轨，冲向上行线路基外侧。此时，正常运行的烟台至徐州 5034 次列车以每小时 70 公里的速度与脱轨车辆发生撞击。

这起事故充分暴露了一些铁路运营企业安全生产认识不到位、领导不到位、安全生产责任不到位、安全生产措施不到位、隐患排查治理不到位和监督管理不到位的严重问题。同时也反映了基层安全意识薄弱，现场管理存在严重漏洞，安全生产责任没有得到真正落实。

事故的深层原因

当时新任济南铁路局局长耿志修 29 日坦承，分析这起事故原因，表明了"济南铁路局对施工文件、调度命令管理混乱，以文件代替临时限速命令极不严肃"等一系列问题。

据介绍，济南铁路局 4 月 23 日印发了《关于实行胶济线施工调整列车运行图的通知》，其中含对该路段限速 80 公里的内容。这一重要文件距离实施时间 28 日零时仅有 4 天，却在局内网上发布，对外局及相关单位以普通信件的方式传递，而且把北京机务段作为了抄送单位。这一文件发布后，在没有确认有关单位是否收到的情况下，4 月 26 日，济南铁路局又发布了一个调度命令，取消了多处限速命令，其中包括事故发生段。各相关单位根据 4 月 26 日的调度命令，修改了运行监控器数据，取消了限速条件。

济南铁路局列车调度员在接到有关列车司机反映现场临时限速与运行监控器数据不符时，4月28日4时02分济南铁路局补发了该段限速每小时80公里的调度命令，但该命令没有发给T195次机车乘务员，漏发了调度命令。而王村站值班员对最新临时限速命令未与T195次司机进行确认，也未认真执行车机联控。与此同时，机车乘务员没有认真瞭望，失去了防止事故的最后时机。

············

从对这起事故深层次原因的分析中我们不难发现，相关责任人沟通意识的缺乏或淡薄正是酿成这起事故的主要原因。由此可见，沟通在管理过程中的作用是相当重要的！难怪有人说，管理过程就是沟通过程。

说到沟通，有些人不以为然，认为沟通不是一件很困难的事。有人以为：沟通不就是说话吗？谁不会说话？还有的人以为：我已经和他说过，那就意味着沟通过了。事实果真如此吗？

本章将就沟通的本质、沟通的要素、沟通过程中可能存在的障碍以及如何排除这些障碍来提高沟通的效果等问题进行讨论。

沟通的定义

> 沟通是人们通过语言、文字、符号或其他表达形式进行信息传递和交流的行为及过程。

在我们日常生活、学习和工作中处处有沟通。本章引导性案例就是日常工作中的一个活生生实例。所谓沟通，就是指人与人之间通过语言、文字、符号或其他的表现形式进行信息和知识等交流的行为及过程。为了生活、工作、学习的顺利进行，人们每天要面对不同的人、针对不同的事进行千差万别的沟通。

沟通的基本模型与要素

从沟通的定义可以看出，沟通过程中涉及沟通主体（信息发送者和信息接收者）和沟通客体（信息）的关系。沟通的起始点是某个人，是信息发送者；终结点也是某个人,是信息的接收者;而当终结点上的人反馈自己的想法、意见时,终结点上的人则又成为信息发送者,最初的起始点上的人又成为信息接收者。沟通还包含信息发送者为影响接收者而使用的语言或非语言的行为。信息以怎样的方式或渠道被传递给接收者,接收者又是如何解读信息,以及信息最终以怎样的方式被理解和反馈,这都与沟通过程中主体的语言和非语言行为息息相关。

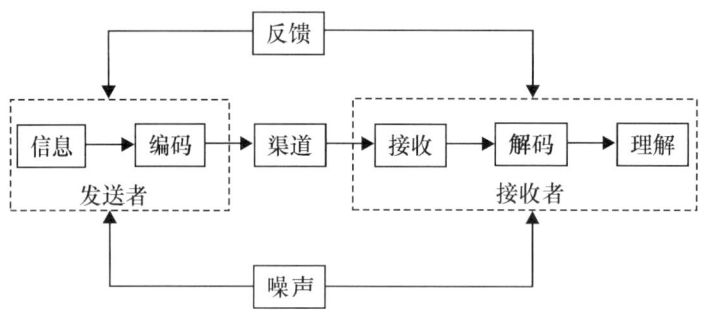

图 1.1　沟通过程模型

图 1.1描述了人与人之间沟通过程的基本模型,它不仅揭示了沟通的各种要素,同时也显示了沟通过程的各个环节以及各环节之间的联系。具体来讲,沟通过程涉及信息发送者与接收者、渠道、反馈与噪声等要素,以及两个"黑箱操作"过程:一个是信息发送者对信息的编码过程;另一个则是信息接收者对信息的解码过程。这两个子过程之所以被视为黑箱过程,因为我们无法监测而且难以控制这两个子过程,这是人脑的思维和理解过程。前者是反映事实、事件的数据和信息如何经过信息发送者的大脑处理、理解并加工成双方共知的语言的过程,而后者是信息接收者如何就接收到表述数据和信息的语言经过搜索大脑中已有的知识,并与之相匹配从而将其理解、还原成事实、事件等过程。

因此,貌似简单的沟通过程事实上存在很多环节,可能产生问题和麻烦,从而影响沟通的劝说、交流、了解和密切关系等目的的实现。对照前面描述的沟通失败事例,我们可以理解为什么每天我们都有可能遇到因沟通而出现的误解、尴尬,甚至是矛盾和冲突。两个人或更多的人之间准确的信息交流,只有在双方共享或分享经验、感知、思想、事实或感情时才会发生。个人内部和外部存在的某些因素,往往会产生不准确的感知,并导致不尽如人意的信息交流。但是,这并不一定需要双方个人之间的观点、意见完全一致,只要这些对立的观点是按照原来计划表达的含义被传递、接收和理解了,就会发生准确的个人之间的信息交流。

如图 1.1所示,沟通过程模型包括信息发送者和信息接收者、编码和解码、渠道、反馈与噪声等基本要素或子过程。下面我们就这些要素来进一步了解沟通。

信息发送者与信息接收者

个人之间的信息交流显然需要有两个或两个以上的人参加。图1.1表示的是只有两个人参加的信息交流过程。由于个人之间的信息交流往往包含人们相互间一系列的互换与互动、沟通与交流，所以把一个人定义为发送者，而把另一个人定义为接收者，这只是相对而言。这两种身份可能发生转换，取决于我们处于信息沟通模型中的哪一个位置。

在信息交流过程中，发送者的功能是产生、提供用于交流的信息，是沟通的初始者，具有主动地位。而接收者则被告知事实、观点或被迫改变自己的立场、行为等，所以处于被动的位置。发送者和接收者这种地位对比的特点对于信息交流的过程有着重大影响。

根据沟通的目的明显与否，可以看到两种沟通：一种是目的明确的沟通；另一种是潜意识的沟通。如前述，作为社会或群体中的成员，人们无时无刻不在进行有意识或无意识的信息交流。但在大多数情况下，人们是有目的地传递各种信息。企业领导者向员工发表演讲，无非是向其部下宣传一种理念、灌输一种思想或阐明一种观点。丈夫与妻子谈论工作事宜，无非是为了获得理解、支持和增强家庭的关系。因此，发送者应明确自己进行信息交流的目的，如是表达情感，还是阐明观点、改变接收者的行为，或是强化与接收者的关系等。如果接收者对这些目的持对抗态度，那么发生曲解与误会的可能性就会很大。信息交流的目的与双方的感知、态度及价值观方面越一致，则个人之间信息交流便可能越准确。

编码与解码

信息交流过程是信息发送者表达自己思想、观点、情感的过程，所传递的信息已不是我们原来的思想，而是那种思想、观点、情感的一个代码符号。我们希望这些信息跟我们头脑中原有的思想、观点、情感要尽可能地接近。你是否感觉到把自己"内心的"思想、观点、情感真实而又全面地表达出来是何等艰难，或者是根本办不到的事？你的思想、观点、情感与所传递的信息以任何符号、代码被沟通，直接影响沟通目的是否得以实现。沟通的编码和解码的两个过程是沟通成败的关键。

编码是发送者把自己的思想、观点、情感等信息根据一定的语言、语义规则翻译成可以传递的信号。解码就是把所接收到的信号翻译、还原为原来的含义。在剖析沟通的过程中，我们不会怀疑编码和解码的关键作用，但在实际沟通中，我们却常常意识不到其重要性。因为成年的沟通主体基本都能很娴熟地驾驭着编码和解码的过程，因此这两个过程发生时速度很快，很多情况下，人们意识不到这两个过程的发生。但请回想你与一个正在牙牙学语阶段的孩童的对话的经历，你会看到大多数学语阶段的孩童在表述一句话前总会显出努力思考的样子，他们在干吗？他们正在大脑中进行搜索、匹配，在努力选择合适的词语来表达自己的意思。用沟通的术语来讲，他们在进行编码。

可见，编码是信息交流和人际沟通及交往极其关键的一个环节，它决定了整个信息交流过程是否有效或成功与否。毫无疑问，我们所拥有的语言水平、表达能力和知识结构，对于我们将自己的思想、观点、感情等进行编码的能力，起着至关重要的作用。

评价发送者的编码能力有三个标准：首先是认知，即"对不对"的问题；其次是逻辑，即"通不通"的问题；再次是修辞，即"美不美"的问题。

通过一种共同语言，人们就可以把许多信息加以解码，使所发送的含义与所接收到的含义相当接近。发送者的思想、观点、情感与接收者的思想、观点、情感完全一致，这是个体之间信息交流的"理想"状态。但事实上，沟通中这种理想状态通常很难达到。因此，为了提高沟通的准确度，我们必须尽可能使解码的含义接近编码。我们认为，当所传递的事实性信息不具威胁性时，交流很容易接近理想状态。但是，这种"理想"状态并非经常出现。由于每一个人都具有自己的特征，没有两个人是完全相同的。个人之间的差异存在于不同个性、需要、感知、动机、学习、智商、情商、态度、价值和认知决策过程等因素中。然而，当代社会的发展表明，无论在一个群体内部或在群体之间，人们的相互依赖程度增加了，人们对个体之间差异的宽容明显增强，人们不时会选择与自己观点大相径庭的人交流信息，甚至与自己思想迥然不同的人交朋友。

渠道

渠道是信息从信息发送者传递到接收者所凭借的手段。一般常用的信息渠道有语言和非语言。例如，可以面对面地交谈，也可以通过电话发送信息，还可以借助于因特网等。对于某些重要的信息，如中层管理人员的绩效评估与奖励，管理者往往采取多种渠道包括书面报告、小组评议和直接沟通等形式，以免信息传递过程中的噪声干扰和信息"失真"。

反馈

沟通过程模型的最后一个要素就是反馈。反馈就是接收者对于发送者传递的信息所做出的反应。如果接收者能充分解码，并使信息真正融入信息交流过程中的话，则会产生反馈。反馈使得发送者可以了解信息是否被接收，或者被正确理解。通过反馈，沟通便成为一种双向或多向的动态过程。

反馈可以检验信息传递的程度、速度和质量。获得反馈的方式有很多种，包括直接的和间接的、口头的和书面的、有意的和无意的。如直接向接收者提问，或者通过观察接收者的脸部表情以获得其对传递信息的反馈等。但光凭借观察来获得反馈，还不能确保沟通的效果。观察接收者的反馈的方法必须结合直接提问法,才能获得可靠的反馈信息。

噪声

噪声则是指从发送者传递信息到接收者收到信息,理解信息并加以反馈的全过程中的干扰因素,这些因素会干扰信息的正常交流,会影响沟通的有效性。噪声主要来源为:

* 情绪状态与环境情景对正确发送或接收信息形成的障碍;
* 双方个性特点如气质、性格、能力等会影响沟通顺利进行;
* 价值观与认知水平的不同导致无法理解双方的真正意思;
* 地位级别所造成的心理落差和沟通距离;
* 编码和解码时采用的信息符号系统的差异;
* 渠道本身的物理性问题。

总之,噪声作为一种干扰源,无论产生于沟通过程中的哪一层面、哪一环节,无论有意或无意为之,其本身也是一种信息。只不过这种信息通常增加信息编码和解码中的不确定性,导致信号发送和接收时的模糊与失真,并将进一步干扰沟通双方的信息交流。

沟通中的障碍

如上所述,由于从信息发送者到信息接收者的整个过程中都免不了各种噪声的存在,因此沟通过程并非都是畅通无阻的,其结果也并非总是如人所愿。相反,沟通过程中因为存在这样或那样的障碍,而会出现沟通失败或无法实现沟通目的的结果。信息沟通中的障碍,有客观的也有主观的;有外在的,也有内在的,既有信息发送者和接收者方面的障碍,也有渠道选择上的障碍,但其中起关键作用的主要是发送者的障碍和接收者的障碍。

信息发送者的障碍

◆ 目的不明

若信息发送者对自己将要传递的信息内容、交流的目的缺乏真正的理解,即不清楚自己到底要向对方倾诉什么或阐明什么,那么,信息沟通的第一步便碰到了无法逾越的障碍。因此,发送者在信息沟通之前必须有一个明确的目的和清楚的概念,即"我要通过什么渠道向谁传递什么信息并达到什么目的"。

◆ 表达模糊

无论是口头演讲还是书面报告,都要表达清楚,使人一目了然,心领神会。若发送者口齿不清、语无伦次、闪烁其词,或者词不达意、文理不通、字迹模糊,都会产生噪声并造成传递失真,使接收者无法了解对方所要传递的真实信息。

◆ 选择失误

信息发送者若对传递信息的时机把握不准,缺乏审时度势的能力,则会大大降低信息交流的价值;若选择不恰当的沟通渠道,则会使信息传递受阻,或延误传递的时机;若沟通对象选择错误,无疑会造成不是"对牛弹琴"就是自讨没趣的局面,直接影响信息交流的效果。

◆ 形式不当

当我们使用语言即文字或口语和非语言即形体语言(如手势、表情、体姿等)表达同样的信息时,一定要相互协调,否则使人如"丈二和尚摸不着头脑";当我们传递一些十万火急的信息,若不采用电话、传真或因特网等现代化的快速通道,而通过邮递寄信的方式,那么接收者收到的信息往往由于时过境迁而失去意义。

信息接收者的障碍

◆ 过度加工

接收者在沟通过程中,有时会按照自己的主观意愿,对信息进行"过滤"和"添加"。如在企业里,由部下向上司所进行的上行沟通,某些部下"投其所好",报喜不报忧,所传递的信息往往经过层层"过滤"后或变得支离破碎,或变得完美无缺;又如由决策层向管理层和执行层所进行的下行沟通,经过逐级领会而"添枝加叶",使得所传递的信息或断章取义,或面目全非,从而导致信息的模糊或失真。

◆ 知觉偏差

接收者的个人特征,诸如个性特点、认知水平、价值观、权力地位、社会阶层、文化修养、智商、情商等将直接影响到对被知觉对象即发送者的正确认识。人们在信息沟通中,总习惯于以自己为准则,对不利于自己的信息要么视而不见,要么熟视无睹,甚至颠倒黑白,以达到防御的目的。

◆ 心理障碍

如果接收者在沟通过程中曾经受到过伤害和不良的情感体验,造成"一朝遭蛇咬、十年怕井绳"的心理定式,对发送者心存疑惑、怀有敌意,或由于内心恐惧、忐忑不安,就会拒绝接受所传递的信息,甚至抵制参与信息交流。

克服沟通障碍的策略

尽管存在上述诸多沟通障碍,但是沟通现状并非那么令人绝望。俗话说

"不怕做不到，只怕想不到"，只要认识到沟通障碍的存在，就给我们妥善处理并排除沟通障碍带来了希望。研究表明，沟通是科学与艺术的结合。因此，增强沟通意识，掌握克服沟通障碍的技巧和方法就显得非常重要。以下是如何克服障碍，实现有效沟通的策略。

使用恰当的沟通节奏

"条条大道通罗马"，说的正是实现目标有多种途径的意思。面对不同的沟通对象，或面临不同的情境，应该采取不同的沟通节奏，这样方能事半功倍，否则，可能造成严重的后果。如在一个刚组建的项目团队，团队成员彼此会小心翼翼，相互独立，若此时采取快速沟通和参与决策的方式，可能会导致失败；一旦一个团队或组织营造了学习的文化氛围，即组建了学习型组织时，可以导入深度会谈、头脑风暴等开放式的沟通方式。

考虑接收者的观点和立场

有效的沟通者必须具有"同理心"，能够感同身受，换位思考，站在接收者的立场，以接收者的观点和视野来考虑问题。若接收者拒绝其观点与意见的话，那么信息发送者必须耐心、持续地做工作来改变接收者的想法，发送者甚至可以反思：我自己的观点是否正确？

充分利用反馈机制

进行沟通时，要避免出现"只传递而没有反馈"的状况。一个完整的沟通过程，要包括信息接收者对信息做出反应。只有确认接收者接收并理解了信息发送者所传递的信息，沟通才算完整与完成。为了检验沟通是否达到目标，信息发送者只有通过获得接收者的反馈才能确定，如提问、倾听、观察、感受等方式。

以行动强化语言

中国人历来倡导"言行一致"。语言上说明意图，只不过是沟通的开始，只有把语言化为行动，才能真正提高沟通的效果，达到沟通的目的。如果"说一套、做一套"，言行不一致，这种所谓的沟通其结果是可怕的。家长要求子女要努力、上进，养成积极向上的人生观，而自己却沉湎于赌博、搓麻将，请问这种开导式的沟通有效果吗？在企业中，传达政策、命令、规范之前，管理者最好能够确定是否能真正化为行动。树立了以行动支持语言的信誉后，管理沟通才能真正达到沟通的目的，才能在企业内部建立一种良好的相互信任的文化氛围，并使企业的愿景、价值观、使命、战略目标付诸实施。ISO 9000 中有这样一句话，"说你能做的，做你所说的"，说的正是这个道理。

避免一味说教

有效沟通还应该是沟通双方彼此之间的心灵交流。试图用说教的方式与人交往则违背了这个原则。当信息发送者一味打算全面传达其信息时，就很难对接收者的感受、反响做出反应,当其越投入、越专注自己要表达的意思,越会忽略接收者暗示的动作或情绪、情感方面的反应,其结果会引发接收者对其的反感与"敬而远之"。

小　结

　　本章首先就一般意义上的沟通给出定义,认为沟通就是通过语言、文字、符号或其他手段进行的信息、知识与情报的传递行为与过程。接着,本章全面讨论了沟通过程的基本模型,包括信息发送者、接收者、渠道、反馈与噪声等基本要素以及编码和解码的子过程,并在此基础上分析了沟通中影响沟通有效性的主要障碍,即信息发送者和接收者的障碍,最后就如何提高沟通效果提出了相应对策。

讨 论 题

▷ 何谓沟通?
▷ 描述一般意义上的沟通过程模型,并解释其中各要素和子过程。
▷ 分析沟通中可能存在的障碍。
▷ 给出克服沟通障碍的有效策略。

案例分析

　　2019 年 5 月 15 日,上午。

　　康凯珠光材料有限公司上海分公司经理朱杰博士收到了张先荣工程师的辞职信。短短的两个月,这已经是颜料部第二个人辞职了,朱杰博士紧锁双眉。眼前的辞职信再一次表明了这一不争的事实:自从颜料部来了新的营销经理陆伟,这个部门就像中了邪一样。不仅其下属牢骚满腹,而且原来的业务部经理的积极性也似乎降低不少。难道自己任命新经理的决定真的错了吗?新经理的到来,非但没有加强颜料部的营销力量,反而使原本还算稳定的颜料部员工队伍变得军心不定。已经损失了两名骨干员工的颜料部怎样才能走出困境？

望着窗外飞驰的车流，朱博士的思绪变得越来越纷乱起来：如何应对眼前的困境，看来应该立即召开一次紧急会议和大家一起磋商……

康凯珠光材料有限公司

康凯珠光材料有限公司，是专门从事珠光颜料和纳米材料的研究、生产和经营的高新技术企业。公司位于温州经济技术开发区滨海园区，厂区面积36 000平方米，项目总投资5 000万元，为ISO 9001—2000版认证企业。公司具有雄厚的技术力量，先进的生产设备，完善的质量控制体系及高素质的员工，保证了珠光颜料和纳米材料的卓越品质。

康凯珠光材料有限公司历来将产品开发技术视为公司的核心竞争力，现已具备独立研发能力，并首创晶格重整技术。已开发出导电钛晶珠光颜料系列、晶钻珠光颜料系列等新品，还开创性地研发出导磁、吸收电磁波等功能化产品，标志着公司的研发已从单一的追求装饰效果向功能开发的方向转变。利用表面金属化技术制成的导电珠光粉，不但赋予其较高电导率，还保持了原有的光学特性；不仅有深色导电珠光粉，也有白色和彩色的导电珠光粉，可用于众多的要求抗静电和导电的场合。钛晶珠光颜料系列产品具有较强的金属光泽和高饱和度色彩，色相独特，色谱齐全，在某些场合可完全取代金属颜料，并克服了后者易氧化、变色、易燃、易爆等缺陷。

随着企业的发展，康凯珠光材料有限公司已经拥有4个生产基地以及1个研究所，并在上海、广州以及西安设有分公司。

珠光颜料

人工合成的珠光颜料是根据天然珍珠的结构原理，生产如珍珠一般的柔和珠光效果的颜料。它以低折射率的云母晶片为核心，其外层包裹具有高折射率的金属氧化物，如二氧化钛、氧化铁等。正如珍珠是由碳酸钙及蛋白质层交替裹覆着一个核心组成一样，光线通过这些层面产生穿透，经过反射和折射从而产生类似虹彩的颜色和干扰色。最普通的珠光颜料为银白色，其颜色效果如白珍珠效果一般。通过控制云母晶片上二氧化钛的包覆层的厚度可以获得干扰色的珠光颜料。云母晶片被其他金属氧化物包覆，如三氧化二铬、三氧化二铁等可以产生金属色泽及其他含有珠光效果的色泽。它是一种无机颜料，其珠光效果可以根据云母片的大小而产生由弱到强的不同效果。它具有良好的加工性能，无毒、耐热，操作简便，附加值高。

珠光颜料几乎可以适应所有天然和合成树脂。能与这些树脂配制成溶剂型、水基型和粉末的珠光漆，使用幻彩珠光颜料还可以制成装饰性极强的美术幻彩涂料。在涂料的制造或使用中，幻彩系列涂料主要用于高级家具，室内墙面或墙板的装饰,也可用于轻工产品的装潢。不论是何种涂料配方,都必须依据不同的原理来产生幻彩花纹。例如,加入某种表面活性剂,降低涂层的表面张力,使涂布时产生花纹;利用溶剂挥发速度的差异,使涂层的不同区域产生表面张力的差异,以产生花纹;利用溶剂涂料和水基型涂料两者的极性不同以及溶解性不同而产生花纹等。珠光颜料由于具有极高的光折射率,珠光效应和视角闪色效应,因而为涂料工艺设计人员提供了创造新的色彩和装饰效果的广阔领域。银白珠光颜料赋予涂膜以明亮的白色珍珠光泽,而且还可以利用底涂层来创造装饰效果。底涂层颜色越深,越能显示更多的金属光泽;涂料颜料基比越低,底涂层的颜料色越能透过稀薄的珠光面涂层显露出来。珠光颜料能单独提供全新的、有趣的色彩和色调,这种具有光干涉色的幻彩珠光颜料既可以单独与树脂配制清珠光面漆,也可以与常规透明漆混合使用而配制成珠光颜料色面漆。其次,云母钛珠光颜料的底涂层颜色在装饰性涂料中的作用和地位已牢固地树立起来。

珠光颜料的应用范围极其广泛,应用于化妆品、汽车漆、印刷制品及油墨、塑料制品、玩具纺织品、皮革制品、陶瓷、壁纸、人造珠宝等。它能再现自然界中珍珠、贝壳、飞禽羽毛、鱼虫鳞片等奇特光泽,塑造产品高格调形象,因而受到人们的广泛喜爱。

颜料部

康凯珠光材料有限公司上海分公司下属部门颜料部主要负责珠光颜料的研究开发及销售,近年来,颜料部业务快速拓展,每年销售的珠光颜料以35%的增长率递增。

朱杰博士40岁出头,于2011年8月进入康凯珠光材料有限公司,任化学试剂产品经理。2012年5月,当康凯珠光材料有限公司在上海设立分公司时,朱杰博士便被委派到上海主持工作。2012年6月,朱博士在上海成立珠光颜料部应用实验室。2014年年底,朱博士由于工作出色,被提升为康凯珠光材料有限公司副总经理,主要分管华东地区所有业务发展和规划。

随着业务的不断扩展和朱博士职责范围的不断扩大,具体地管理各个部门已不太可能。同时,珠光颜料部实验室成立,他按照事先的构想将颜料部的销售和市场一分为二。不久,新的部门经理陆伟走马上任了,陆伟与原来的李文经理共同管理颜料部,但这时却埋下了隐患。颜料部有四个业务员,两个实验员,由于突然空降了一位新领导,他们受到双重领导,一时间气氛陡然紧张。俗话说新官上任三把火,陆伟急于做出一些成绩,在没得到李文同意和对颜料部不十分熟悉的情况下,陆伟决定开拓塑钢市场。他指派员工赵春独立开发这一市场。然而,此时,赵春已另由李文经理安排。其实,珠光颜料并不适用于塑钢市场,因而赵春并没有把精力全部投入在这个市场上。半个月内,陆伟频频给赵春施加压力,这不仅引起了李经理的不满,更招致赵春的辞职。然而,此时朱杰博士并没有对此作出任何表示。在近乎默认的情况下,陆伟将矛头指向了另一位业务员张先荣,张先荣本来主要负责珠光颜料在印刷领域的应用和技术服务,然而由于颜料本身的特性在目前最广泛的印刷方式——胶印的印刷工艺中无法得以应用,于是,陆伟认为这是一个良机,同样的,张先荣又被委以重任开发这一塑钢市场。可是,这并非一个一蹴而就的市场。一个月后,张先荣无法忍受陆伟和李文同时向他发出的不同指令,愤而提出了辞职。

这一次骨干员工的离职,引起了朱杰博士的重视。

桌上的电话铃声将朱博士的思绪拉回了现实,看来是到了要好好考虑如何走出这一困境的时候了……

问题

1. 朱杰博士遇到了什么烦心的问题?

2. 颜料部的两位领导李文与陆伟之间的沟通状况如何?对于后来部门出现的一系列矛盾具有什么影响?

3. 你认为颜料部来的新领导陆伟的沟通意识如何?是否应该改进?如何改进?

4. 在多头指挥不知所措的情况下,赵春和张先荣除了辞职还有其他选择吗?请谈谈他们在沟通方面可以做的努力。

5. 技术人员赵春辞职后,作为上海分公司经理的朱杰博士却并没有对此作出任何表示,是否合适?你有什么建议?

第二章

管理沟通

学习目标

- 了解沟通与管理的关系
- 阐述管理沟通的作用和功能
- 理解管理沟通的类型和内容
- 了解影响管理沟通的因素
- 掌握有效管理沟通的策略

引导性案例

吕莉的同事和部下都说她"外柔内刚",她自己也承认这一点,"我与部下的谈话结束很久以后,他们才意识到,我是在责备他们"。

吕莉的装束很富有女性化,说话也多温柔、平缓。也许正是这种特质打动了员工,即使在批评他人,也从不怒目圆睁。她待人温和,具有一流的倾听技巧。人们很尊重她,说她温柔的外表下蕴藏着坚强的意志。

"有一件事我永远难忘,至今还历历在目。当时,我必须开除一个员工,她是我最好的朋友。我没有处理好,影响了我们的关系。其实,这对她并没有坏处。后来,她进入另一个行业,做得相当出色。"

吕莉在工作中逐渐掌握了处理问题的技巧。她的诀窍是,在用人之前事先做好准备。"当你做计划的时候,就要清楚你需要什么样的人才以及你的要求。除了必需的工作技能外,我很看重品质、个性、幽默感和责任感。选人时谨慎些,用起来就轻松多了。"

人员被正式录用以后,吕莉给其充分的锻炼机会,随时予以纠正。"我不希望当我第一次考核时,对方对自己的工作还一无所知。"

她待人诚实、坦率,有争执或冲突时马上解决,绝不拖泥带水。但是,态度却不强硬,不给对方造成压力。

做了这么多年的主管,吕莉总结出三类最难打交道的员工和与他们友好相处的办法。一是满腹牢骚的员工,"我尽量开导他们,让他们往远处着想,给他们尝试的机会"。二是桀骜不驯的员工,"他们真令人头疼,我曾被他们气得发抖,但我有原则,我绝不纵容不讲道理的人。我会让他们知道,在我们这里,只要有道理,什么都可以商量,否则免谈"。三是能力差的员工,"我并不歧视他们,给他们创造增进技艺的机会,并给予指导,通常是半年。多数员工进步很快,我继续鼓励他们"。

吕莉说,与难打交道的员工即"问题员工"相处的诀窍是深入了解他们。通过不断思考和吸取教训,吕莉对待各类员工的技巧日渐成熟。除了"读人"的本领大增,处理问题的能力也大有改善。"我从不排斥异类,他们虽然与我个性不同,但都有他们自己的优点。一个多元化的环境就应该有各类人才,创造力才会增加。不要只用你的同类,只要是对公司有用的人,就要充分发挥他们的潜能。"

吕莉曾先后与9位上司共事,他们都属于控制型的管理者,但她都能与这些主管和睦相处。这是她的优势,也是她成功的基础。

这是一个成功的管理沟通的案例。吕莉为什么会成功处理与上司、同事和下属的关系，而不管他们是控制型、平易型或刁钻型的人？在组织中进行沟通与普通的人际沟通有何不同呢？管理者如何提高管理沟通的效果，并借此提高管理的效果，像吕莉那样成为成功的管理者呢？这些正是我们本章所要讨论的。

管理沟通的定义

> 管理沟通，是围绕组织运作而进行的信息、知识与情报的传递与交流过程，是实现管理目的的媒介，也是企业有效运作的润滑剂。

生活中处处有沟通，组织中也同样有沟通。企业的各种经营管理活动必须借助沟通才能顺利开展。在一个组织内部为实现管理的最终目的必须进行各种形式的沟通活动，而这些沟通活动的成功与否决定了管理的成效。因此，让我们先来认识一下沟通与管理的关系。

沟通与管理的关系

管理与沟通密不可分。良好的沟通意味着有效的管理。成功的管理则要通过有序的沟通促成。首先，管理沟通是管理者更好地履行计划、组织、领导和控制等职能的润滑剂。同时，在管理者扮演的十大角色之中沟通也占据了十分重要的地位。因此，管理者必备的管理技能之一就是管理沟通。

管理职能与管理沟通

为了更好地了解管理沟通与管理的关系，我们必须了解管理者履行的四大职能中管理沟通的性质和作用。

◆ 计划

计划就是设置目标，并确定从我们现在所处的位置到达预期目标的最佳路径的过程。这个过程包含一系列决策，即确定任务，在各种方案中选择未来的行动路径，从而确定如何配置现有的资源，如员工、资金、设备、渠道或时间等。

计划是企业进行生产活动的基石,在整个管理活动中有着不可替代的地位。有效的计划,不仅指计划本身,还包括如何使组织成员充分了解计划,明白组织目标,理解行动方案,否则实施计划、实现目标无从谈起。而为了达到这两个目的,都必须依靠有效的管理沟通活动,尤其是与下属的沟通。因此,就计划职能而言,其中所发生的管理沟通基本上包括制定计划之前向下属搜集信息、意见和想法,计划制定过程中的员工参与,以及计划制定之后向员工传达,帮助他们认识任务。从现代管理的观点来看,上司必须不断对下属授权,让部下更多参与目标的实现和方案的选择,才能增进组织成员上下级间的相互信任,彼此精诚合作,实现组织目标。这里,授权、参与都是从提高沟通效果的角度来增大实现目标的机会。

◆ 组织

组织职能是指管理者为实现目标而进行资源配置,设立一个正式的职权分明的职位结构或职务结构。换言之,组织工作就是精心策划组织内部的角色结构,并将每一个角色分配给每一位能够胜任的成员。具体来说,在进行组织工作时,管理者设定职位框架,并从权利、责任和要求等方面描述其中每个角色,同时根据人员特点,进行人员与工作匹配,使人员结成一定的工作关系。因此,组织的过程就是全面调动和充分利用人力资源的过程。好的组织工作可以确保人们在完成工作过程中相互配合并协调一致,能够更有效、更顺利地完成工作。好的组织工作同时也为领导和激励工作设置了合适的工作平台,扫清了结构上的障碍。显然,管理沟通又一次为人员与工作的协调一致提供了"润滑剂"。

如今,社会各个方面正发生着翻天覆地的变化,对企业管理造成一定的冲击,许多企业正面临着这样或那样的变化,其中在组织结构上正出现由"宝塔型"扁平化成"饼型"的演化趋势,由此而产生的流程的再造工程必然会给管理沟通带来新的命题。

◆ 领导

领导的职能是指管理者通过自身的行为活动对员工施加影响,使其努力实现组织目标并做出贡献。因此,作为管理者,一方面既要领先一步,比其追随者更加能够高瞻远瞩,同时又要引导其追随者同步前进,时刻领悟管理者的指令或提出的目标,并千方百计努力完成任务。越来越多的研究和实践表明,建立在职位基础上的权威对追随者行为所施加的影响是有限的,因敬畏而带来的服从是被动的,现代人更愿意追随那些能够满足大家需要、实现共同愿景的领导者。因此,管理者必须借助管理沟通来展示自身的人格魅力、知识才华和远见卓识,淡化地位与权威的作用,才能赢得追随与支持。许多事实表明,有效的领导者同时必然是掌握娴熟管理沟通技巧的人。

◆ 控制

控制职能是指衡量与纠正员工行为并促成计划完成的各种活动。控制与计划的成败密切相关。为了使员工的行为符合计划与规范要求，管理控制就是不断进行防错、查错与纠错等活动，即根据计划设定规范，然后定期开展绩效评估，及时发现、纠正并消除偏差，进而保证行动的方向与质量，最终完成计划。就其本质而言，控制就是不断获得反馈，并根据反馈制定对策，确保计划得以实现的过程。这个过程也有赖于管理沟通的正常开展，没有有效沟通提供的准确信息，就无法准确进行监控和采取相应的纠错行动，最终导致目标没有实现的后果。

总而言之，计划提出了管理者追求的目标；组织提供了完成这些目标的结构、人员配备与各自的责任；领导提供了激励员工的氛围，包括员工的自我激励与互相激励；控制根据拟订的计划对实现目标的进程进行确定与衡量。这四项职能的执行都与管理沟通休戚相关。同时，计划、组织、领导和控制又是不可割裂的有机整体，四项职能的相互衔接和相互协调也离不开管理沟通，这样才能保证最终实现组织的目标。四项管理职能所涉及的沟通类型如表 2.1 所示。

表 2.1　四项管理职能中所涉及的沟通类型

计　　划	组　　织	领　　导	控　　制
阐明目标	发布命令	授权职责	绩效评估
分担计划	分配工作量	培训	控制生产进度
实施计划	安排职位	激励	撰写进展报告

管理角色与沟通

管理的工作必然要通过人员来执行，正式负责一个组织或其中一个部门、小组的人就是管理者。管理的职能比较粗线条地概述了管理工作的职责，但还不足以全面反映管理工作的具体内容和工作特点。当代管理学界著名的大师亨利·明兹伯格（Henry Mintzberg）从管理者扮演的角色入手，考察了管理工作。他认为管理者扮演了 10 种类型的管理角色。管理者在承担不同管理角色的时候应该意识到，每种角色对如何进行管理沟通都提出了不同的命题。

◆ 挂名领袖

作为挂名领袖，管理者必须出席许多法律性和社交性的活动仪式，可能为企业资助的活动剪彩或代表企业签署法律文件等。在承担挂名领袖的角色时，管理者成为观众瞩目的焦点，其举手投足、一言一行都代表着企业的形象，因此对管理者的口头沟通能力和非语言沟通能力提出了很高的要求。一般情况下,挂名领袖要通过微笑、颔首致意等形体语言和铿锵有力的声音、言简意赅的语言来显示企业的自信和能力。

◆ 领导者

作为领导者,管理者主要负责激励和动员下属,负责人员配备、培训等,事实上要统筹所有下属参与的活动。这个角色同样要求管理者要擅长会谈沟通等口头和非语言沟通形式。当然,领导者可以通过发布倡导书、书面指令等来影响和改变员工的行为,但光凭书面沟通的形式还是不够的,好的领导者必然要倚重口头和形体语言来激励和鼓舞员工。因为,面对面的口头沟通加上相应的肢体语言能够更快、更有效地传达管理者的意图。如果管理者与员工在同一个办公场所进行工作的话,管理者更有条件做到这一点。

◆ 联络者

部门的设立将企业从一个整体分割成若干个小组,管理者必然要承担起联络员的角色,及时向相关的部门提供各种信息,使之相互协调。同时,管理者也要维护企业发展起来的外部联系与关系网络,担当企业的公共关系负责人的重任。通常,管理者通过召开跨部门的会议来分配和协调各部门的工作,通过与外部关系进行单独会面等方式来协调企业与外部组织的活动。这就要求管理者必须具备良好的会议、面谈等口头和非语言沟通能力。

◆ 监听者

作为监听者,管理者寻求和获取各种特定的、即时的信息,以便比较透彻地了解外部环境和组织内部的经营管理现状,如经常阅读各种报纸杂志、政府报告、财务报表等,并与有关人员如政府官员、大客户、雇员等保持私人接触。换言之,管理者充当了组织的内部、外部信息的神经中枢。这要求管理者必须具备基本的书面沟通和口头沟通技巧,主要是理解和倾听的能力。

◆ 传播者

将与员工工作相关或有助于员工更好工作的重要信息传递给有关人员,就是管理者作为传播者的职责。有些是有关事实的信息,有些涉及对组织有影响的各种人的不同观点的解释和整合。管理者几乎可以采用所有的信息沟通形式传播信息,如面晤会谈、电话会谈、作报告、书面报告、备忘录、书面通知等形式将相关的信息传播给有关人员。正因为这一点,管理者必须懂得如何运用多种途径,或针对信息内容选择恰当的沟通形式。

◆ 发言人

作为发言人,管理者通过董事会、新闻发布会等形式向外界发布有关组织的计划、政策、行动、结果等信息。这要求管理者掌握和运用正式沟通的方法,包括报告等书面沟通和演讲等口头沟通。

◆ 企业家

作为企业家,管理者必须积极探寻组织和竞争环境中的机会,制定战略与持续改善的方案,督导决策的执行进程,不断开发新的项目。换句话说,管理者要充当企业变革的发起者和设计者。这在一定程度上要求管理者具有良好的人际沟通能力,善于通过与他人沟通来获取信息,帮助决策,同时能与他人就新思维、新发展沟通观点和意见。

◆ 混乱驾驭者

当组织面临或陷入重大或意外危机时,负责开展危机公关,采取补救措施,并相应建立"预警系统",防患于未然,消除混乱出现的可能性。这包括召开处理故障和危机的会议以及定期的检查会议。因此,管理者要具备娴熟的会议沟通技巧。

◆ 资源分配者

负责分配组织的各种资源,如时间、财力、人力、信息和物质资源等。其实就是负责所有的组织决策,包括预算编制、安排员工的工作。在执行资源分配时,管理者在很大程度上需要使用书面沟通形式,如批示、指令、授权书、委任状等。

◆ 谈判者

在主要的谈判中作为组织的代表,这包括代表资方与劳方进行合同谈判,或为采购设备、购买专利、引进生产线等与供应商洽谈。这要求管理者掌握谈判的沟通技巧。

上述 10 种管理者角色可以进一步组合成三大类,即人际关系角色(包括挂名领袖、领导者、联络者)、信息传播角色(包括监听者、传播者、发言者)和决策制定角色(包括企业家、混乱驾驭者、资源分配者和谈判者)。尽管这些角色各有特色,但又高度关联。

综上所述,管理者无论履行什么管理职能,或扮演什么管理者角色,都离不开管理沟通。为了提升管理效率,管理者必须不断地与组织内外的人员如政府官员、供应商、经销商、顾客、员工等进行持续而有效的沟通。

管理沟通的作用和功能

通过对管理职能和管理角色与管理沟通的关系的详细论述,我们可以认识到管理沟通是企业整体系统中不可或缺的重要的子系统。因此,从总体上讲,管理沟通在一个组织的运营体系中发挥着以下基本的作用。

管理沟通的基本作用

◆ 降低经营模糊性

企业经营的原动力是盈利。有效管理则是企业不断发展壮大的必然保证，而有效管理需要完善、高效的沟通网络体系保驾护航。因为太多的因素会诱发组织内部模糊和不确定性的产生，稍纵即逝的信息，突如其来的变化，变幻莫测的环境，这些都可能造成企业在一个极其模糊的状况下做出决策。这种不确定性是不可避免的，是企业与生俱来的，健全完备高效的沟通网络可以降低这种固有的模糊性。

◆ 实现有效管理

有效沟通能力是企业成功实施管理的关键。所有重要的管理职能的履行完全依赖于管理者和下属间进行的有效沟通。在做出重要决策前，管理者有必要从公司各部门人员处获得信息，然后将最终决策反馈给下属，以执行决策。为了激励员工，管理者需要和员工一起设立目标，并指导他们如何正确执行职责。为了进行有效业绩评估，管理者需要给员工有关他们工作的反馈，并解释评估的依据。

◆ 满足员工对信息的需要

马斯洛需要层次理论为管理人员更好地了解并关注员工的行为提供了基础。但是处在当今社会，我们必须进一步发展对人类需要的认识，才能更好地应对管理中的新问题。研究表明，21世纪的雇员越来越多地表示出愿意了解企业的发展方向和运营状况的信息。与人需要空气、水等基本生存物质一样，人对信息的需求也日趋重要，尽管不同的人对信息内容表现出很大的差异性。有的人关心与工作相关的信息，他们想弄明白他们工作的性质是什么，怎样做好本职工作，怎样与其他相关领域的人合作，他们的工作对组织实现总体目标起到怎样的作用；有的人则更关心企业的发展与未来。但不管对信息的需求迫切程度如何，今天的员工都需要了解更多有关企业的各类信息。这种对信息的需求只有通过企业内发达畅通的沟通渠道来实现。如果沟通的需要不能通过正式渠道得到满足，它必然会通过非正式渠道得到满足。如果忽略这一点，或不能充分认识这一点，可能会给管理工作带来隐患。

◆ 构建工作关系

高效的企业有利于鼓励并帮助建立员工与员工、员工与工作的关系。因工作而结成的关系在许多方面影响员工的工作表现。而良好的沟通渠道可以有助于构建并维系积极向上的员工与工作、员工与员工的关系。这对于更好激励员工，提高员工的绩效无疑会产生正面的效用。

管理沟通的功能

从功能的角度看，管理沟通具有以下三大功能。

◆ 管理沟通是润滑剂

由于员工的个性、价值观、生活经历等方面的差异，个体之间难免会有磕磕碰碰，产生矛盾和冲突。通过管理沟通，使得员工懂得尊重对方和自己，不仅了解自己的需要和愿望，也能通过换位思考，彼此理解，建立信任、融洽的工作关系。

◆ 管理沟通是黏合剂

管理沟通又是黏合剂，将企业中的个体聚集在一起，将个体与企业黏合在一起，使企业中的员工在企业的发展蓝图中描绘自己的理想，或构建个人职业生涯，同时紧密地与其他个体协调合作，在实现企业愿景的努力和工作中，追求个人的理想和人生价值。

◆ 管理沟通是催化剂

通过管理沟通可以激发员工的士气，引导员工发挥潜能，施展才华。研究表明，一些规模中等、制度健全的公司，其员工平均只将 15％的潜力施展在其工作之中。主要原因是员工不清楚企业发展的目标以及其与个人的目标的关系。而良好的管理沟通可以通过上司与下属、员工与员工的沟通和交流，增进对组织目标、愿景的了解和理解，从而激发员工内在的潜力和潜能，众志成城，实现企业目标。

管理沟通的内容和类型

管理沟通的内容

管理沟通是指为实现组织目标而进行的信息传递和交流活动。这表明，本质上，管理沟通活动就是组织内部的有目的的人际沟通活动。人际沟通是组织管理沟通的基础。因此认识和考察管理沟通首先要全面把握人际沟通的形式、特点和对策，然后再考察置于组织特定环境下发生的组织沟通的形式、特点和对策。

根据这一特性，我们认为管理沟通应包括人际沟通和组织沟通两方面的内容。人际沟通强调的是人与人之间沟通的技巧性，组织沟通则是这些技巧的综合体现。人际沟通主要包括如何认识和把握沟通中的受体，了解各种人际沟通的形式和媒介的优劣势，从而能做到熟练运用人与人之间沟通的技能，如倾听，非语言沟通，口头表达。组织沟通则主要讨论特定的组织环境下的沟通形式，包括纵向沟通、横向沟通、团队沟通、会议沟通、会见和面试、冲突处理、谈判技巧、跨文化沟通等。人际沟通是管理沟通的基石，人际沟通所采用的一切沟通形式,本身就为管理沟通提供了广泛的媒介。管理沟通是对人际沟通的应用和发展,主要研究组织沟通的规范性、程序性等内容,结合个体和情景考察组织沟通的风格和模式。

管理沟通的类型

根据组织沟通是否沿着特定的路线、程序而发生,可以把管理沟通分为正式沟通和非正式沟通。当信息(命令、指示、政策等)沿着组织结构特定的路线、既定的程序和政策而发生垂直线或水平线传递时,我们认为发生的是正式沟通。正式沟通是管理沟通的主体。而当人们不使用组织结构图中的体系进行沟通时,发生的是非正式沟通,又被称为"葡萄藤"式沟通。非正式沟通最大的特点是具有偶发性和随机性,因此不可预知性强,给管理造成许多困难。正因如此,非正式沟通在管理沟通中占有不可忽视的地位和作用。

根据沟通所采用的媒介,管理沟通可以分为书面沟通和口头沟通两大类。这两种沟通形式均有优缺点。书面沟通的最大的优点是,可以提供文字参考,以备将来查找、核对,正如俗话说"白纸黑字",可以作为具有法律效力的依据。而且在进行书面沟通时,信息传送者多有机会进行准备,确保编码过程的准确性、真实性和全面性。而书面沟通最大的缺点是,无法提供接收者给予反馈的机会,有些甚至全无反馈,很难掌握接收者解码的结果。而且,书面沟通所产生的书面文档,如果借助传统的纸张载体,势必造成文山书海,占用空间;如果采用电子载体,又有病毒侵害、瞬间化为乌有的可能。管理沟通中占多数的是口头沟通形式。口头沟通多数是面对面沟通,即使通过电话等介质进行口头沟通,也可拥有在第一时间获取沟通对象的反馈信息的机会,这是口头沟通极大的优势。而且,进行口头沟通同时还可以结合非语言的符号等辅助手段,如眼神、脸部表情、手势等,极大地增强沟通的效果。但口头沟通很花时间,尤其在沟通的对象是一群人的情况下(如会议)。而且,口头沟通较书面沟通而言,显得不是很正式,造成事后督导没有依据。因此,在管理沟通中,为提高效果,扬长避短,通常将两种形式结合使用。

影响管理沟通的基本因素

如前所述,管理沟通首先是人际沟通。人际沟通模型中涉及的要素和过程也同样是管理沟通中基本的要素和过程。但同时,管理沟通不同于一般的人际沟通,有其特殊的影响要素。这些要素主要是指沟通的主体和客体,以及沟通的环境和反馈在组织中表现出来的特殊性。下面让我们从内、外两方面来考察影响管理沟通的基本因素。

外在因素

　　每次管理沟通效果固然和沟通过程中涉及的因素相关,同时也和管理沟通发生的外在环境有关。因此,从一个企业看,影响管理沟通的外在因素包括组织结构和沟通环境两个方面。下面我们就从这两个方面着手分析其具有的特点。

◆ 组织结构

　　组织结构是指一个正式的有意形成的职位结构或职务结构。根据不同的工作需要,进行充分的设计与描述,得到某种职务,同时根据这些职务(职位)的要求确定担任职务的人员,这样建立起人与工作、工作与工作(即人与人)的相互关系,这就是组织结构的实质。人们在完成工作过程中需要根据工作关系进行相互配合并协调一致,这自然离不开管理沟通这个"润滑剂"。但同时组织结构本身就为管理沟通设定了一些必须遵守的规范和工作程序。因此,不同的组织结构对管理沟通会造成不同的影响。

　　组织结构有很多种形式,我们在此讨论两种具有代表性的形式:直线职能型和矩阵型。

→ 直线职能型组织

　　图 2.1 是最传统的组织结构形式,也是最常见的组织结构形式。直线权利由最高管理者开始,经过中层管理者直至低层管理者和员工。同时在每个层面上横向展开的是围绕一种专门领域如销售、营销或生产等而建立起来的职能部门。每一个职能部门都由一个该领域的管理专家主管。因此,总的来讲,在这种结构中每个管理者在其工作范围内对所有雇员有直线管理权利。正是这种上下级职权关系贯穿着组织的最高层到最底层,从而形成所谓的命

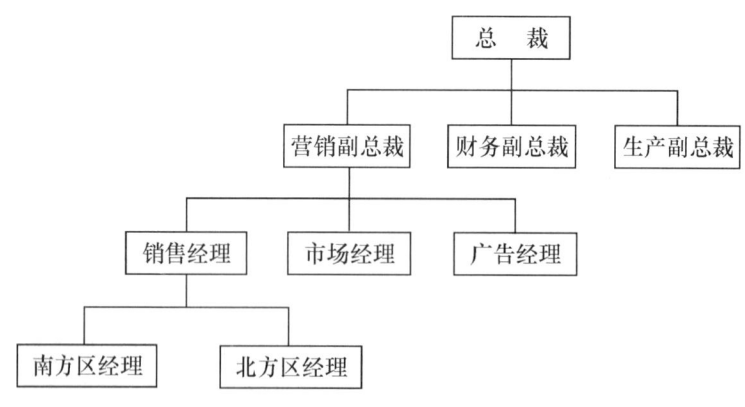

图 2.1　直线职能型组织结构

令链(chain of command)。在命令链中的每个链环处,拥有直线职权的管理者均有权指挥下属的工作,无须征得他人意见而作出某些决策。

在这种组织结构中,存在着明确的正式沟通路线,所有的人都明了组织关系与职责。这种结构的弱点是直线管理者必须履行特定范围的职责。一旦组织的规模扩大并变得更为复杂以后,管理者就会发现他们自己没有足够的时间、技能和方法去进行管理沟通并提高管理效率。同时,若不同职能的协调工作无法保证有序的沟通的话,可能会将整个组织的目标肢解得支离破碎,影响总体目标的实现。

→ 矩阵型组织

图 2.2 是矩阵型组织结构,这种类型的组织采用双重的指令系统去运作复杂的项目或产品开发。具有一技之长的成员被临时从公司的各职能部门借调、聚集在一起,他们可能被安排全职或兼职去从事一个项目。矩阵结构创造了双重命令链,超越了古典的统一命令原则。这种结构利用职能部门化来获得专业化经济,同时在这些职能部门之上建立了项目或产品经理。矩阵中的每个成员必须向两个上司汇报,即职能部门的管理者和项目或产品经理。这种结构的最大优点在于既能促进一系列复杂而独立的项目的协调性,同时又保持专家聚集在一起所具有的经济性。

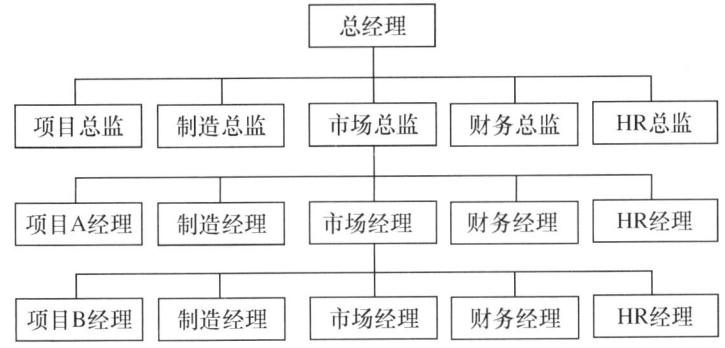

图 2.2 矩阵型组织结构

由于矩阵结构会引发沟通问题,它要求项目领导和部门领导要对共管的资源的使用做出调配,并对任务、目标的认识实现一致。显然,矩阵型组织对管理沟通提出了更高的要求,也使管理者面临更大的挑战。

在新时代里,公司若要克服因规模扩张而产生的弊病和混乱状况,就要有新的组织形式与结构。而新的组织结构又对管理沟通提供新的眼光、新的角度,同时提出了新的命题、新的挑战。根据以人为本的原则、科学高效运作的原理,顺应组织发展和变化,创造出全新的沟通方式,这是处于转型变革时期的组织必须考虑的课题。

◆ 沟通环境

每个企业都必然在一定的环境下进行运作,这就是企业的外部环境。同时,企业的运作、经营必然按照一定的规范、方式发生,这些方式和规范就形成企业的内部环境。这些都对企业的管理沟通渠道或产生一定的限制性的影响,或推动管理沟通的良性发展。

➔ 公司内部文化环境

公司文化是一个组织内共有的价值观、信仰和习惯体系,该体系与正式组织结构相互作用形成行为规范;公司文化是组织成员共有的价值观、行为准则和人为现象的模式。公司文化统领诸多方面,如公司倡导什么,如何进行资源配置,如何设计组织结构,雇佣什么人员,绩效评估与报酬体系等。一方面,公司文化的建设与推广离不开管理沟通与全员培训,但同时,管理沟通的展开又与开明、积极、向上的公司文化息息相关。

长期以来,管理沟通被当作迅速解决难题的有效工具之一。尽管如此,它并非包治百病的灵丹妙药。公司管理沟通若要取得成功的话,我们应对管理沟通的成功要素做出深入的研究。诚然,管理沟通是传播与倡导公司文化的重要工具,但是如果一个公司没有一种良好的学习与合作的文化氛围,管理沟通就很难开展。若要提升沟通效果,需要树立公司成员都有能力进行学习与沟通的信念。在全球经济一体化的环境中,在价值、理念与自尊不断地面临挑战的世界中,管理沟通将面临新的角色与职责,尤其重要的是如何通过公司培训、会议、演讲等强化跨文化的沟通,进而创建学习型组织,使得公司中不同国籍、不同阶层、不同价值观、不同信仰的成员既保持自己的个性与特长,同时又要融入公司文化,为了实现共同愿景而不懈努力。

➔ 外部环境

公司作为一个与外界保持着密切联系的开放系统,需要不断地与外部环境进行资源和信息的交换,故其管理组织及其管理沟通系统不可避免地会受到种种环境因素的影响。公司的外部环境通常可以划分为两个层次:第一,具体环境,由诸如顾客、竞争者、供应商、投资与融资机构、行业协会和政府部门等有关组织构成;第二,一般环境,由诸如经济、技术、政治、社会、法律、文化和自然资源等要素构成。

公司的管理者为何要研究公司所处的环境?因为现在及未来的管理者必须学会在变化多端、竞争激烈且动荡不安的环境中谋求生存与发展。外部环境的变化会影响公司内部的文化氛围和管理沟通形式。

外部环境最大的特点是具有不确定性。具体来讲,不确定性包括两个变量,即环境的复杂性与环境的变化性。环境的复杂性取决于环境的构成要素,它对组织的影响表现在结构复杂性和集权化程度上。随着组织所处环境的复杂性程度的增加,组织就会设置更多的职位与部门来加强对外的联系与沟通,并配备更多的管理者来协调公司内部的沟通与工作,这样组织结构的复杂性就不断提高,同时组织的集权化程度反而降低。环境的变化性不仅取决于环境中各构成要素是否发生变化,而且还与这种变化的预见性密切相关。若预见性高的话,公司可以制定各种规章制度来规范制约成员的行为;若预见性低的话,则要求组织具有弹性机制和柔性管理的模式,以适应变化多端的外部环境。环境的变化性比环境的复杂性对组织的影响更大。

内在因素

前面从组织结构和环境两方面分析了影响管理沟通的外在因素。但这种分析对确定管理沟通的形式和风格还是不够的。也就是说,假设由特定的外在因素形成了一个特定的管理沟通的背景,管理沟通所表现出来的形式仍然会不同,因为还存在影响管理沟通过程的内在因素。现在,让我们从沟通主体方面来分析影响管理沟通的内在因素。

◆ 管理者的特点

根据约哈瑞窗,管理者可以分为四类,如图2.3所示。

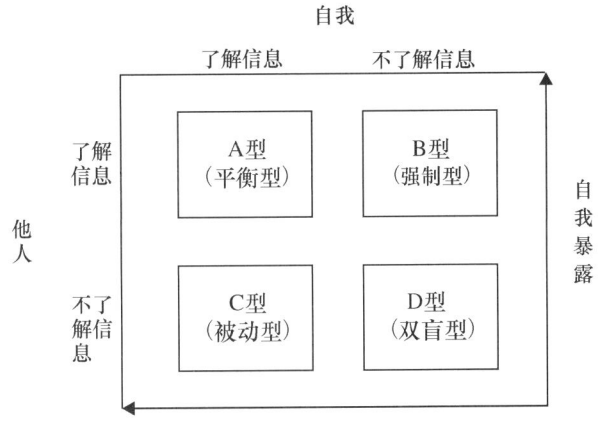

图 2.3 约哈瑞窗

➔ A 型(平衡型)

特点:合理使用暴露与反馈,达到最佳沟通状态。这种类型的管理者会自由地适度暴露自己的情感,及时收集他人的反馈,注重自我与他人的互动,采取平衡有效的管理方式。下属会感到心情舒畅,会与上司坦诚交流,其管理效率最高。

➔ B 型(强制型)

特点:一味以自我暴露取代反馈,自我至高无上,他人一无是处。与员工沟通中,常常滔滔不绝,言过其实,以此巩固自己的地位与威信。由于这种类型的管理者采取强制灌输式的管理方式,下属会对其充满敌意,会时时感到忐忑不安,甚至怨愤。

➔ C 型(被动型)

特点:仅仅依靠反馈,缺乏自我暴露,是一种"假面式"的沟通。开始,下属与上司有一定的满意关系,但长此以往,上司不愿打开心扉与下属及同事坦诚交流的话,下属可能对其产生"信任危机"。

➔ D 型(双盲型)

特点:既不暴露也不反馈,占据双盲式的位置,自我充满焦虑与敌意。这种类型的管理者往往采取专横独断式的管理方式,在他所领导的群体、团队或组织中,人际交往低效,缺乏有效的管理沟通,下属缺乏创造性。

◆ 管理模式

除了采用约哈瑞窗之外,我们还可以通过管理者对员工持有的态度分为四种类型的管理模式。

➔ 指挥式(命令式)

若你一定要去完成一项极其复杂的工作,而下属又经验不足,缺乏主动,但又必须按时完成,时间紧迫,最适合的方式就是命令式的管理模式。你需要向员工解释有哪些工作需要去做,告诉员工怎么去做,及时发现下属的困境,关心工作进展。但是,切忌陷入过度沟通的陷阱,即过多解释可能会浪费时间,打乱工作程序。沟通特点是自上而下的单向模式。

这种管理方式的高明之处在于,作为上司你要毫不犹豫地将有关决策迅速而准确地传达下去,奖勤罚懒,绝不手软。管理者目标明确,并且能够控制整个进程,对最终的结果承担所有责任。

➔ 教导式(指导式)

若下属比较主动且具有较为丰富的工作经验与热情,你可以选择指导式模式。你可以花时间与下属进行沟通,以友好的方式向他们详细地说明工作性质,并帮助员工理解工作并实现目标。教导式管理最大的功效是帮助下属热爱他的工作。为了提高能力给予持续的指导,为了避免热情下降而强化支持。同时,上司有义务帮助员工实现个人愿景,给予员工真诚的赞赏,明确的反馈。沟通特点是自上而下为主,也会采取其他的沟通方式。

这种管理方式的特点是,上司大权在握,但是非常重视收集、分析并整合下属的建议或意见,在此基础上才作出决策。管理者必须充分利用下属的聪明才智,同时又能控制过程与结局。

➔ 支持式(扶持式)

若下属对所要求的技术熟知,而上司与下属的关系又较为密切,此时,最适合的管理方式是支持式的管理模式。作为上司,你需要经常赞赏下属良好的工作表现与绩效,与下属一起讨论问题,倾听下属的"心声",共同"脑力激荡",寻求改善方案。高支持行为对于重新获得彼此的信任与信心、保持热情将有很大的益处。沟通方式是一种自下而上的模式。

与上述两种管理模式不同之处是,权利与责任的转移,下属与上司分担责任,下属视上司为教练。上司基本上以培养下属解决问题的能力为己任,积极倾听,适时提供援助,共同分享成功的喜悦。

✈ 授权式(委托式)

一旦你与下属的关系非常密切,而且他们能够独立且有效地工作,此时,你可以大胆、放心地让员工自己去做。也就是说,你可以选择授权型的管理模式。对于具有一定成熟度的员工,你应该让他们承担重要职责,与其他同事共享成功,培训其他员工,共同讨论公司愿景,让其参与上层决策。

这种管理模式的特点是尊重并欣赏下属的能力与观点,上司应该寻找合适的下属,向他们授权。不仅给予他们权利,更应充分培养他们的能力,即所谓的既要授权又要灌能。如果你只给下属权利而不给予能力方面的培养与选拔,其实这也是一种资源浪费。如果,你能真正做到既授权又灌能的话,那么你不仅提高了管理效率,提升下属的能力,更为公司创造了人力财富。

◆ 沟通风格

根据人们在工作与生活中的个性特征,管理沟通主要涉及构成行为的两个基本要素,即敏感性与控制性。控制性与敏感性是一个人行为中最为重要的两个因素。两者结合在一起,也就确定了人们的沟通风格。其中控制性反映了个人的行为在他人眼中显示出来的坚强有力与始终如一,而敏感性则反映了个人在他人眼中显示个人情感或关心他人的程度。作为管理者,其沟通风格的不同对管理沟通的成效方面也会产生较大影响。控制性强、弱和敏感性强、弱的个体具有如表2.2所示的沟通特征。

表 2.2 沟 通 特 征

控制性较强	控制性较弱	敏感性较强	敏感性较弱
精力旺盛	精力不太充沛	真情流露	情感深藏不露
走路较快	走路较慢	显得友善	拘谨缄默
手势较有力	手势不太有力	表情丰富	表情较少
较多地运用眼神	较少运用眼神	手势随便	较少手势
身体前倾	身体后仰	说话时抑扬顿挫	说话平铺直叙
说话较快	说话缓慢	喜好聊天	对琐事不感兴趣
声音较响	声音较轻	善谈闲闻轶事	注重事实

控制性较强	控制性较弱	敏感性较强	敏感性较弱
滔滔不绝	沉默寡言	注重人的因素	关心具体工作
处理问题迅速	处理问题优柔寡断	喜好与人共事	喜好独立大队
决策时坚定果断	决策时举棋不定	衣着随便	衣着讲究
善冒风险	回避风险	利用时间缺乏规律	时间安排循序渐进
喜好与人正面交锋	宁愿退避三舍		
表达时直截了当	表达时语气委婉		
急于行动	行动缓慢		
爱发脾气	不易发火		

有效管理沟通的策略

管理者向领导者的演变

在组织内倡导新的核心价值观,首先要求管理者导入新的管理理念,从传统的计划与预算、组织与人事、控制与反馈,转向确立公司愿景、开发人力资源和激励员工互动;从"正确地做事"转向"做正确的事";从注重管理细节转向高瞻远瞩。当然,管理者向领导者的转变并非一蹴而就,需要循序渐进,管理者必须对自我重新定位,以公司的核心价值观作为动力,为激励自我达到新的管理高度、不断提升管理沟通水平而不懈努力。

有效的管理沟通,不仅能够促使组织成员对组织愿景实现共识,了解组织成员在物质与精神方面的需求,提升组织管理效能与成员工作效率,促使组织成员积极参与管理,而且激发全体成员的潜能和团队精神。同样,有效的管理沟通,会鼓励成员发现问题,并且主动解决问题,高质快速实现组织目标,进而促进上司与下属、同事之间、部门之间、组织内外人员的相互沟通,使组织适应外部环境变化,有助于组织成员对变化与风险的正确认知,并做出快速反应。

管理大师彼得·德鲁克在1970年时就提出知识型公司的思想交流与传播并不会遵从等级制的直线式的组织结构的渠道进行沟通,直线式的组织结构已经不能适应以知识为背景的组织结构的需要。同样,员工的激励与沟通会随着他们的工作性质、技术水平和家庭物质生活条件的不同而发生变化。因而,管理者应该根据不同的时间、情境与沟通对象,根据目标设置的原则,制定不同的管理沟通目标,绝对不能"拔苗助长",否则会陷入"事倍功半"的困境。

调整沟通风格,提升管理效率

在日常生活中,人们习惯于使用某种沟通方式,用这种方式参与交往,会使人感到得心应手且游刃有余,并逐渐发展成为一个人的沟通风格。若是每个具有不同沟通风格的人在一起工作,而彼此不能协调与适应的话,那么彼此不仅不能有效沟通,还会造成无谓的冲突,阻碍工作的顺利进行。福特二世与李·亚科卡之间曾经发生的冲突就很能说明问题。一个寸步不让,一个我行我素,其结果是处于"一人之下万人之上"的总经理李·亚科卡在其57岁生日那天被福特二世一脚踢出福特汽车公司。

其实,沟通风格匹配的前提是沟通双方彼此必须顺应对方的风格,其关键问题是寻找双方的利益相关的热点效应。为了顺应对方的沟通风格,我们首先必须调整自己的沟通风格。但是,必须指出的是调整风格,既不违心顺从,更不是玩耍他人。调整沟通风格的基本原则是:需要改变的不是他人,而是你自己。

调整沟通风格的基本技巧有以下几种。

◆ 感同身受

站在对方的立场来考虑问题,具有"同理心",即将心比心、换位思考,同时不断降低习惯性防卫。

◆ 高瞻远瞩

具有前瞻性与创造性,为了加强沟通有效性,必须不断学习与持续进步。

◆ 随机应变

根据不同的沟通情境与沟通对象,采取不同的对策,正可谓"该出手时就出手"。

◆ 自我超越

对自我的沟通风格及其行为有清楚的认知,不断反思、评估、调整并超越。

有效管理沟通的 7C 原则

要达到有效管理沟通,就必须遵循图 2.4 所示的 7C 原则。

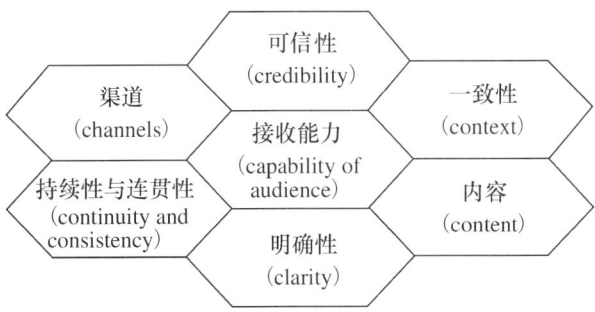

图 2.4 有效管理沟通的 7C 原则

◆ 可信性

管理沟通从建立彼此的信任开始。营造这种文化氛围，应该是任何一个组织管理者的当务之急与义不容辞的职责。沟通双方彼此信赖与合作，其中管理者应该真诚地满足员工的需求，员工应该确信管理者传送的信息并相信管理者具有足够的解决问题的能力。

◆ 一致性

管理沟通是手段，是过程，并非管理的目的与结果，通过管理沟通能够提升管理效率与效果，因而管理沟通的方案、通路、流程及其计划应该与公司的发展战略、文化环境要求相一致。

另外，管理沟通的方式与员工的成熟度、管理者的管理水准具有一定的联系。常言道：欲速则不达。管理沟通方式必须与沟通双方的水准、公司文化相一致。

◆ 内容

管理沟通的内容必须对沟通双方具有一定的意义，必须与接收者原有的价值观具有同质性，必须与接收者所处的环境密切相关。一般情况下，人们更愿意接收那些能够给他们带来更大回赠的信息，管理沟通传送的内容，决定了接收者采取的态度与行动。

◆ 明确性

管理沟通所传送的信息必须用通俗易懂的语言和词语表达出来，所用语言或词语必须是沟通双方共同认可的，避免使用模棱两可或含糊不清的语言，否则容易产生歧义，令员工感到云里雾里摸不着头脑，令管理者感到如同"对牛弹琴"，不仅降低了管理沟通的效率，更会给员工造成难以愈合的心灵上的创伤。

◆ 持续性与连贯性

管理沟通只有开始没有终结，它是波浪式前进，螺旋式上升。若要达到渗透的目的，必须不断重复与强化传送的内容，同时又必须根据反馈内容及其环境的变化不断调整与补充新的内容，尤其根据员工不同的成熟度，做出即时或实时沟通，方能真正达到提升管理效率的目标。

◆ 渠道

在管理沟通中，管理者应该充分认识人们已经习以为常的信息传播渠道，可以有效地提高管理沟通的效率。当然，在公司生命周期的不同阶段，加之沟通双方的社会地位、文化背景、个性特征等不同，各种类型管理沟通通路的差异性与功效性是显而易见的。毋庸置疑，只有有的放矢，根据管理目标选择具有针对性的沟通通路，方能达到有效的管理目标。

◆ 接收能力

管理沟通必须考虑接收者的接收能力,即员工的成熟度,包括员工的工作热情与工作能力。沟通的形式、内容、通路等对接收者能力的要求愈低,传送的信息更容易为接收者所接收,管理沟通成功的可能性也就愈高。同时,为了提升管理沟通的效率,实现有效管理的目标,管理者应该重视对员工的能力培训与开发,如演讲、倾听、书写、上网和收发电子邮件等技能。

小　结

本章从管理职能和管理角色两方面详细论述了管理沟通与管理密不可分的关系,从而引导出管理沟通的基本作用和功能,解释了管理沟通的内容应该包括人际沟通和组织沟通两大部分以及人际沟通和组织沟通的具体内容。

除此之外,本章还分析了影响管理沟通的外在因素和内在因素。首先,从组织结构和沟通环境两方面分析了外在影响因素。随后,又从管理者特点、管理模式及管理风格等方面,分析了管理沟通的内在影响因素。最后,阐述了管理沟通的 7C 原则,作为有效管理沟通的策略。

讨 论 题

▷ 阐述管理沟通的定义。
▷ 从管理职能和管理角色的角度,说明沟通与管理的关系。
▷ 分别说明影响管理沟通的内在因素和外在因素。
▷ 根据约哈瑞窗的分析,对管理者进行分类,并且讨论每种类型对管理沟通的挑战。
▷ 举例说明有效管理沟通的 7C 原则。

案例分析

2017 年年底的一天,东海市商业投资总公司的总经理办公室里弥漫着烟雾,宽大的写字台后面坐着公司总经理王宏,看得出他已经苦苦地思考了很长时间。两周前,他到市商业工作委员会汇报工作,市商业工作委员会徐主任特意单独和他谈了一次话。徐主任对公司的发展是肯定的,对公司为东海市商业发展所做的贡献是赞许的,并说市里对公司期望很大,明年可能又有几个大项目要交给公司做。在谈话结束前,徐主任语重心长地对王宏说:"王宏啊,你的公司今年搞得挺不错,只是你手下的那几个子公司听说都有点问题,传言说是管理混乱,违规经营,希望你回去能认真调查一下,加强管理,别让子公司拖了你的后腿。"

秘书的敲门声打断了王宏的思路:"王总,这几份是子公司申请拨款的报告,请您过目。"这几份子公司经理递上来的报告都说,由于业务发展较快,希望总公司能追加投资。王宏看了几个项目,认为有些确实有发展前景,值得投资。不过,现在首要的问题应该是对子公司的管理经营状况进行整顿,否则摊子越来越大,沟通的路径越来越长,也就越来越难管理了。

东海市商业投资总公司的概况

21世纪初,随着我国改革开放日益深入,外商投资额日益增长,需要与政府合作的领域和项目渐渐增多。政府为了更好地扶持与管理,纷纷成立了以政府为出资人的各行业投资公司,外界通常称之为"窗口"公司。东海市商业投资总公司就是在这样的背景下于2007年成立的,注册资本为1亿元。作为市商业工作委员会的"窗口"公司,它主要通过投资、参股、合资等形式来发展东海市的商业,并实现国有资产增值保值。2007年,它通过与外商合资,在东海市最繁华的商业街开设了东海市第一家中外合资商厦,并引进外方全套先进的商厦管理模式,吸引了许多中外著名厂商进店设柜,提高了商厦的经营档次。开业至今,商厦的销售额年年增长,赢得了市民和舆论的好评。它打破了东海市百货业由国有企业垄断经营的局面,把东海市的商业水平提高了一个档次。虽然这两年经济有点不景气,但是合资商厦由于特色鲜明,在众多的商厦中仍占有一席之地,也为东海市作为全国的商业中心增色不少。同时,公司作为主要发起人,联合市里其他几家企业和银行,通过股份制的形式,建造了一幢集展览、办公、娱乐多种功能于一体的智能化大楼——东海商务中心。东海商务中心造型新颖,功能齐全,地处东海市的黄金地段,被评为东海市十大新景观之一。大楼建成后,承办了数个国内外大型商品展览会和贸易会,提高了东海市在国内外的知名度,为东海市的经济发展做出了不少贡献。

公司总经理王宏现年45岁,是名牌大学东海大学经济学专业的高材生,毕业后就进入市政府商业工作委员会工作，从普通公务员做起，由于工作努力，绩效显著，被提拔为商业工作委员会下面某处的处长。2007年商业工作委员会决定成立投资公司，委员会一致认为，王宏政治观念强，做事勤奋踏实，同时又具有很强的开拓精神，很适合任投资公司总经理。王宏本人也认为，大学毕业进入机关一干就是十几年，虽说一帆风顺，但自己所学的专业和具有的才能并没有充分发挥，应抓住机遇，到真正的市场经济的海洋中去锻炼锻炼，摸索些经验，对将来的发展也是有好处的。因此王宏欣然领命，只是他向领导提了个建议，希望调他的老同学沈文和下属林立一同前往。沈文一直从事商业基础设施和房地产开发，在这方面有很多经验，投资公司这方面的事务对他来说是驾轻就熟，得心应手。林立也是东海大学的毕业生，比王宏年轻几岁。王宏认为林立办事果断，考虑问题的方式基本和自己保持一致，只是比自己更具有创新精神，甚至有点喜欢冒险。商业工作委员会的领导同意了王宏的建议，沈文和林立成了王宏的左膀右臂，沈文担任投资公司副总经理，林立则担任投资开发部经理。可以说，投资公司的成功离不开他们三人的共同努力。

子公司的成立和发展

随着总公司投资项目的成功，公司的盈利逐年增加，此时沈文和林立提出，能否设立两个子公司，扩大公司的经营范围，使公司的规模更上一个台阶。王宏考虑到当时国内经济发展形势较好，公司也有意向其他领域发展，把规模搞上去，就同意设立两个全资子公司。一家从事房地产开发，由沈文出任总经理，注册资本2 000万元；另一家从事实业投资、国内外贸易等，由林立出任总经理，注册资本也是2 000万元。

沈文出任房地产开发公司总经理时，正值中国处于房地产开发的鼎盛时期，国内外房地产开发商云集东海市，投资房地产盈利丰厚。在这种情况下，沈文并没有考虑很多，很快筹资开发了一幢18层的高级商住楼，并联合其他开发商投资建设了一个高档别墅区。投资开发初期，正值房地产鼎盛时期，故售出了一部分房产，取得了较好的回报，但是随着宏观政策的变化，房地产市场的泡沫被挤出，房地产市场逐渐低迷，大部分房产积压下来。沈文想方设法售房，但是效果不佳。随着国家房地产政策渐渐完善，高企的房价也渐渐回落，至2017年年底，有些楼宇的价格只是2010年鼎盛时期的1/2，因此公司房地产投资出现亏损。但由于沈文背靠东海市商业投资总公司，具有较好的口碑，因此要求与他合资组建公司的企业也不少。鉴于当时的情况，沈文没有深入思考管理及资金等问题，又认为自己和王宏是同学，于是没有打报告就又组建了几个子公司，事后才和王宏提起，王宏并未提出异议。这些子公司的业务扩展到贸易、实业等领域，与林立的公司业务有所重叠。

林立任实业投资总经理后，也分别组建了几个子公司，与外商共同投资了几个工厂，涉及家电、建材等行业。其中有成功的例子，如林立预见到电脑业将是我国发展较快的行业之一，于是积极联系国外知名电脑厂商，代理它们的产品，并聘请了一位留学归国的硕士出任电脑公司总经理，在代理国外产品的同时，也自行开发了一系列软件产品，在国内已小有名气。但是，大多数子公司由于规模不大，且涉及的领域太广，没能在行业中形成气候，因此，投入大于产出，效益也不好。由于宏观形势的变化，它们都不同程度地出现了一些危机，更严重的是，有一家子公司擅自从银行贷款投资期货市场，造成了损失，以致公司陷入瘫痪，林立的公司也因担保遭到银行追债。这些"孙子"公司的违规经营损害了东海市商业投资总公司的声誉。林立本人也感到下面的子公司太多，很难管理，在公司例会上不得不将情况向王宏汇报。

问题

王宏下定决心 2018 年的头等大事就是先整顿子公司的问题，该兼并的兼并，该破产的破产，不能任由管理混乱的状况再继续下去，因为子公司一旦做出有损总公司利益的事，就会让他无法向领导交代。但要整顿子公司的业务，派谁去最合适呢？以前自己没有时间去了解下面的经营管理状况，两个子公司的经理也不能及时汇报下情，及时找出对策，才导致了目前的混乱局面。现在如果亲自去抓，那当然最好，只是精力有限，总公司投资方面就有一大堆事，再挤出时间去处理子公司的业务恐怕比较困难；让子公司自己去负责，子公司会将真实情况上报吗？由于这次整顿要彻底，自己查自己，效果不一定好，说不定清理了半天还是没有整顿好。如果为了迎合上级，将一些虚假的情况报上去，又违背了自己的本意，况且两个子公司各自清查，有些业务重叠的子公司仍不能合并。王宏绞尽脑汁，还是没有想出一个比较完美的计划。

秘书又敲门进来提醒王宏，公司的汇报例会时间快到了，沈文和林立等都已在会议室等候。王宏把烟灭掉，站起身，"也好，去听听他们自己的意见"。于是，他快步走向会议室。

[思考题]

1. 本案例涉及的是怎样的沟通问题？

2. 与林立、沈文的老同学关系是否会影响王宏的决策水平及沟通风格？

3. 子公司最终出现的管理混乱状况是否与王宏有关？为什么？

4. 在此案例中王宏应吸取什么教训？

第 三 章

倾 听

学习目标

- 明确倾听的定义
- 了解倾听的内部和外部干扰
- 掌握克服倾听障碍的策略
- 认识反馈在有效倾听中的作用
- 提高提问质量,促进有效倾听

引导性案例

张先生是一位已有 5 年工龄的模具工,他工作勤奋爱钻研。半年前,张先生利用业余时间自行设计制作了一套新型模具,受到设计部门的嘉奖。为了鼓励和支持张先生的这种敬业精神,当时的生产部主任王先生特别推荐他上夜校学习机械工程学。从那以后,张先生每周有 3 天必须提早 1 小时下班以便准时赶到夜校。这也是原生产部主任王先生特许的,王先生当时曾说过他会通知人事部门的。

然而,上周上班时,张先生被叫到现任生产部主任鲁先生的办公室进行了一次面谈。鲁先生给了他一份处罚报告,指责他工作效率低,尤其批评他公然违反公司的规定,一周内三次早退。如果允许他在公司继续工作下去,将会影响其他员工。因此,鲁先生说要对他进行处罚,并警告说照这样下去,他将被解雇。

当张先生接到处罚报告时,感到十分委屈。他曾试图向鲁先生解释缘由。然而,每次鲁先生都说太忙,没有时间同他交谈,只告诉他不许早退,并要求他提高工作效率。张先生觉得这位新上司太难相处,不禁感到万分沮丧。

张先生和鲁先生之间是否产生了倾听障碍? 这是张先生的问题还是鲁先生的问题? 是前任上司的问题还是人事部门的问题? 如果你分别是张先生和鲁先生,你会怎么想、怎么做?

作为一名刚上任的管理者,鲁先生不仅要熟悉其工作环境,他还必须深入下属了解情况,做好与下属的沟通,培养自己良好的倾听习惯。这样就可避免因为其一个错误的决定而挫伤员工的积极性和进取心,导致对公司效益带来不必要的损失。

倾听是沟通过程中的一个重要方面,它与计划、组织、领导及控制等管理环节密切相关。要使口头沟通融洽有效,学会倾听是非常必要的。尤其是作为管理者更要学会倾听,并且还要善于倾听,借以时刻了解员工的观点、意见及建议等。有人曾经对 38 名来自企业的管理者进行调查,其中包括 1 名高层管理者,24 名中层管理者,13 名基层管理者。该调查要求详细记录他们从周一至周五的有关沟通活动。结果表明这些管理者以 19% 的时间用于读,22% 的时间用于写,26% 的时间参与说,33% 的时间放在听。这一调查充分说明积极倾听在管理沟通中的主导地位。擅长倾听的管理者往往通过在同上级、同事、下属以及顾客的交谈中倾听,获得有价值的、最新的信息,进而对这些信息进行思考和评价。因此,是否具备或掌握倾听技能将直接关系到管理者的决策水平和管理成效。

倾听的定义

> 所谓倾听,就是用耳听,用眼观察,用嘴提问,用脑思考,用心灵感受。换句话说,倾听是对信息进行积极主动的搜寻行为。

有些人认为倾听能力是与生俱来的,那是因为他们把听到和倾听混作一谈。事实上,听只是一个生理过程,它是听觉器官对声波的单纯感受,是一种无意识的行为。倾听不仅仅是生理意义上的听,它更应该是一种积极的有意识的听觉与心理活动。通过倾听,不仅可获得信息,而且还能了解情感。常言道,洗耳恭听,便是倾听的一种表现,这也是一种可训练的技巧。听与倾听的区别可用图 3.1 来表述。

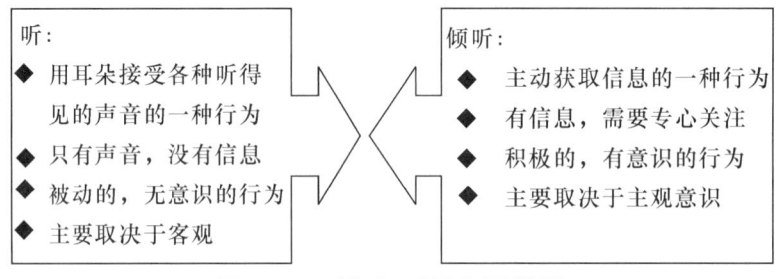

听:
◆ 用耳朵接受各种听得见的声音的一种行为
◆ 只有声音,没有信息
◆ 被动的,无意识的行为
◆ 主要取决于客观

倾听:
◆ 主动获取信息的一种行为
◆ 有信息,需要专心关注
◆ 积极的,有意识的行为
◆ 主要取决于主观意识

图 3.1　听与倾听的主要差别

倾听的类型

归纳起来讲,倾听可分为三种类型:全神贯注的、专心的和随意的。

全神贯注的倾听

它通常也被称作批评的倾听,所强调的是集中思想、综合分析以及评价。全神贯注倾听不仅仅要仔细地倾听,而且还要正确理解并将复杂纷乱的内容变成有意义的信息。类似提问和重述的反馈可使倾听者明确所获得的信息。

这一类倾听者注重所听信息的主要内容以及重要细节。需要运用这一倾听方式的信息有：合同、进度报告、财务信息等。

专心的倾听

与第一类倾听相似，因为它也注重信息的主要内容以及细节，但所涉及的信息内容没那么复杂或抽象。相反，信息往往属于娱乐性或趣味性，如业余爱好的东西。

随意的倾听

它又叫作社交性倾听，随意的倾听很普遍，因为它是倾听中最不费劲的一类，不需要任何评价技巧，这一类信息包括：与娱乐有关的信息等。随意倾听的人们往往是为了愉悦或消磨时间。

对于管理者来说，从全神贯注倾听转到随意倾听并不难，难的是从随意倾听转向全神贯注倾听。俄尼斯特·番(Ernest Fain)建议管理者要学会全神贯注倾听那些即使是属于随意或非正式的信息。为什么？因为这样得到的信息比直接提问所得到的反馈更真实、更具价值。

有些人以为"听"与"倾听"并无多大差异，只要会"听"，自然就会"倾听"，其实不然。事实上，这些人并不善于"倾听"。虽然他们时常摆出一副倾听的姿势佯装在听，其实是心不在焉。约翰·狄各塔尼(John Digaetani)将这部分不善倾听的人分为五类：坐立不安者；追根寻源者；情感冷漠者；有耳无心者；断章取义者。

坐立不安者

这是指那些心神不定、局促不安的倾听者。当信息传播者正在叙述时，总是心神不安地动来动去，这种行为有碍于正常沟通。

追根寻源者

这类倾听者常急于获得正确的信息，他们表现出强烈的专注，这样往往会使信息传播者感到发窘甚至恐慌。专注，固然是良好倾听的一种表现，但一旦过分，就会影响沟通的正常进行。

情感冷漠者

这类倾听者只接受事实的东西，在他们看来情感和观点没有多少价值。冷漠的态度往往阻碍信息的传递，因为这样无法在沟通中提起对方的兴趣。

有耳无心者

这是属于心不在焉的一类倾听者，他们对某一信息的反应处于一种被动状态。

断章取义者

他们喜欢将听到的信息加以修改。这类人属于选择性的倾听者，因而他们的信息缺乏完整性。

除此之外，还有一些沟通习惯也会阻碍有效沟通的正常进行，如：批评发言者；武断地认为某个话题缺乏趣味性；回避深奥问题；容易分心；假专心；急于概括他人的意思等。

倾听的障碍

研究表明，就所占时间比例而言，倾听是沟通活动中最主要的一个方面，遗憾的是我们的一些管理者并不具备作为倾听者应有的能力，其不良的倾听习惯会导致误解甚至曲解。显然倾听技能的改善将有助于管理绩效的提高。

作为经理，你发现自己和员工之间无话不谈，但是员工和你之间却无话可说，公司里面很多重要的事情发生了很久之后你才知道。你的老板多次向你重复同样的信息，凡此种种，你是否思考过这其中的原因呢？你认为自己是一个良好的倾听者吗？如果回答是否定的，那么造成倾听效果不佳的原因是什么呢？

要想提高倾听技能，我们首先应该了解对倾听能力有影响的各种因素，进而对自己的倾听习惯做出自我评价。

所谓倾听习惯指的是一个人通常的倾听方式，这些习惯可能是无意识的倾向或行为。通过不断地自我分析和自我评价，人们会逐渐发现自己在倾听方面的长处和短处。

倾听习惯自我分析和自我评价不需要搞得太复杂。一般来讲，倾听者只需回答类似以下几个问题就可以衡量自己倾听的有效性。

* 我是否希望成为好的倾听者？
* 我是否愿意训练自己成为好的倾听者？
* 我是否准备好倾听？
* 我是否在倾听还是仅仅用耳听？
* 我是否能连贯地理解自己正在听的信息？
* 我对信息的理解是否正确？
* 我是否每天通过操练来培养自己的倾听习惯？

如果倾听者的回答是否定的，那么他就必须重视改善自己的倾听习惯。倾听能力的不足可能表现在倾听之前，也可能表现在倾听过程中或倾听之后，具体评价指标详见表3.1。

表 3.1　倾听能力自评表

倾 听 习 惯	总是	经常	有时	偶尔	从不
倾听前					
1. 停止讲话	5	4	3	2	1
2. 集中思想	5	4	3	2	1
3. 拒绝干扰	5	4	3	2	1
4. 积极思考	5	4	3	2	1
5. 提起兴趣	5	4	3	2	1
6. 使讲话者放松	5	4	3	2	1
7. 避免急于下结论	5	4	3	2	1
8. 控制自己的情绪	5	4	3	2	1
9. 了解自己	5	4	3	2	1
10. 认识影响倾听的因素	5	4	3	2	1
11. 确定倾听目的	5	4	3	2	1
倾听过程中					
1. 保持良好的精神状态	5	4	3	2	1
2. 集中思想	5	4	3	2	1
3. 积极思考	5	4	3	2	1
4. 有目的地倾听	5	4	3	2	1
5. 倾听是为了理解而不是辩驳	5	4	3	2	1
6. 倾听主要内容	5	4	3	2	1
7. 倾听详细内容	5	4	3	2	1
8. 倾听要点	5	4	3	2	1
9. 少讲多问	5	4	3	2	1
10. 注意演讲内容而不是演讲腔调	5	4	3	2	1
11. 注重观点而不是事实	5	4	3	2	1
12. 控制自己的情绪	5	4	3	2	1
13. 不要过多地做笔记	5	4	3	2	1
14. 抵制来自内部和外部的干扰	5	4	3	2	1
15. 把握好思维速度	5	4	3	2	1

倾　听　习　惯	总是	经常	有时	偶尔	从不
16. 预期所讲内容	5	4	3	2	1
17. 内心归纳所获信息	5	4	3	2	1
18. 注意非语言信息	5	4	3	2	1
19. 倾听话中音	5	4	3	2	1
20. 掂量证据的确凿性	5	4	3	2	1
21. 避免急于下结论	5	4	3	2	1
22. 尊重他人的观点	5	4	3	2	1
23. 了解自己的情感	5	4	3	2	1
24. 善于理解说话者	5	4	3	2	1
25. 汇总大量信息	5	4	3	2	1
26. 复习该记住的信息	5	4	3	2	1
27. 调控好自己的反应	5	4	3	2	1
28. 避免侵犯讲话者的个人空间	5	4	3	2	1
29. 保持良好的目光接触	5	4	3	2	1
30. 抑制插话的冲动	5	4	3	2	1
31. 对讲话者表现出耐心	5	4	3	2	1
倾听后					
1. 集中思想	5	4	3	2	1
2. 积极思考	5	4	3	2	1
3. 有必要的话进一步提问题	5	4	3	2	1
4. 掂量证据的确凿性	5	4	3	2	1
5. 内心归纳所获信息	5	4	3	2	1
6. 避免急于下结论	5	4	3	2	1
7. 控制自己的情绪	5	4	3	2	1
8. 尊重他人的观点	5	4	3	2	1
9. 认识自己的情感	5	4	3	2	1
10. 汇总大量信息	5	4	3	2	1
11. 回忆该记住的信息	5	4	3	2	1
12. 强调实事求是	5	4	3	2	1

通过对照倾听能力自评一览表可以有助于发现不良倾听习惯。得分在5～4分的表明其倾听能力突出，水平属上乘；得分在 4～3 分的表明其倾听能力趋于平均水平或超出平均水平；得分在 3 分左右，其倾听水平偏低；得分在2 分以下的则表明有严重的倾听技能问题，需要及时加以纠正。

对于倾听能力的认识是以自我分析和自我评估自身的倾听习惯来达到的，通过分析和评估倾听习惯，有助于我们了解导致倾听障碍的原因，从而有效地提出克服障碍的方案，改善沟通效果。影响有效倾听的因素多种多样，有些与倾听的环境有关，有些则与倾听者本身相关。

讲话速度与思考速度的差异

有效倾听主要障碍之一源于这样一个事实，即人们的思维远比讲话的速度快。一般来说，人们的讲话速度约为 125 词/分钟，虽然目前还无人知道在倾听过程中大脑是如何运作的，但绝大多数人的思维速度都超过 125 词/分钟。

研究表明，人们阅读理解的速度在 500 词/分钟，人们理解和记忆的速度在 350 词/分钟。如果将阅读理解和讲话理解作为衡量思维速度的尺度，显然，大脑对于文字的处理速度是惊人的快捷，也许每分钟可达上千字。

讲话的低速度和思维的高速度之间的差异给人的大脑留下了充足的时间开小差，也给不善于倾听者带来麻烦。讲演者缓慢地叙述着，而听讲者的思绪可能神游四方。例如，开始考虑周六的足球赛、家庭、好友及个人问题等，而不再注意发言的内容。

思想不集中

思想不集中可由内在因素和外在因素造成。倾听者要么受到内部的分心，要么受到外部的干扰，而通常情况下内部和外部干扰同时出现。

◆ 内在因素

内在因素主要包括偏见、思想僵化、缺乏信任、身体不佳以及年龄等。当倾听者由于工作和心理的压力而心事重重的时候，很难做到有效倾听。在开会时，当思想开始走神时，其思绪就会转向，或者开始考虑一份有待完成的报告，或者牵挂起住在医院的朋友等。

内部干扰可因某人所处的地区、情感以及条件不同而异。对这个人是一种干扰，而对另外一个人就不一定是干扰。虽然内部干扰不易避免，但是可以通过训练尽力排除。

◆ 外在因素

从家里到办公室，对于倾听的干扰无所不在。影响有效倾听的外在因素大致有以下几个方面：喧闹声；电话铃声；意外来访；交谈环境（如在经理的办公室进行交谈，员工就会觉得拘束，当其讲话时就可能不是一种自然流露）；说话者的谈吐举止(如有的人说话频率比较快,而有的人说话则总是低垂着头或仰着头);说话者的发音特点(如有的人说话声音很轻,而有的人说话声音却很响)。

外部干扰对于一个倾听者来说是一个持续不断的问题,它会干扰信息的传递过程,影响沟通者的心境,使信息流失甚至歪曲信息。与外部干扰抗争的第一步是在倾听过程中找出干扰的潜在因素。应该指出,外在干扰无法完全被消除,但如同对待内在干扰一样,倾听者通过训练也可对其加以弱化或排除。

假装专心

在许多情况下,大多数人都曾假装在听讲,虽然他们通过双眼盯着讲话者看,脸上露出微笑,并不时点头示意,给人以倾听的印象。但是,点头的次数和倾听的有效性之间并没有明显的关系。事实上,他们在频频点头的时候,其思绪却在千里之外。这就是假装专心的典型表现。假装专心可发生在办公室、商务会议、面对面交谈时等。

如假装专心成了一种习惯,问题便由此产生。假装专心者总是很客气,虽然也听到说话者在讲些什么,但很少知道究竟听了些什么。当讲话正在进行的时候,假装专心者或者"关机",或者"换了频道",或者在进行思维漫游。

假装专心式的倾听者在沟通过程中不做任何努力,因此所获信息毫无价值。假装专心既是坏习惯,也浪费时间。当然,只要倾听者自己努力,这一坏习惯是可以得到纠正的。

措词难懂

词语是沟通与思维的工具。那些有多种意思的单词是有效倾听的潜在障碍。对讲话者来说这个词是这个意思,而对倾听者来说却可能是另外一个意思。比如说,从事贸易的人很清楚贸易方面的专门词汇,但其他人就不一定清楚。信息中如果涉及许多难以理解的词语,就有碍于抓住主题。

与倾听有关的最严重的语义问题是当讲演者使用那些会引起倾听者恐惧或愤怒或充满感情色彩的词,如乡巴佬、神经病等,它们都会阻碍有效倾听的正常进行。由于受个人偏见、主观意识等因素的影响,倾听者更注重讲演的措词,而不是整个信息。好的倾听者思想开明,他们会等到听完了报告再来做出判断。

体质不佳

身体障碍如疲惫、疾病以及听觉能力也会影响有效倾听。人们在一天里精力分低潮和高潮阶段。从图 3.2 不难看出,7:30~10:30 为人在一天时间中精力最旺盛的阶段;11:00~13:00 左右,人的精力处于低谷;从图 3.2 还可看出, 人在下午时段的精力平均水平不如在上午时段的精力平均水平高。一

管理沟通教程

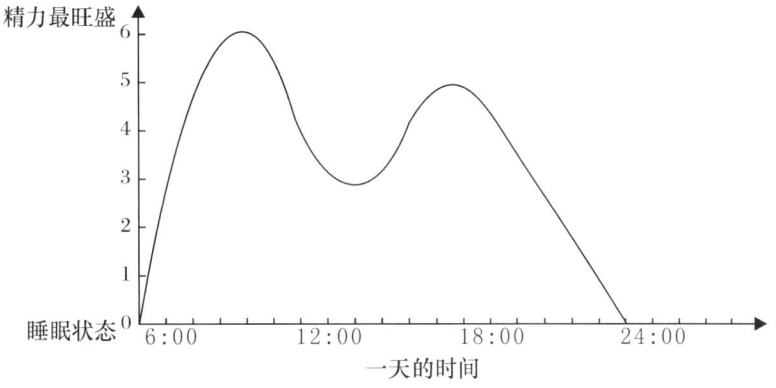

图 3.2　倾听者的精力周期表

一般来讲,在精力低潮阶段,疲劳会影响有效倾听。

除了疲劳,疾病也会减弱一个人的倾听能力。当一个人患重感冒或牙痛等就很难成为专注的倾听者,也就是说任何疾病或身体不适都会作为内在干扰而影响倾听。

倾听的策略

为了使倾听有效,我们应该克服倾听障碍。因此,掌握必要的倾听策略就显得格外重要。

身心投入

集中精力,集中思想,保持开放式姿势,使倾听在一个宽松的氛围中进行,这是有效倾听的重要保证。

换位思考

在倾听过程中,要善于做换位思考,要站在对方的角度,只有这样才能增强相互理解。

沉默是金

著名作家狄更斯说过,每个人都长着一张嘴巴,两个耳朵,就是要少说多听。在倾听过程中更是如此。有时适度保持沉默静静听别人倾诉是有效倾听的最好方式。切忌自己滔滔不绝,反客为主,喋喋不休。

听其声观其行

在倾听过程中,不仅要关注对方说什么,更要观察其非语言信息所透露出来的信息。因为当非语言信息与语言信息相互矛盾时,非语言信息更可靠。

适当记录

倾听过程中适当做笔记,有助于使对方相信你的诚意以及你对倾诉者的重视。特别是与下属或顾客交谈时,会起鼓励对方倾诉的作用。

有效反馈

反馈是有效倾听的一个重要组成部分,如果只是"倾听"而毫无反馈,对于信息提供者来讲,就好比是"对牛弹琴"。有效反馈是有效倾听的体现,管理者通过倾听获得大量信息,并及时做出有效反馈,这对于激发员工的工作热情,提升工作绩效具有重要作用。

反馈有多种形式:语言的、非语言的、正式的与非正式的等。其中语言形式的反馈常以口头或书面的方式对所获信息做出反应;非语言形式的反馈是以一系列的形体语言对所获信息做出的反应。这类反应可以是有意识的,也可以是无意识的。正式的反馈常以报告、会议等方式来表现;而非正式的反馈则可借助闲聊的方式做出反应。常见的反馈类型包括以下几种:评价、分析、提问、复述和忽略。

◆ 评价

这是指对所获信息加以判断和评价。例如:"这样做很好!"

◆ 分析

这是指对所获信息加以剖析。例如:"你所指的是……"

◆ 提问

积极有效的倾听可借助提问以获取更多的相关信息;同时也给对方传递了一个积极的信息:你对他的叙述很感兴趣,表明你十分乐意听。

◆ 复述

这是指通过对有关信息的复述,以核实所获信息正确与否,为对方纠正你的错误提供机会,同时也有助于向信息提供者表达自己的兴趣所在。

◆ 忽略

这是指对所获信息不做任何反应。所持的态度是"忘了它吧!"

在倾听过程中,有效反馈可以起到激励和调节作用。当然,要使反馈有效,首先,沟通双方应建立起相互信任的关系,创造良好的沟通氛围;其次,反馈必须适度。因为不适当的反馈会让对方感到窘迫,甚至产生反感。若以评价方式做出反馈,这类评价应持中立态度,不要简单地评论:"这简直是大错特错!"

有效提问

有效提问是积极倾听的一种重要方式,通过有效提问能使我们获取更多更新的信息。那么,如何进行有效提问呢?

首先,我们要明确有哪些提问方式;其次,要了解通过这些提问方式会获得什么样的反应,这一点,尤其重要,只有掌握了这一点,才能以适当的提问方式,去激发别人"倾诉"的热情,从而获得良好的倾听效果。一般来说,常见的提问方式有以下几种。

◆ 清单式提问

常以多项选择性问题提问,鼓励询问对象多方面地考虑问题以获取信息。例如:"最近公司员工纪律松懈,你认为主要原因是什么? 工资偏低? 制度不健全? 工作压力太大或是别的什么原因?"

◆ 开放式提问

常以"为什么……""如何……""哪个……"等方式开头,以鼓励对方回答,从而获取信息。例如:"公司上半年的营业额比去年同期下降30%,你认为主要原因是什么?"

◆ 重复式提问

这种提问方式一方面是为了向别人表达:我听见了你所提供的信息;另一方面也是为了检验自己所获取的信息是否正确。例如:"你是说……""你的意思是……"

◆ 确认式提问

为了鼓励信息发出者继续与你交流,常以这种提问方式来表达你对所获信息的兴趣和理解。例如:"哦,我明白了!""这很有趣! 请接着往下讲。"

◆ 假设式提问

这种提问方式是为了鼓励对方从不同的视角来思考问题,并从中获取其对问题的看法和态度。例如:"如果是你的话,你会怎么处理这件事?"

◆ 封闭式提问

为了获取某些具体的信息,常常用这种方式提问。回答这类提问,通常只需说"是的""不是"或一些具体的数字等。例如:"你在 IBM 公司工作了几年?""你打算什么时候来报到?"

从上述几种不同的提问方式及功能来看,显然,在同一场合用不同的提问方式,其效果是大不一样的。在倾听过程中,为了正确地使用各种不同的提问方式,首先要明确为什么要提问。如果提问的目的在于收集信息、交流观点,那么,在提问前,就应该明确自己希望获取什么信息,最好事先拟一个问题提纲;正确使用各种提问方式,并仔细倾听回答,应用换位思考方法,从而使倾听更为有效。

此外,为了努力克服自己的倾听障碍,我们还应该做到以下几点。

→ 找出并克服自己不良的倾听习惯

根据"倾听能力自评表"(见表 3.1)找出自己不良的倾听习惯,以便有的放矢地加以改正。

→ 每天进行操练,培养自己积极倾听的习惯在与人交谈时,应注意倾听,并有意识地改掉自己以往不良的倾听习惯。

→ 选择适当的沟通时间和地点

不要选择别人心情不佳的时候谈不愉快的事,也不要选择嘈杂的地方进行交谈。

→ 尊重他人的信仰和观点

不要以自己的意志强加于人,也不要随便批评人,应该尊重他人的宗教信仰,允许其保留自己的观点,不得因此而加以指责。

→ 明确倾听目的

对倾听的目的越明确,就越能有效地掌握信息。

→ 保持良好的精神状态

因为当一个人在情绪低落或烦躁不安时,倾听效果往往不佳。

→ 建立相互间的信任关系

因为只有在相互信任的前提下,沟通才会真诚而有效。

→ 建立相互间的平等关系

无论职位有多高,都应放下架子,以一个普通人的姿态与员工交谈。

→ 适时适度的提问

通过提问,可以帮助获得有效反馈,同时也有助于进一步获得相关的信息。

应该指出,只有当自己能够体验到对方的感受,甚至接受对方的观点时,你才能真正做到积极有效的倾听。积极有效的倾听将有助于有效的沟通,避免或减少冲突。当然,如果双方对自身的期望值有明显的差异或者双方都想说服对方,那么仅仅依赖积极的倾听是不够的。

小　结

管理过程实际上就是调动员工积极性的过程。善于倾听的管理者能随时发现他人的长处,并为其发挥作用提供机会和条件。倾听本身也是一种鼓励方式,有效倾听不仅能使管理者获得有用的信息,而且还能有助于加深管理者与员工之间的感情,增强彼此间的自信心和自尊心,激发员工的工作热情与敬业精神。

积极倾听所带给管理者的好处是显而易见的。对缺乏经验的管理者来说,倾听可以弥补其不足;而对于富有经验的管理者来说,倾听可以帮助其减少错误。因此,倾听是管理者掌握有效沟通的重要途径。

讨 论 题

▷ 倾听的定义是什么？
▷ "用耳听就是倾听"这一说法对吗？为什么？
▷ 人的精力周期与有效倾听有何关系？
▷ 为什么有效倾听强调反馈的重要性？
▷ 有效提问具有哪些功能？
▷ 联系实际,谈谈有效倾听最主要的障碍有哪些？
▷ 你将如何根据自己的情况提高倾听技巧？

技能训练

练 习 一

作为一名注重倾听的管理者,针对雇员所说的以下的话,你将如何做出反应？并且将你的反馈在小组内进行交流。

1. 一名灰心丧气的部门主管汇报正在进行的项目情况时说:

"楼上的那些人(其上司)为什么不预先多给我们一些有关这些项目的信息？"

2. 一名忐忑不安的雇员对经理针对其糟糕的报告做出反应时说:

"我的确想做好工作,我只是不知道错在哪里？"

3. 经理针对过去一年半的时间进行第三次雇员业绩测评后,有雇员评论道:

"我在这家公司九年了,但好处从来轮不到我。"

练 习 二

本练习采取角色扮演的方式进行训练,并通过角色互易,使每一个学员都有机会体验听(倾听者)、说(信息提供者)、看(旁观者)等角色。借此以提高学员的倾听技能。

游戏规则:

本练习共分两个步骤,其中,步骤一练习三次,每次要求角色互易一次,使每个学员都能扮演三个不同的角色。

步骤一:

▷ 每3个学员分为一组。

▷ 角色分配:学生甲扮张厂长;学生乙扮王总经理;学生丙扮观察者。

▷ 阅读各自的角色材料(只看自己的那部分材料),大约5分钟。

▷ 张厂长与王总经理进入角色:进行面谈,观察者开始观察,大约10分钟。

▷ 观察者谈自己的所见所闻,大约3分钟。

步骤二:

完成步骤以后,学员们可在班上交流各自的体会,并回答下列问题:

1. 作为倾听者,张厂长和王总经理分别从对方了解到什么新信息? 在他们的倾听过程中是否出现过什么障碍?

2. 作为倾听者,张厂长和王总经理应怎样运用反馈技巧使倾听更为有效?

3. 通过练习,你是否已经体会到在人际沟通中,倾听技能是十分重要的?

张厂长的背景材料

现在,你就是张先生。

你今年40岁,是永光无线电子厂厂长。永光无线电子厂是永光电子有限公司下属一分厂。由于厂部业务的扩展,需要增设一名分管采购和销售的副厂长。对于这个副厂长的人选,你心里早已有个候选人,此人就是现任采购科科长的小李。小李今年38岁,身体健康,熟悉业务,交际能力强,而且人品不错。

然而,就是这样的一个人,公司总经理王福林却有不同意见。王总刚才打电话来,要你去总经理办公室谈关于副厂长人选的事。

你认为,目前在厂里除了小李外,没有更合适的人选。可是听王总的口气似乎他另有一个候选人。"不管怎样,"你思忖着,"这个候选人必须是年富力强、有开拓精神、熟悉业务,同时还要有一定的群众基础。"想到这里,你便快步向总经理办公室走去。

现在你将练习倾听技能了。

王总经理的背景材料

你,就是王总经理,现年 56 岁。

这几天,你正在为永光无线电子厂副厂长的人事安排犯愁。

本来,你心里早已有谱:让公司人事科科长老刘当副厂长。老刘这人,十分忠厚,打从公司初创之日便跟随自己,在公司做了 20 多年的科长,让他当副厂长,资格应当是没问题的。

不过前几天,永光无线电子厂厂长张贤德却推荐该厂采购科科长小李作候选人。小李这人,你曾见过,年纪很轻。现年大概不过 35 岁吧。你认为年轻人办事有时过于轻率,做副厂长尚嫌太嫩。

然而,听张厂长的意思,这个副厂长的人选非年轻人莫属!这个张厂长,有时也很固执。

就永光无线电子厂副厂长候选人之事,你准备找张厂长亲自谈一谈。

现在,你将运用倾听技巧进行角色操练了。

观察者的阅读材料

在角色扮演练习过程中,你应注意以下情形:

1. 作为倾听者,王总对张厂长的表述是否表示出兴趣?

2. 在倾听过程中,王总是否对张厂长的表述做出客观的评价?

3. 在倾听过程中,王总是否表现出非语言的暗示?

4. 在倾听过程中,王总是否有能力引导表述者?

5. 通过倾听,王总是否意识到张厂长确实想物色一名德才兼备,且年富力强的候选人?

6. 在倾听过程中,王总是否认识到他对小李的了解是欠全面的?事实上,小李确实是一位不可多得的年轻人才。

7. 在倾听过程中,张厂长是否与王总发生争执?王总是否运用倾听技巧设法让张厂长安静下来?

第 四 章

非 语言沟通

学习目标

- 了解非语言沟通的定义
- 明确非语言沟通与语言沟通的关系
- 认识非语言沟通的作用
- 增强非语言沟通的意义
- 掌握非语言沟通的技巧

引导性案例

星期五下午 3:30。

宏达公司经理办公室。

经理助理李明正在起草公司上半年的营销业绩报告。这时公司销售部副主任王德全带着公司销售统计材料走进来。

"经理不在?"王德全问。

"经理开会去了。"李明起身让座,"请坐。"

"这是经理要的材料,公司上半年的销售统计资料全在这里。"王德全边说边把手里的材料递给李明。

"谢谢,我正等着这份材料呢。"李明拿到材料后仔细地翻阅着。

"老李,最近忙吗?"王德全点燃一支烟,问道。

"忙,忙得团团转! 现在正忙着起草这份报告,今晚大概又要开夜车了。"李明指着桌上的文稿纸回答道。

"老李,我说你呀应该学学太极拳,"王德全从口中吐出一个烟圈说道,"人过四十,应该多多注意身体。"

李明闻到一股烟味,鼻翼微微翕动着,心里想老王大概要等这支烟抽完了才离开,可我还得赶紧写这篇报告。

"最近,我从报上看到一篇短文说,无绳跳动能治颈椎病。像我们这些长期坐办公室的人,多数都患有颈椎病。你知道什么是无绳跳动吗?"王德全自问自答地往下说,"其实很简单……"

李明心里有些烦,可是碍于情面不便说,他瞥了一眼墙壁上的挂钟,已经4:00 了,李明把座椅往身后挪了一下,站立起来伸了个懒腰说:"累死我了。"李明开始动手整理桌上的文稿纸。

"'无绳跳动'与'有绳跳动'十分相似……"王德全抽着烟,继续着自己的话题……

当王德全在经理办公室抽烟时,李明的鼻翼微微翕动,这表明李明对烟味比较敏感,或许李明讨厌烟味。如果王德全注意到这种非语言的信息就应该知趣地把烟灭掉。另外,李明抬头看墙上的钟,起身整理办公桌,这些举动都传递出一种暗示:王德全应该离开这里了,我正忙着呢。如果王德全感觉到这种暗示,那么他就该起身告辞了。从这个案例,可以看出,非语言沟通在人际沟通过程中十分常见。较之倾听技巧,非语言沟通表现得更微妙。非语言沟通包括非语言性反应(如形体动作和表情变化)以及环境特点(如大的办公室或小的办公室)。非语言沟通包含许多内在含义,它可以影响语言沟通的过程和结果。即使有人在众人面前不作声,他也许是在发出一个信息,如:厌烦、恐惧、气愤或消沉等。

非语言沟通的定义

> 非语言沟通指的是除语言沟通以外的各种人际沟通方式,它包括形体语言沟通、副语言沟通、空间沟通以及环境沟通等。

非语言沟通涉及人们面对面沟通中的诸多方面,它可以加强或替代语言沟通。有时候人们有意识地运用非语言沟通技巧,而有时候却是一种下意识的行为。例如,面部露出的微笑、眉头紧皱、开会入席的座位、办公室的大小及室内陈设,凡此种种都表达着各种信息:高兴或苦恼,权势或地位等。

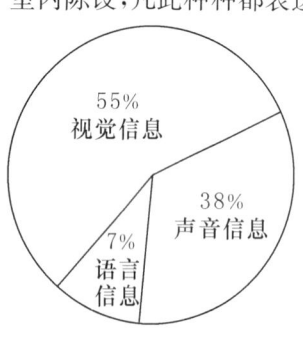

图 4.1　沟通信息分布图

非语言沟通在实际沟通活动中起着非常重要的作用,甚至比通过语言表达的信息更为重要。根据有关研究表明,在人们实际沟通过程中,非语言所包含的信息远远超出语言所提供的信息(见图 4.1)。正所谓"无声胜有声"!

对于倾听者来说,非语言沟通可以帮助确定讲话者是否有诚意,因为当一个人在谈话时,他/她讲的话可以给自己戴上某种面具,而其身体语言就不会被掩饰得那么有效了。的确正如人们常说的"不仅听你说什么,更重要的是看你怎么说"。

当然,讲话者也从非语言信息中得益。通过观察倾听者所传递的非语言信息来决定他/她所传递的信息是否被理解。

非语言沟通与语言沟通的关系

非语言沟通又与语言沟通密切相关。在实际沟通过程中,当语言信息与非语言信息互相不一致的时候，人们往往会更加相信非语言信息。通常，语言信息和非语言信息有以下几个方面相关联。

重复

当谈到某个方向时，伴随着手指的指示。

矛盾

当某人在争吵中处于劣势时，嘴里却颤抖地说道："我怕他？笑话！"事实上，从说话者颤抖的嘴唇上不难看出，他的确感到恐惧和害怕。又如，当顾客在首饰店的柜台前指着金灿灿手链对服务员说："请把这款项链给我看看。"服务员一定会认为顾客说错了，这时，服务员通常会认定顾客需要的东西是他手指的手链而不是他所说的项链。这个例子说明在语言和非语言信息出现矛盾的时候，非语言信息更能让人信服。

代替

经理走进办公室，显出一副伤脑筋的样子，不用说，他与上司的见面很糟糕。这时，非语言信息就起着代替语言信息的作用。

强调

通过非语言信号，语言信息得到补充。如一位经理敲击桌子或者拍一下同事的肩，或通过语调来强调有关信息的重要性。

非语言沟通类型及其主要功能

非语言沟通有各种类型，其中主要包括身体动作、空间利用、副语言等（详见表 4.1）。具备认识和辨析这些非语言信号的能力无疑有助于有效沟通。

表 4.1　非语言沟通基本类型

基本类型	解　释　和　例　子
身体动作	手势、脸部表情、眼神、触摸手臂以及身体其他部位的动作
个人身体特点	体形、体格、姿势、体味、气味、高度、体重、头发颜色及肤色
副语言	音质、音量、语速、语调、大笑或打哈欠等
空间利用	人们利用和理解空间的方式，包括座位的布置、谈话的距离
自然环境	大楼及房间的构造、家具和其他摆式、内部装潢、整洁度、光线及噪声
时间	迟到或早到、让别人等候、文化差异对时间的不同理解

在人际沟通中，人们的内心活动变化会在手势和形体语言中有意无意地流露出来。通过形体暗示所透露出来的非语言信息主要有以下四种沟通功能。

态度信息

一方面，手势和形体姿态可以帮助我们传递或强化由语言表达的信息；另一方面，形体暗示更能生动地反映出信息传播者对他人的态度。

心理信息

研究表明，形体暗示功能可以有效地提供确切的个人心理状态的信息。它不仅能表明我们是否自信，而且还能暗示出我们的自信度。它们通常能够揭示我们是否靠得住，它们也能够将我们的消极心理状态暴露无遗。

情绪信息

我们的脸能非常准确地传递特定的情感信息，而形体暗示则显示我们情绪的变化水平和紧张程度。

相关信息

通过非语言沟通还能揭示许多其他重要的相关信息，例如，个人偏好、权力地位以及情绪变化等。显然，如果我们不熟悉手势和姿势所提供的相关信息，我们在人际沟通过程中就容易产生误解，甚至产生不必要的冲突。

手势和形体姿态在人际沟通中非常重要。我们可以将眼睛比作心灵的窗户。同样，我们也可将形体暗示（即手势和形体姿态）看作是我们心理活动的晴雨表，内心活动的变化会在手势和形体语言中有意无意地流露出来。

非语言信息解析

在不同的场合，人们的非语言行为会传递迥然不同的信息。以下就常见的非语言行为展开论述。

形体语言的解析

除了演员、政治家和演说家们会通过训练使自己有意识地利用一些手势来加强语气外，在一般的人际沟通过程中，许多手势都是无意识的。比如说，当说话者激动时，手臂的快速动作可以强调正说着的话。利用头部、肩部、手臂、手、指、腿和脚表示的姿势形式也很丰富，尽管常常只起辅助作用，但手势也可被有意识地用来代替说话。例如，把手指放在嘴唇前表示请大家安静；另外，当会议进行得很激烈时，有人为了使大家情绪稳定下来，做出两手掌心向下按的动作，意思是说"镇静下来，不要为这一点小事争执了"。

然而,在人际沟通过程中表现出开放式的姿态非常重要,这样你会给其他人一个这样的信号:我真诚地努力表现出自己真实的思想。开放式的手势常引起对方同样的开放式的姿态。

开放式形体暗示通常表现为:伸展一下双手,松一下衣服扣子或领带,还有放松一下四肢等。相反,紧缩双臂、夹紧双腿等相关的动作则表现出一种自我防御的封闭式形体暗示。

对于希望表现出镇定自若的人来说,自信的动作就非常重要。一些典型的自信动作有:手指尖塔(将手指指尖靠在一起形成塔尖状);双手背后,下颌微抬;斜着身子,以手托头。而像一些摸嘴、摸鼻子、抓头的手部小动作通常是一种不自信的信息流露。

开放式和自信的动作是受欢迎的,而保护性的和紧张的动作则不受欢迎。保护性的动作有很多,它们都带有制造不愉快气氛的意味,如目光下垂。封闭式的形体姿势是典型的保护性动作。紧张的动作也有许多形式,如捻弄手指、拉衣服和摸耳朵等。事实上,任何毫无意义的动作也都可能被解释为是紧张的表现。

以下的形体语言常见于人们日常生活中,它们或者是用来强调表述或者是代替说话。

◆ 头部

朝一边点头是催促某人紧跟着;

上下点头是赞许、同意或默契;

摇头是不同意;

头朝对方略微侧转表示注意;

单手或双手抱头是沉思、沮丧或懊恼。

◆ 手臂和手

双臂展开表示热情和友好;

双手插裤袋表示冷淡或孤傲自居;

两臂交叉抱在胸前表示戒备、敌意或无兴趣;

双手合十表示诚意;

招手表示友好。

◆ 手指

捋发表示对某事感到棘手,或以此掩饰内心不安;

十指尖相触表示自信或耐心;

指点某人/物表示教训或威胁;

握拳表示愤怒或激动;

搓手表示急切期待或心情紧张。

◆ 腿和脚

双脚呈僵硬的姿势表示紧张、焦虑；

脚和脚尖点地表示轻松或无拘束；

坐着时腿来回摆动表示轻松或悠闲；

跺脚表示气愤或兴奋。

姿势的解析

不同的坐姿和站姿传达不同的沟通信息。面试时，应试者弓着背坐着，两臂僵硬地紧夹着上身，两腿和两脚紧靠在一起，就好像对面试者说"我很紧张"。同样，如果应试者懒散地、四脚撒开地坐着，表明他过分自信或随便，令人不舒服。一般来讲，无论是站着还是坐着，当一个人放松或悠闲的时候，身体往往处于比较舒展的状态；而当一个人不舒服、紧张、害怕，整个身体都是绷得紧紧的，手臂和两腿紧靠在一起。

眼神的解析

常言道，眼睛是心灵的窗户。显然，眼睛具有很强的交流功能和感染力，常见的表现形式有：目光注视、眼睛凝视、目光回避、扫视、斜视和眨眼等。

研究表明，眼睛具有许多特有的交流功能，透过眼神或眼色，可以透视出人的内心世界，其沟通功能大致包括以下几点。

◆ 专注作用

眼神，能够反映出一个人的注意力及兴趣程度。一般来说，瞳孔的大小能精确地反映一个人的兴趣水平和对他人的态度。例如，当兴趣强烈时瞳孔会放大，而当兴趣减少时，瞳孔就会收缩。

◆ 说服作用

眼睛在说服性沟通中能起到重要的作用。在沟通中，劝说者要使人感到真诚可信，必须与被劝说者保持眼神的接触。为了避免可信性的显著下降，劝说者不能眼睛经常向下看或眼光离开被劝说者。过度的眨眼或眼皮的颤动都会让对方生疑。

◆ 亲和作用

目光在建立、保持以及终止人际关系方面扮演着很重要的角色。仅仅盯着某个人看只是一种感兴趣的标志。而注视则表明你对对方很感兴趣，并允许对方获得关于你的信息。

这里需强调的是，目光举止在人际关系的发展方面，比其他任何一种非语言交流都会更重要一些。

◆ 调节作用

有足够理由说明，眼睛配合手势可以更好地进行暗示，目光和举止可以显示一个人的内心世界。

◆ 强力作用

　　人的目光举止不仅可以折射其地位高低，也能有效地反映出其领导潜力。一份对某军校警官的目光举止的有趣研究显示出这种人际关系的本质。研究表明，级别低的警官看上去比级别高的警官更谦逊，同时也证实那些看上去总是小心翼翼、行动谨小慎微的学员大多数只获得级别较低的领导职务。事实上实权在握的人，其目光看上去通常很有力。这类人常以有力的目光注视着自己的部下，控制着他们的情绪。相反，那种回避和低头不敢对视的目光一般被看作软弱屈从的标志。通常，这类人或不具领导才能或领导能力不强。显然。通过对目光的观察，有助于管理人才的遴选和聘用。

◆ 影响作用

　　通常，眼睛和脸部表情可以作为交流中有效的中介体，当你看到某个人的表情是冷淡或者热情或者可爱时，你可能会意识到，眼睛所表达出的语言就是情感语言。当一个人很想了解另一个人是否在表达一种肯定的还是否定的感情时，他可以通过观察眼睛的瞳孔来加以判断。当你所表达的是肯定的情感，如高兴或幸福时，瞳孔就会增大；反之，当你表达的是否定的情感，如悲伤或痛苦时，瞳孔则会缩小。

　　总之，眼睛可以正确反映一个人是在表达肯定还是否定的情感，这与"喜形于色"的说法是一致的，即人们常把自己的情感表露于面色上，把情感的温度显现在目光中。因此，希望了解别人心情和情感的人，可以依靠对方面部和眼睛所提供的信息进行判断。

　　当然，在不同的文化中，眼神所表达的意思是不同的。在很多文化中，眼睑下垂表示对上级的尊重和服从。但在日本，却要求正视对方的颈部。在中国，过分地盯着对方看是很不礼貌的行为。相比较而言，阿拉伯人互相对视的频率要高一些。在他们的意识中，目光对视有助于拉近彼此的距离，是一种友好的表示。正是这个原因，他们不喜欢和戴眼镜的人说话。在伊斯兰国家，异性之间是不允许有目光对视的行为的。显然，在多元文化的组织里，上述差异在沟通过程中常常会引起误解。因此，了解和熟悉不同的文化对于解读这类非语言信息是十分重要的。

空间暗示的解析

　　在沟通中，不同的沟通方式表达了不同的含义。通过控制交际双方的空间距离进行沟通，称为空间沟通。人们交谈中掌握距离的方式表达了他们的信仰、价值观，以及他们的文化内涵。例如，德国文化崇尚秩序井然和等级森严，所以德国人倾向于划分出界线分明的私人领地，从而明明白白地表露了他们保留个人隐私的需要。

美国人要求拥有自己的办公室以保证自己的隐私,通过使用巨大而且能够升降的办公桌与别人保持距离。相反,阿拉伯人在公共场合根本不知道什么是隐私,他们在谈话时是那样的亲密无间。这种沟通的特点被描述为:目光的直接接触,手的互相触摸,沐浴在对方温暖而潮湿的呼吸中,这些都代表了深层次的有感觉器官参与的交谈,这种沟通方式对很多欧洲人而言是不可忍受的。

我们必须承认我们的空间受到两种相互竞争的需求的影响:友好协作的需求和保留隐私的需求。大体上来说,通过形体上的接近可以表达我们想发展更密切关系的愿望。因此,形体上的接近在人际交往中扮演着十分重要的角色。相反,我们通过与他人保持距离以满足自己保留隐私的需要,这时我们常常寻求形体方式来确信这种距离的存在。例如,使用肘部以防止他人靠得太近,或者把椅子移开,或者侧过身等,以对自己的心理空间做出防御性反应。

使用空间的方式以及我们对他人使用空间方式的反应,会给他人留下很深的印象。例如,就办公室的空间大小而言,有些组织是根据职位高低来决定办公桌的大小,有些组织则取决于权力的大小。此外,家具的陈设也构成了空间暗示的一个因素。事实上,管理者在办公桌后面与人沟通时,两人之间的办公桌就不经意地构成了一道物理的甚至心理的屏障。如果管理者有意保持自己的权威,则应保持这点屏障;如果管理者希望取消沟通的屏障,则应离开办公桌,以开放的心态与人沟通。通常,人们会从这些空间暗示取得这样的判断,如友好程度、亲密程度、霸道程度、诚实程度以及同情程度。我们发现,面试的成功、销售的成功、跨文化的沟通都与我们掌握空间的方式密切相关。简而言之,作为代表个人和企业形象的管理者必须知道:在不同场合中什么样的空间行为是合适的,什么样的空间行为是不合适的,因为这些行为举止在形象管理中是十分重要的。

时间暗示的解析

如同空间一样,时间在沟通中也起到传递信息的作用。通过对把握时间的观察,可以了解到人们对事件的重视程度和他的职位高低。例如,从你是否坚持确保准时赴约的态度,就可以反映出你对这次约会的重视程度。至于谁等谁,等多久,都反映了两者间的从属关系。一般来讲,无论是组织还是个人,都对迟到或等待有一定程度的容忍范围。如果没有准时赴约让别人等太久,会引起对方不满,同时也会降低自己的信誉。

对于是否守时赴约的心理准备取决于双方的价值估量。如你是与自己的上司相约,你一定不会让他等你,而应早到以恭候对方。如果是与你的同事或下属相约,你对按时赴约的心理准备就显得轻松随意。

在对参加会议的到会时间控制上,通常,会议成员提前到会等待,而会议主持或主席则准时到会。从中可以看出不同职位或权势者对时间把握的差异。

时间暗示还表现在其他方面,例如,说话的语速或手势挥动的频率会反映出人们内心情绪的紧张程度和感受,走路的快慢则反映了人的性格、心理、年龄、健康状况。

沟通距离的解析

通常,根据人们不同的需要,沟通"距离"被划分成四种:亲密距离、私人距离、社交距离和公众距离。

◆ 亲密距离

它是很容易辨别的,一般在0～0.5米之间,因为交谈者有意识地与对方频繁地进行身体接触。适用对象为父母、夫妻或知心朋友等。

◆ 私人距离

一般在0.5～1.2米之间。往往是人们在酒会交际过程中与他人接触时的距离。在这种距离下,常常会发生更进一步的人际交往。我们习惯性设定的私人距离会反映出我们的自信心强弱和保护个人隐私需要的心态。成功的沟通者在与他人接触时,会对他人设定的私人距离保持足够的敏感性。

◆ 社交距离

一般在1.2～3.5米之间,用于商业活动和咨询活动。这种距离的控制基于你是站着,坐着,或者你是与一个人交谈还是与一群人交谈。

◆ 公众距离

一般在3.5米以上。从社交距离到公众距离的变换对我们有很重要的暗示作用。在公众距离中的较近阶段(3.5～7.5米),对非语言因素的理解会千差万别。公共距离中的较远阶段(7.5米以上)对人际交往是破坏性的。在7.5米以外,声音中的潜在含义就会传递失真。

当然这种沟通距离的划分也不是绝对的,它受到文化的制约。不同的文化背景对这种距离的敏感性是不一样的。

影响沟通距离的因素有很多,归纳起来大致有以下三个方面。

◇ 地位的影响

当两人之间地位差距拉大时,那他们之间的沟通距离也会随之增加,地位低的人意识到他们需要与地位高的人保持一定的距离。

◇ 个性的因素

与性格内向的人相比,性格外向的人在与他人接触时能保持较近的沟通距离;与缺乏自信心的人相比,自信心强的人在与别人接触时,沟通距离也较近。

◇ 人与人之间的熟知程度

通常，人们总希望与自己熟悉的同伴或好朋友保持较近的距离，而尽量远离陌生人。

音质的解析

根据图 4.1 所示，声音在实际沟通过程中也占有很重要的位置。它具有情感作用、印象管理作用和调节作用。

◆ **声调**

指的是一组词的升降调，标示该句子是问句还是陈述句，说明讲话的人是没有把握还是很自信，表征一个声音是很郑重还是含讽刺意味。对话中使用了副词时（说明讲话经过考虑），一般也要注意声调是什么。

当声调和某个字词的含义相悖时，人们往往相信声调。吉安·戴维斯（Jann Davis）提到，有人用"快死了，你呢？"来回答朋友的问候："你好吗？"听到这种回答的朋友却回应："很好。"因为语气很快，所以他们不会理会字面的意义。

◆ **音高**

指的是声音的高低（就像钢琴上弹奏出的高低音符那样）。低音被认为较高音更具权威性，更性感，更悦耳。讲话人生气或激动时，音高往往会提升；有的人提升音高是为了提高声音。音高原本就很高的女性应该努力降低声音，这样在向众人演讲时就不至声嘶力竭。

◆ **重音**

指的是句子中要强调的一个词或一组词。下列例子显示，强调句中不同部分，意思可以相差很多。

我（重音）会给你涨工资。

［隐含意："别的主管是不会的"或"我才有权决定你的工资涨浮"。］

我会（重音）给你涨工资。

［隐含意："它并不是你挣的"或"好吧，你赢了，我并不同意，只是答应你从而摆脱你罢了"或"我也是刚刚才决定给你涨工资"。］

我会给你（重音）涨工资的。

［隐含意："本部门没有其他任何人得到了这种待遇"。］

我会给你（重音）涨工资。

［隐含意："你就不再可能得到提职或其他想要的东西了"。］

我会给你涨工资的（重音）。

［隐含意："这是你应该得到的"。］

音质的策略

讲话富于激情的人，一般经常变换声调、音高和重音；除此以外，他们讲话听来更加有力和充满智慧。说话只有一个声调，听起来没有智慧而且很冷漠。音质的策略大致包括下列几种。

◆ 不要让你的声调将你定型

不同的声调给人不同感受。许多电影制作人在试镜者的其他条件都差不多的时候，就会以谁的声调最符合剧种角色作为依据。鼻音重的人给人温吞的印象，嗲声嗲气的声调则让人有声色方面的联想。如果你不想就此被人定型，不妨视场合运用不同的声调。

◆ 低沉的声音比较有权威感和让人信赖

我们经常根据声乐家的标准将一般人的声音分成中高低音。声调高的人给人紧张、缺乏自信与情绪化的负面印象；声调低的人则让人感觉稳重老练。因此你不妨请老师或自己用录音带多多练习，将声调压得低些。

◆ 适时放慢说话速度

这可以给人认真、权威和思虑周密的良好印象。此外，它让你有较多的时间选择恰当的词汇。

◆ 适时加快说话的速度

这可以给人充满热忱与活力的印象。说话速度快比较能够吸引别人的注意力，对方必须集中精神才能听清楚你说些什么。

◆ 声量要大小适中

声音太大通常给人吵架与没有礼貌的感觉；声音太小又让人觉得害羞内向与缺乏自信。这都应该加以避免。

小　结

非语言沟通技巧是管理沟通中的一个重要组成部分，通过正确解读非语言信息，使你在了解他人口头所表达的信息的同时，帮助你揣摩其"心思"，从而正确把握和处理相互之间的关系，因势利导，做出合理的决策。

显然，对于一个优秀的企业管理者来说，具备解读非语言信息并能做出适当反应的能力是非常重要的。它不仅有助于我们树立良好形象，也有助于促进和改善管理者与其上司、同事及下属间的关系，进一步相互了解、相互帮助，使企业维持高效运作。

讨 论 题

▷ 何为非语言沟通？
▷ 如何理解"不仅听你说什么,更重要的是看你怎么说"？
▷ 非语言沟通与语言沟通有什么差别？
▷ 为什么说眼睛是心灵的窗户？
▷ 非语言沟通的文化内涵是什么？
▷ 谈谈非语言沟通技巧与有效沟通的关系。
▷ 管理者应如何提高自身的非语言沟通能力？

技能训练

练 习 一

首先回忆一下最近在与上司或下属的一次交谈中,你的非语言沟通行为是怎样的？列举哪些是对谈话有利的,哪些是不利的,然后在小组中进行交流。

你的非语言沟通行为

对 谈 话 有 利 的	对 谈 话 不 利 的

练 习 二

有权势的人,或信心很强的人,喜欢长篇大论,滔滔不绝。这类人好争辩,喜欢开玩笑,说话声音也比较洪亮,面对困境不仅仅提出问题,而且乐意提出解决问题的方案。

无权势者则倾向于听别人讲,不喜欢参与辩论,更多地体现在形体语言,如微笑、点头、耸肩等来表示赞同或无奈。这类人喜好揣摩问题而不是提供解决问题的方案。

试以调研员的身份参加一次讨论会,仔细观察演讲者的风格,辨别出其中具有典型性的人物,并加以分析。

案例分析

小王是新上任的经理助理,平时工作主动积极,且效率高,很受上司的器重。那天早晨,小王刚上班,电话铃就响了。为了抓紧时间,她边听电话,边整理有关文件。这时,有一位姓李的雇员来找小王。老李看见小王正忙着,就站在桌前等着。只见小王一个电话接着一个电话。最后,老李终于等到可以与小王说话了。小王头也不抬地问他有什么事,并且一脸的严肃。当他正要回答时,小王又突然想到什么事,与同室的小张交代了几句……这时的老李已是忍无可忍了,他发怒道:"难道你们这些当领导的就这样对待下属的吗?"说完,他愤然离去……

问题

1. 这一案例的问题主要出在谁的身上? 为什么?
2. 如何改进其非语言沟通技巧?
3. 假如你是小王,你会怎样做?

第 五 章

口 头 沟 通

学习目标

- 理解口头沟通在管理沟通中的重要性
- 了解正式口头沟通的种类
- 掌握演讲技巧
- 提升演讲能力

引导性案例

海尔是海
——张瑞敏为企业所作的形象致辞

海尔应像海。唯有海能以博大的胸怀纳百川而不嫌弃细流,容污浊且能净化为碧水。正如此,才有滚滚长江、浊浊黄河、涓涓细流,不惜百折千回,争先恐后,投奔而来,汇成碧波浩渺、万世不竭、无与伦比的壮观!

一旦汇入海的大家庭中,每一分子便紧紧地凝聚在一起,不分彼此地形成一个团结的整体,随着海的号令执著而又坚定不移地冲向同一个目标,即使粉身碎骨也在所不辞。因此,大海才有了摧枯拉朽的神奇。

大海最为人类称道的是年复一年默默地做着无尽的奉献,袒露无私的胸怀。正因其"生而不有,为而不恃",不求索取,其自身也得到了永恒的存在。这种存在又为海中的一切生命提供了生生不息、赖以生存的环境和条件。

海尔应像海。因为海尔确立了海一样宏伟的目标,就应敞开海一样的胸怀。我们不仅要广揽五湖四海有用之才,而且应具备海那样的自净能力,使这种氛围里的每一个人的素质都得到提高和升华。海尔人都应是能者,而不应有冗者、庸者,因为海尔的发展需要各种各样的人才来支撑和保证。

所有的海尔人只有凝聚在一起,才能迸发出海一样的力量。这就要靠一种精神,一种我们一贯倡导的"敬业报国,追求卓越"的企业精神。同心干,不论你我;比贡献,不唯文凭。我们只有把许许多多的不可思议和不可能都变为现实和可能,海尔才能冲过一切障碍,滚滚向前!

我们还应像大海一样,为社会、为人类做出应有的奉献。只要我们对社会和人类的爱"真诚到永远",社会也会承认我们到永远。海尔将像海一样得到永恒的存在,而生活于其间的每一个人都将在为企业创一流效益、为社会做卓越贡献的同时得到丰厚的回报。海尔将与整个社会融为一个整体。

资料来源:张瑞敏.海尔是海:张瑞敏随笔选录[M].北京:机械工业出版社,1995.

这是跻身世界强手之林的中国海尔集团掌门人张瑞敏的致辞。海尔是海——气势磅礴,海纳百川;海尔是海——强者呐喊,荡气回肠!一名优秀的管理者,理应是一个出色的演讲家。管理者通过富有感染力的演讲,可以唤起下属的工作热情;通过富有条理和说服力的演讲,可以获得上司的青睐与支持。

在日常企业经营管理过程中，管理者需要在各种不同的场合，与组织内外部的不同对象进行交流和沟通，例如参加各种会议、向上级汇报工作、与下属交谈、面对媒体等。毫无疑问，要成为一名优秀的管理者，理应具备出色的口头沟通能力。因此，从某种意义上说，一名善于口头沟通的管理者便是一名成功的管理者。

口头沟通的定义

> 管理者的口头沟通，系指管理人员在经营实践中，为了实现管理目标而有效地运用口头语言表情达意以实现管理目标的活动和过程。

管理者的口头沟通，系指管理人员在经营实践中，为了实现管理目标而有效地运用口头语言表情达意以实现管理目标的活动过程。经营管理活动中很多场合要求管理人员发言。无论是即兴讲话，还是正式长篇的演说，对管理者来说，都十分重要。

口头沟通的种类

管理人员发表即兴讲话面对的对象有：雇员、社区居民、商业机构、专业组织和政府代表等。管理者可能单独发言，也可能是一个座谈小组或某委员会的一员。需要管理者发表长篇演说，且要抓住听众的注意力实属不易，必然会遇到很多障碍。以下分两部分内容分别阐述管理人员常用的口头沟通技巧。

即兴发言

即兴发言包括传递信息的发言、引荐发言、颁奖辞、欢迎辞、祝酒辞、口头报告等。

◆ 传递信息的发言

商务活动中许多场合需要管理者去传递信息。有时可能需要向员工介绍新的规定或手续，也可能要向学生、社区居民或股东介绍自己的公司、经营活动、产品或组织结构，也可能要向顾客提供有关新产品或其销售折扣的信息。

这种短时间讲话的首要目的是要向听众提供他们原本并不知晓的信息。通常这些听众对此话题知之甚少，但发言者必须要弄清楚他们的了解程度，只有这样才不至于说得太多或太少。

这种讲话经常需要一些道具，譬如一张曲线图、一幅草图、一个设备模型或一个图表，它们能起到辅助作用。

◆ 引荐发言

引荐发言的目的是要激发听众去听发言人讲话，而不是去听引荐者讲话。因此，引荐发言应该简短吸引人。要使发言人感到自在、受欢迎。如果引荐欢迎辞过于盛大、幽默或太长，反而会使发言人尴尬。引荐发言应该具体、有针对性，避免无效琐碎的信息。它可以强调发言人的成就，围绕话题展开，或兼顾两者，亦可谈谈发言人、话题及其与听众之间的关系。大多数情况下，遵循最后一种策略常会最大限度地引发听众的兴趣。

作为一个引荐者，应尽可能地多了解发言人与听众的兴趣。要设法找到听众的兴奋点。如果发言人是位食品连锁店的总裁，他将向 200 个店长讲话，那么引荐者可以做这样的介绍：18 年前总裁也是一个店长，"他的智慧和对你们每天遇到的问题的认识来自辛勤的劳动和亲身体验，而不是来自办公室里的报告"。

另一个技巧是引用听众中几个人的名字，介绍一下他们同发言人的关系。有时，引用政府机构、新闻媒体对发言人的一个评价也能激发听众的兴趣。

引荐发言的关键是要了解发言人和听众，要善于把双方背景中的令人感兴趣的因素提取出来，找到双方的共鸣点，并且要强调听众将如何得益于发言人的讲话。

◆ 颁奖辞

有时候管理者要向某个个人或团队颁发奖品。大家聚在一起是要向受奖者而不是向主持人表达敬意，这时的发言中要对该项奖励、受奖者的成就及其荣誉或颁奖的意义做出评价。

大多数辛勤工作或成绩卓著者很看重自己的成绩被他人认同，其看重的程度如同获得物质奖励。因此，颁奖是很重要的，但要注意避免使领奖者尴尬。主持人的言辞、颁奖的方式显得非常重要，举行仪式的地点和方式也要谨慎策划。

以上这些问题，可以通过与领奖人事先商讨自己的计划来解决。商讨中，领奖人很可能会通过语言或非语言的方式向你袒露或暗示他对该计划的感觉，而正是其感觉能引导你对自己的计划做出必要的修改。如果要使颁奖成为一个意外，那么一定要同了解领奖人的人一起筹划，以便确保你颁奖的赞美之辞适合于受奖者的个性及其环境。

在颁奖发言中，应记住以下三点。

＊ 语言要言简意赅。要向受奖者表达诚挚的认可，但也不必念赞美诗，

也不必太长,以免让领奖者或听众感觉味同嚼蜡。

    ＊ 明确一下该项奖励或奖品,或读出该奖状。因为听众可能想听一下有关领奖者成就的溢美之辞。

    ＊ 恰当收尾。呈示奖品或奖状时做好总结。

    在忙碌的大公司中,个人的成就经常被忽略或不能被正确对待。所以,如果要认同个人的成绩而颁奖,那么就要审慎去做。要确保当一个人获得嘉奖后,无论是受奖者,还是听众,都感受到一种内心的满足。

◆ 欢迎辞

    当人们参观工厂、商号、学校或其他设施时,你就要致简短而诚挚的欢迎辞。

    在这种致辞中,要注意到来访者已经取得的成就,并加上你希望他们将得益于此次访问。在欢迎辞中谈及来访者已经取得的成就可能是致辞成功的关键。注意到功成名就者的成绩并不困难,如果是一个中学生兴趣小组来参观本公司的某个技术部门,那该如何呢? 这种情况中,你可以评论一下他们所做的不懈努力以及他们通过参观想要学习更多知识的旺盛的求知欲。

    有时候欢迎辞一定要包括一些有关安全的具体信息,譬如,在某些区域戴上安全帽,禁止拍照或打断一个工人的作业,或关照在某个时间务必回到某指定地点。叮嘱这类注意事项时要以一种礼貌的方式进行,要让大家明白你提出这些建议是为了参观者的利益和安全。

    多数情况下,欢迎辞的内容应该注意以下五点。

    ＊ 言简意赅;

    ＊ 认同来访者的成就或职务;

    ＊ 略带幽默感;

    ＊ 表达东道主的友善并提供必要的帮助;

    ＊ 列出大家必须遵守的规则。

◆ 祝酒辞

    参加宴会的人往往三教九流,有各色人等,很难有一个统一的模式来指导我们如何作此类发言。有些人群喜欢简洁幽默的发言;而有些人则准备要提一些敏感的问题。赴宴者的目的可能很不相同,所以对发言人来说,事先弄清来客们的期待是至关重要的。

    轻松型的祝酒辞有一个贯穿始终的主题,但它一定带有相当的幽默色彩。讲话内容要轻松诙谐,并且与主题相关。如果合适,可引用适合此类场景的名言警句或短诗,以便使人印象深刻。

    严肃型的祝酒辞不应太长。但是这类讲话的目的是要留下口信,引入一个新概念,或者要确保赴宴者理解某事。因此,发言人不仅要表达必要的思想,而且要通过一个故事、一段小幽默、一个展示或几样道具,来强化这些思想。采用白板写上大号的字体可能是合适的,但调暗灯光启用幻灯片可能并不合适——这有点冒险。一切要看场合而定。

祝酒辞无论是轻松型的,还是严肃型的,都应比较简明,并要谨慎措词,或多或少带点幽默感。一两句印象深刻的引语可以帮助听众抓住核心思想。

几乎在所有的情景中,宴会的主持人对祝酒辞的成功都起到关键作用。发言人的开场白应该轻松幽默,并自然引出话题,之后的讲话不仅要体现敬意、感谢之情,还要极其简要地强调关键思想。

◆ 口头报告

口头报告是就一个复杂的论题,向听众简要地介绍一个计划或正在进行的项目或活动。有时制造部经理可能要向部下介绍一个新设备,店长可能要向维修工解释一台新机器的功用,公司总经理有时要向董事会简要介绍计算机工作站的功能等。在每一种情形中,此类发言应当简明,而不必过于详细,措辞要通俗易懂,意思的表达也要尽可能深入浅出。

旨在传递信息的口头报告要采用浅显易懂的术语,要使罗列出来的概念简单易记。可以使用图表或事先分发材料以确保关键思想不仅让听众听到,还让他们看到。如此强化有助于阐明一个复杂问题。

指示型的口头报告是为了告诉听众如何操作或执行某项任务。同样,给出基本信息即可,不必太详细或复杂。

如果可能,可以给听众一个当场练习的机会。如果他们能够不折不扣地处理,那么你可以在旁边仔细观摩,或预示将要碰到的问题,这样他们就更容易理解。

除了个人经常要做口头报告之外,有时也需要团队汇报。譬如公司经营者向董事会的新成员做汇报。其中一个汇报公司财务,另一个汇报生产,再一个汇报营销,最后一个汇报人事。每个汇报人各有分工,并有时间限制。汇报小组的带头人通常需要掌握好开头和结尾。

◆ 短时口头发言

要想成为一个好的发言人,不断练习是至关重要的,因此要抓住每个机会作口头发言。以后会议主持人要找一个志愿者就"新的盈利计划作简要汇报"时,你就要立即举手;你的公司、协会、联谊会、俱乐部的领导找人主持年会时,你就要毫不犹豫毛遂自荐。当公司的老板要下属"参加一个即将召开的会议并代表本公司"时,你就说"我去"。总之,你练习得越多,你就越自信,以后发言也就越游刃有余。

长篇演说

长篇演说需要事先做精心的准备,一次耗时 20 多分钟的演讲牵涉到内容构成、讲话策略等诸多因素。

长篇演说中所表达的思想通常远比即兴讲话复杂。企业经营管理人员的长篇讲话可能要分析一个产品的经济效益、市场和制造等方方面面，或者要表达一揽子思想以劝说听众采取某个具体的行动。不同于 3～5 分钟的短时发言，此类讲话一般要持续 10～60 分钟。

长篇讲话中几乎无一例外需要使用道具，譬如图表、样品、书面材料等，它们有助于更好地同听众沟通。

这类讲话应当允许并鼓励听众之间以及听众与发言人之间的沟通。这种双向交流及参与会更好地阐明观点、问题和概念。

根据演说的目的，可以将长篇演说分成以下几种类型：劝导型、告知型、交流型、比较型和分析型。

◆ 劝导型

譬如一位公司经理向公司管理层做演讲，以便劝说他们同意购买一台新型的自动生产设备，在讲话中，这位经理不仅要介绍一下该设备，而且要分析该设备给公司生产带来的效益，同时还要谈及资金安排问题。

◆ 告知型

例如，执行副总裁向所有部门领导告知与公司有关的政府法规方面的新变化。

◆ 交流型

譬如市场部经理向产品设计部和生产部经理讲话时，就需要交流。前者可以解释潜在顾客需要什么、不需要什么。然后由后者讲出生产中受到的技术限制。通过这种交流，就可以探讨问题，并最终找到解决方案。

◆ 比较型

解释并讨论两个或两个以上的产品、概念、政策或活动时，就需要比较。比较的目的是向听众提出所有相关事实，以便更好地做决策。在这种讲话中，仔细列举事实和客观的数据分析是至关重要的。

◆ 分析型

例如，总会计师就收购一家小公司向公司财务委员会做报告。他要分析这家小公司目前的财务状况、增加销售的潜力、债务结构以及其他影响委员会决策的因素。要想使决策正确无误，必须对每一个问题做仔细分析。

演讲的准备

任何活动都需要做具体的计划和周密的部署，作长篇演讲也不例外。企业管理人员为了成功地发表演讲，可以做以下几方面的准备工作。

确定演讲的目的和目标

不知你是否有过这样的经历：听了某人 15～20 分钟的演讲之后，不知该做些什么。发言人是否仅仅是要告诉你什么事情？他有没有让你投票表态？是否想激发你提出问题？或者演讲人是否希望你出门之后便去购买某种产品或某项服务？演讲结束却让听众不知其意图，这种错误的严重程度甚至超过演讲中表达非常糟糕的情形。人们都很忙碌，大家需要的是获得直接的指导。当然，最后还得由他们自己做决定。但是，促使做出决定的材料必须是清楚简洁的，而且是合乎逻辑的。

一定要使你讲话的目的非常具体。譬如，你明确指出你将"罗列本公司可采用的四种燃料系统并阐明为什么太阳能是有利的选择"。

明确演讲的目的和自己希望达到什么样的目标是成功演讲的第一步。可以将它们写下来，然后加以审视并评价每个用词，以便确认自己已经选用了最合适的词，准确无误地表达了自己的意图。自己满意之后，就可以把它们写到幻灯片（或其他道具）上，以便演讲中在最合适的时候使用。

明确演讲的意图有助于听众听过之后做出自己的评价和相应的行动，也有利于你合理安排演讲的各个部分。

计划演讲的过程

对演讲做出周密的安排，是为了获得最好的效果。首先，写出一个临时大纲，并对此做出评价，看是否涵盖了本次演讲的目的和目标。完成大纲之后，要广泛收集各种事实、数据及细节等。公司的记录、问卷、会谈、简报、报告以及其他信息均可参考。在这一研究阶段，要不断完善演讲大纲，以便使其达到最佳效果。如此准备之后，用于演讲的大纲最终也就形成了。

在对演讲做全面的筹划中，还包括预测听众可能的提问，不同意见以及其他要求。对此，即使实际演讲中用不到也应事先有所准备。

设计恰当的道具和选择合适的地点也是准备工作的一部分。道具的类型及其复杂程度视听众的人员构成、话题的性质及演讲场地的大小而定。

演讲场地对演讲的成败影响很大。如果你想在一个很小的房间里面对40 个人演讲或在大礼堂仅面对 9 个听众演讲，那么结果可能很可怕。

在准备工作中，也不要忘记检查一下视听设备，包括话筒、电灯开关以及其他器具。准备不周往往会导致到时候手忙脚乱。

做了以上这些准备，那么演讲也就有了三分把握了。

分析听众的构成及其心理期待

如果在公司内部做演讲，那么你更容易了解听众的人员组成情况。你会很清楚分别有多少人来自工程部、财务部和市场部等。如果对一个公司以外的团体做演讲,你可能只知道听众是由社区居民、某协会的会员或小学老师等组成的。但仅知道这些并对此做出适当分析,同样对你有用。

对听众的了解不能停留在其背景或职业这一层次,如果可能,还要设法知道其态度、成见或意见。另外,还要搞清听众中有无派系,或小集团中是否已有不合,听众中会不会各持己见,互不相让。

分析听众的另一个重要问题是要弄清听众已经知道什么,或应该知道什么。如果所说内容为听众所熟悉,那么他们就会感到枯燥乏味,并且因此而失去他们的支持。另外,如果你假设他们已有相关知识,但实际上他们并不拥有,那么后果可能同样很糟。

你还要设法弄清听众希望知道些什么。如果你想对某个产品提价 9%,而你知道大部分人会同意涨 6%,那么这种对情况的事先掌握更有利于你做准备。如果你想说服听众同意购买一套 8 万美元的设备,而你也清楚地意识到他们中的大多数需要知道足够的数据及证据,那么你也可以相应去做准备了。

如果可能,你要弄清听众中谁是具有影响力的人物以及他们的观点。你还可以考虑一下:在演讲的开始阶段或晚些时候,让这样的人员发表一下意见,对你是否有利。

选择适当的演讲方式

作长篇演讲时,准备些材料,诸如卡片、笔记之类,是很有必要的。这些资料能使你始终围绕主题展开,不至于偏题或离题万里,也有助于按部就班逐点陈述。如果你想在演讲过程中读出某一重要的判断或引用权威论述,那么就有必要将这些简洁的语句放在面前。

在演讲中,有时需要读出一些特别重要的具体字句。如果这样,那么就有必要使你的手稿端正易认,并且正文四周留出足够的空间作眉批。作眉批时可用色笔,譬如写上"停顿""强调""重复""抬头并微笑""做个手势"或"在图表上指出成本核算的数据"等。留出足够的空白处是为了便于做适当的眉批,在必要时还可修改演讲内容或增加内容。

至于卡片、资料采用什么样的形式,则可根据各人喜好以及演讲类型而定。

长篇演讲中如果看着手稿照本宣科,听众自然会感到索然乏味。如果你准备了演讲稿,那么应该事先通过不断练习做到熟稔于心,届时就会得心应手了。

如果使用卡片,那么大小要适中。通常上面能写上大纲及一两句关键的引语就够了。这样有助于我们有条不紊地展开,也不至于忘记关键句子。卡片一定要编号,以免到时手忙脚乱找不到需要的那一张。

如果你想让自己的演讲看上去是未经精心准备，却给人留下滔滔不绝、出口成章的感觉，那么可以采用藏匿文字的方法。譬如，把你的三个削减成本的思想用大号深色字体印在大纸板上，然后在各点之下用铅笔写上小字，把你的全部理由列在上面。这些记录听众是看不见的，而你却看得一清二楚。也可以把演讲的五个要点呈现在幻灯片上，每一点下只写一个字。这样的大纲以及五个字就能有效地提醒你要讲的内容了。

如果你真的对所讲的内容做到烂熟于心了，那么为了保证并加强演讲效果就应更多地通过眼神、语言和其他非语言的方式同听众交流。

使用有效的道具

企业经营管理人员所做的大多数长篇演讲要涉及财务、生产、制造或开发的数据，这些内容事实上并不容易被吸收。如果演讲中使用适当的道具，听众会觉得更容易吸收。

很多人注意到要全神贯注听取一个 30～45 分钟的演讲并不容易。但如果演讲者使用合适的道具，便有助于保持听众的注意力，使演讲过程不显得过于枯燥。

可用于演讲的道具很多：分发的材料、报告、白板、模型、照片、幻灯片、图表、计算机控制的图文和电影或录像片段等。究竟选用什么样的道具要视话题的复杂程度、听众的类型、演讲场地的大小以及使用道具的目的（如为了导入、阐明或强调等）而定。采用道具的基本原则是：所有的道具是用来补充、阐明或强化演讲内容的，它们应该是一目了然的——要易认、易懂、易记。

另外，聪明的演讲者总是花上一点点时间做以下一些准备工作：弄清电灯开关的位置，投影仪是否工作正常，讲台上的白板笔是否已经干掉，投影仪的电线长度能否够得到电源插座，在房间的每个角落是否都能看得清图表，待分发的材料页码是否正确……诸如此类的准备并不需要太长时间，但花得很有必要。

选择适当的演讲策略

长篇演讲的目的是要确保导致产生某种行动或结果，或者为了推销一个产品，或者为了使一个建议获得批准，或者是为了使人们理解某个概念。

◆ 时间及其控制

理想状态下，演讲人有足够的时间去完成一个演讲。令人遗憾的是，很多情况下就在最后一分钟需要调整演讲的计划，譬如，原先演讲的时间可以比较长，但轮到你没多少时间了，你被迫挑出要点来讲。有时因为时机不对，你只好推迟演讲。如果不想推迟，有些演讲者只好分发书面演讲稿，同时口头陈述一下重点内容。

时间控制也很重要。要想成功地发表演讲，必须控制好时间。譬如，你想披露公司的一项重要信息，你必须事先做好评估，不能凭空猜测。要把时间控制作为一个问题来研究。你得问问将要来听的人有些什么想法。也可以问问不来听的人，看看他们有什么建议。事先获得信息将有助于你决定何时出场最合适，采用什么样的游说策略最能克服听众的抵触情绪，怎么样获得支持者。

◆ 展开顺序

对听众类型及其来意做了仔细分析之后，你就得确定一个展开策略，以便达到演讲目的。如果听众对你的话题比较陌生，你可以按照时间顺序向听众展开所谈话题的过去、现在和将来。如果听众对话题的理解比较狭隘，那么你可以采用横向法来拓宽其思路。对待担心型或心怀敌意的听众最好的办法可能是直接与之讨论某一临时的问题，并设法寻求可能的答案。对持怀疑态度的听众最好采用归纳法来劝服他——给他诸多案例，再引导他得出一个结论。在做出以上策略选择时，一定要考虑听众的所思所想。

◆ 听众参与

长篇演讲通常最好的策略是与听众建立起融洽的关系，并通过提问激发听众的兴趣。演讲中要设法让听众参与做出决定。因为人们更容易接受或支持某一包含自己的努力而做出的决定，而接受一个由他人建议的决定则要困难得多。

听众的参与通常是个有利因素。一个能够控制局势的自信的演讲者经常引导听众来参与。

◆ 听众构成

如何获得预期的听众反馈要取决于听众的组成状况。如果你的观点在听众中有很多支持者，或有很多反对者，甚至有不少派别，那么就应采取不同的方法区别对待。一定要事先做到知己知彼。

◆ 号召行动

经验老到的推销人员深谙如何让顾客掏钱。好的演讲者也应知道如何让听众采取自己期待的行动。

有时需要具体告诉听众应该干什么，有时只作建议，更多时候要让听众自己得出结论。

◆ 处理提问

让听众自由提问的阶段，给演讲者提供了一个澄清和再次强调观点的极佳机会。很多演讲者误认为自己讲稿的最后一点讲完，演讲也就结束了。事实上，一个完整的演讲总是包括听众自由提问的阶段。这最后的几分钟对你完成沟通目标是至关重要的——这是你澄清误解，阐明听众关心的具体问题并再次强调自己观点的最后机会。

在这一阶段,部分听众也有了机会看看演讲者脱稿后的表现。他们可以要求演讲人详细说明某些要点,或澄清易混淆的观点。

以下六个方面可以帮助演讲者熟练地处理听众提问。

＊ 回答提问之前要确保自己真正理解了问题。如果未能听清或未能抓住整个问题,那么可以礼貌地要求提问者重复一遍。

＊ 开始回答之前,要确保所有的听众听到并理解了问题。如有必要,你可以用麦克风重复一遍提问,以便让大家听清问题,否则再好的回答也会使人糊涂。

＊ 回答问题尽量自然直率。听众更乐意接受一语中的的回答,所以不必详细介绍背景资料或做过多铺垫。

＊ 合理分配时间,尽量回答所有问题。如果你估计听众有好几个问题,那么不要在一个问题上花太多的时间,否则时间会不够。

＊ 对于较难的或较复杂的问题,可以将它分成几个方面并复述一下,然后逐个回答。

＊ 直面你不能回答或不愿意回答的问题。譬如,一个问题涉及个人隐私,你可以直接说"不",大可不必去捏造一个答案来哄骗听众。

◆ 事先适当排练

演讲之前,你可以适当排练。排练的好处是你会更熟悉演讲内容,并且在排练中,你可以进一步做必要的修改。

排练时,你可以想象当时的场景,注意自己的举手投足是否得体,说话声音要响亮、清楚,甚至眼睛要有神。至于排练多少遍则因人而异,一般到你心中有把握即可。

对于初次当众发表演讲的人来说,可能会感到比较紧张,因而也就更有必要事先适当排练。但对经常当众发表演讲的人来说,正儿八经的排练就显得多余了,因为老练的演讲者大多能做到出口成章。

演讲的结构

每篇文章都有起承转合,长篇演讲也是由多个部分组成,每个部分均有各自的意图,这些在准备阶段都要合理安排考虑清楚。

开篇

长篇演讲的起始部分有以下几个具体目标:点题、定义并同听众建立融洽的关系。

◆ 点题

有些听众可能并不清楚你将谈论什么,也不清楚为什么要谈这一话题。所以一开始就要确保每位听众明确你将谈论的话题及其原因。譬如,销售部的经理今天自己来不了派了助手作为代表,这位代表可能并不了解今天的日程安排,所以有必要花一两分钟向他做一交代。

◆ 定义

长篇演讲通常较为繁复,经常会用到一些技术性的概念、术语,对此要做出明确的诠释,以便听众更好地理解你。

◆ 建立融洽关系

很多情况下,听众对你及你的话题并不熟悉,所以要一开始就设法同听众建立良好的关系。有很多因素能帮助你同听众建立和谐融洽的关系,但其中最重要的是真诚和诚实。

微笑是你的一份资产,也是一种方法,它能使听众感到你是在同他们平起平坐地交流,而不是在发号施令。

此外,还要足够自信,要相信自己要说的内容是重要的、有价值的。

你的开场白千万不能是这样的:我肯定你们当中的很多人比我对此话题更了解,但不幸的是王主任在找演讲人的时候,我正好坐在他旁边……

相反,你应该这样说:今天本人深感荣幸,应我们王主任之邀,同各位一起探讨一下……

开场白是长篇演讲中举足轻重的一个部分,一定要小心策划好。印象深刻的开场白会给听众留下良好的第一印象。

主体

主体部分是长篇演讲的核心所在,它一般要占整个演讲的80%的时间。在这一部分也一定要做到言简意赅,不能啰唆、无谓地重复,同时应注意以下一些问题。

◆ 谋篇布局

结合听众的实际情况,考虑好什么样的篇章结构最合适,先说财务状况,还是先谈营销计划,诸如此类的问题要统筹安排好。

◆ 道具

什么时候用什么类型的道具才能获得最佳效果?

◆ 听众参与

是否应该鼓励听众适时参与进来?

主体部分的展开应围绕着一个主题,采用适当的展开方法,并且通过道具以及适当的听众参与以维持听众的兴趣和注意力。

结论

结论是演讲的整合部分,做结论时应简短有力,如同豹尾,避免拖泥带水、节外生枝。

所下结论应是主体展开部分的逻辑结果;如果要向听众做建议,那么该建议也是主体部分为事实所证明了的。

无论是结论,还是建议,最好列在道具上,以加深听众的印象,并最终促使听众采取你所期待的行动。

长篇演讲对职业生涯的积极作用非同小可。企业上层管理人员若能经常做精彩的演讲,会更多地赢得下属的崇敬;下层管理人员则能更多地获得上司的赏识,从而得到更多的晋升机会。所以要抓住每个机会做好演讲。演讲时一定要做到结构完整,条理清楚,措词得体,具有强烈的感染力,要让听众中的每一个人都知道是你做了如此生动而智慧的演讲。

成功演讲的策略

为了达到成功演讲,就必须避免以下六个方面,即六忌。

一忌生疏

如果在演讲过程中,经常让听众感觉到你在努力搜索下一段话的内容,那么听众可能会降低对你的评价,你演讲的效果、说服力等也会随之而降低。

二忌紧张

如果上台演讲,站在众人面前让人发现哆哆嗦嗦,不能控制紧张感,同样也会大大降低听众对你的评价,甚至可能招来灭顶之灾——听众根本不买账。因为没有人会相信一个对自己都没有信心的人。

演讲之前,要抬头挺胸,眼睛可以先扫视一遍整个场地,与听众先进行一次无声的交流——但此时无声胜有声,所谓眼睛是心灵的窗户,这种无声的交流便是你同听众间的一次心灵的撞击,这是开口之前你向听众显示自信心的不可错过的绝佳机会。

三忌枯燥

长篇演讲最容易让人感到乏味,因而能够始终抓住听众注意力,并让他们自始至终兴趣益然,跟着演讲人或喜、或思、或哀、或乐、或紧张、或释然……那便是口头表达的魅力所在。

四忌唱独角戏

长篇演讲有自己明确的目的和目标,演讲结束是要希望听众接受某种观点或采取某些行动。为了说服听众,就要同听众进行适当交流,引导听众参与进来。让听众经过思考,"自己"做出判断,这样会更快更容易达到演讲的目的。

五忌空洞

如果长篇演讲不联系实际只是从书本到书本,从理论到理论,那么就不会有好的效果。最好是联系听众身边的或他们有所了解的人、事、物以及现时的社会热点,引发他们去思考。那么听众会听得更积极主动。

六忌单调

如果在长篇演讲中始终采用同样的语速、语言、语调,那会很快让人乏味,所以尽量要抑扬顿挫一点。另外,要适当借助各类道具,以便吸引听众注意力。

以上几点也从一个侧面说明:做好一次精彩的演讲不是一件轻松的事。事实上,很多成功的演讲者发现,在做完一次生动而成功的演讲之后,自己既兴奋又疲惫。

小 结

管理人员在各种场合都需要发表正式或非正式的或长或短的讲话,以便同组织内部的员工或组织外部的各界人士保持良好的沟通。

管理人员用到的即兴的短时间讲话包括传递信息的发言、引荐发言、颁奖辞、欢迎辞、祝酒辞和口头报告等。长篇演讲也可分为劝导型演讲、告知型演讲、交流型演讲、比较型演讲、分析型演讲以及综合型的演讲。

不管是哪一种演讲,都应做适当的准备。譬如,要明确本次演讲的目的,分析听众的类型及其心理需求,安排好讲话的具体内容。作长篇演讲前更需要做好充分的准备,尤其要善于抓住听众的注意力。幽默是智慧的表现,但使用时要注意场合和听众的构成。只有这样,才会有好的效果。

要想成为一个善于口头沟通的成功的管理者,就必须掌握演讲的技巧,并且要进行适当的自我训练。在工作实践中,一有机会就大胆发言是一种极有价值并富有效率的提高方法。

讨 论 题

▷ 你将如何发言?

假如你是某上市公司的董事会成员 A,在股东大会上你被指定向与会股东解释为何上年度的公司利润比前年减少了三分之二。同时为了力挽狂澜,你要说服股东一致通过某个新项目尽快上马,以便使公司找到新的利润增长点。该项目上马的资金来源是启用本公司上年度在证券市场上通过配股而筹得的尚未用完的巨额资金。

▷ 什么是演讲人与听众之间的和谐融洽关系? 列出五种你同听众建立融洽关系的可行办法。

技能训练

1. 观察并记录自己在听取长篇演讲时注意力集中时段的长短。告诉别人你是如何经常走神的,并注意演讲人是如何保持听众注意力集中的。

2. 观察电视中的一个访谈节目,注意被采访人的脸部表情。这些表情传达了什么信息? 谁受到了影响? 为自己列出一个指南以便指导自己在面试中如何有效使用脸部表情。

3. 向经理、公司业主或董事会做一个 8~10 分钟的演讲,劝他们接受你的建议。这一游说型的演讲可以是有关改变一项政策、购买一台设备或接受一个新规定等。要求在演讲中使用适当的道具。

4. 你在人才招聘会上面试了很多应聘者均不满意,现在终于看中了一个合适的人选,请你做一个即时发言,如果不谈丰厚的薪水,你将如何吸引他? 考虑一下他希望知道本公司什么信息;排除金钱,什么将最吸引他。

5. 制造部经理要举行一个简短仪式,向两名下属颁发奖状及奖金,以表彰他们在本季度生产中的突出成绩。如果你是那位经理,你将如何发言? 预期目的是要激发员工的荣誉感、成就感并维持先进工作者与普通工人之间业已存在的融洽关系,并不希望因为颁奖而滋生嫉妒与不和谐。

华为的冬天

——任正非的演讲

公司所有员工是否考虑过,如果有一天,公司销售额下滑、利润下滑甚至会破产,我们怎么办?我们公司的太平时间太长了,在和平时期升的官太多了,这也许就是我们的灾难。泰坦尼克号也是在一片欢呼声中出的海。而且我相信,这一天一定会到来。面对这样的未来,我们怎样来处理,我们是不是思考过。我们好多员工盲目自豪,盲目乐观,如果想过的人太少,也许就快来临了。居安思危,不是危言耸听。

我到德国考察时,看到第二次世界大战后德国恢复得这么快,当时很感动。他们当时的工人团结起来,提出要降工资,不增工资,从而加快经济建设,所以战后德国经济增长很快。如果华为公司真的危机到来了,是不是员工工资减一半,大家靠一点白菜、南瓜过日子,就能行?或者我们裁掉一半人是否就能救公司。如果是这样就行的话,危险就不危险了。因为,危险一过去,我们可以逐步将工资补回来。或者销售增长,将被迫裁掉的人请回来。这算不了什么危机。如果两者同时都进行,都不能挽救公司,想过没有。

10年来我天天思考的都是失败,对成功视而不见,也没有什么荣誉感、自豪感,而是危机感。也许是这样才存活了10年。我们大家要一起来想,怎样才能活下去,也许才能存活得久一些。失败这一天是一定会到来,大家要准备迎接,这是我从不动摇的看法,这是历史规律。

目前情况下,我认为我们公司从上到下,还没有真正认识到危机,那么当危机来临的时刻,我们可能是措手不及的。我们是不是已经麻木,是不是头脑里已经没有危机这根弦了,是不是已经没有自我批判能力或者已经很少了。那么,如果四面出现危机时,那我们可能是真没有办法了。那我们现在不能研究出现危机时的应对方法和措施来,我们就不可能持续活下去。

这3年来的管理要点讲的都是人均效益问题。不抓人均效益增长,管理就不会进步。因此一个企业最重要、最核心的就是追求长远地、持续地实现人均效益增长。当然,这不仅仅是当前财务指标的人均贡献率,而且也包含了人均潜力的增长。企业不是要大,也不是要强,短时间的强,而是要有持续活下去的能力与适应力。我们有一位员工写了一篇文章《还能改进吗?还能改进吗？》，只有不断改进，我们才有希望。但是华为公司有多少员工在本职岗位上在改进，有多少人在研究还能再改进。我们的干部述职报告所有指标都是人均效益指标。人均效益指标降低了，我们就坚定不移地降工资。如果你连降工资都不能接受，我认为你就没有必要再留在华为公司奋斗了。一个部门领导没有犯过什么错误，但人均效益没有增长，他应下台了。另一个部门的领导犯一些错误，当然不是品德错误，是大胆工作，大胆承担责任，缺经验而产生的错误，而人均效益增长，他应受到重视。若他犯的错误，是集体讨论过的，错了以后又及时改正了，他应受到提拔。各级干部部门，要防止明哲保身的干部被晋升。在一个系统中，人均效益的指标连续不增长，那么主要部门领导与干部部门的人，应全部集体辞职。因为，人是他们选的，您选了些什么人？

在当前情况下，我们一定要居安思危，一定要看到可能要出现的危机。大家知道，有个是世界上第一流的公司，确实了不起，但去年说下来就下来了，眨眼之间这个公司就几乎崩溃了。当然，他们有很好的基础研究，有良好的技术储备，他们还能东山再起。最多这两年衰退一下，过两年又会世界领先。而华为有什么呢？我们没有人家雄厚的基础，如果华为再没有良好的管理，那么真正的崩溃后，将来就会一无所有，再也不能复活。

华为公司老喊狼来了，喊多了，大家有些不信了，但狼真的会来了。今年我们要广泛展开对危机的讨论，讨论华为有什么危机，你的部门有什么危机，你的科室有什么危机，你的流程的那一点有什么危机，还能改进吗？还能提高人均效益吗？如果讨论清楚了，那我们可能就不死，就延续了我们的生命。怎样提高管理效率，我们每年都写了一些管理要点，这些要点能不能对你的工作有些改进，如果改进一点，我们就前进了。

一、均衡发展，就是抓短的那块木板

我们怎样才能活下来。同志们，你们要想一想，如果每一年你们的人均产量增加百分之十五，你可能仅仅保持现有工资水平不变或者还可能略略下降。电子产品价格下降幅度一年还不止只百分之十五吧。我们卖的越来越多，而利润却越来越少，如果我们不多干一点，我们可能保不住今天，更别说涨工资。不能靠没完没了地加班，所以一定要改进我们的管理。在管理改进中，一定要强调改进我们木板最短的那一块。各部门、各科室、各流程主要领导都要抓薄弱环节。要坚持均衡发展，不断地强化以流程型和时效型为主导的管理体系的建设，在符合公司整体核心竞争力提升的条件下，不断优化你的工作，提高贡献率。为什么要解决短木板呢？公司从上到下都重视研发、营销，但不重视管理系统、中央收发系统、出纳系统、订单系统等很多系统，这些不被重视的系统就是短木板，前面干得再好，后面发不出货，还是等于没干。因此全公司一定要建立起统一的价值评价体系，才能使人员在内部流动和平衡成为可能。

比如有人说我搞研发创新很厉害，但创新的价值如何体现，创新必须通过转化变成商品，才能产生价值。我们重视技术、重视营销，这一点我并不反对，但每一个链条都是很重要的。对研发相对用户服务来说，同等级别的一个用户服务工程师可能要比研发人员综合处理能力还强一些。所以如果我们对售后服务体系不给予认同，那么这体系就永远不是由优秀的人来组成的。不是由优秀的人来组织，就是高成本的组织。因为他飞过去修机器，去一趟修不好，又飞过去修不好，又飞过去又修不好。我们把工资全都赞助给民航了。如果我们一次就能修好，甚至根本不用过去，用远程指导就能修好，我们将省了多少成本啊！因此，我们要强调均衡发展，不能老是强调某一方面。比如，我们公司老发错货，发到国外的货又发回来了，发错货运费、贷款利息不也要计成本吗？因此要建立起一个均衡的考核体系，才能使全公司短木板变成长木板，桶装水才会更多。

　　我们这几年来研究了很多产品，但当IBM还有许多西方其他公司到我们公司来参观时就笑话我们浪费很大，因为我们研究了很多好东西就是卖不出去，这实际上就是浪费。我们不重视体系的建设，就会造成资源上的浪费。要减少木桶的短木板，就要建立均衡的价值体系，要强调公司整体核心竞争力的提升。

二、对事负责制，与对人负责制是有本质区别的，一个是扩张体系，一个是收敛体系

　　为什么我们要强调以流程型和时效型为主导的体系呢？现在流程型运作的干部，他们还习惯于事事都请示上级，这是错的。已经有规定，或者成为惯例的东西，不必请示，应快速让它通过去。执行流程的人，是对事情负责，这就是对事负责制。事事请示，就是对人负责制，它是收敛的。我们要简化不必要确认的东西，要减少在管理中不必要、不重要的环节，否则公司怎么能高效运行呢？现在我们机关有相当多的部门，以及相当多的编制，在制造垃圾，然后这些垃圾又进入分检、清理，制造一些人的工作机会，制造了一些复杂的程序，以及不必要的报表、文件，来养活一些不必要养活的机关干部。机关干部是不能产生增值行为的。我们一定要在监控有效的条件下，尽力精简机关。秘书有权对例行的管理工作进行处理，经理主要对例外事件，以及判别不清的重要例行事件做出处理。例行越多，经理就越少，成本就越低。一定要减少编制，我们的机关编制是过于庞大的。在同等条件下，机关干部是越少越好，当然不能少得一个也没有。因此我们一定坚定不移地要把一部分机关干部派到直接产生增值的岗位上去。机关的考核，应直接由下面的服务部门进行打分，它要与机关的工资、奖金的组织得分挂钩。这也是客户导向，内部客户也是客户。市场部机关是无能的。每天的纸片如雪花一样飞啊，每天都向办事处要报表，

今天要这个报表,明天要那个报表,这是无能的机关干部。办事处每一个月把所有的数据填一个表,放到数据库里,机关要数据就到数据库里找。从明天开始,市场部把多余的干部组成一个数据库小组,所有数据只能向这个小组要,不能向办事处要,办事处一定要给机关打分,你们不要给予他们打那么好的分,让他们吃苦头吃一点亏,否则他们不会明白这个道理,就不会服务于你们,使你作战有力。庞大的机关一定要消肿。在这个变革过程中,会触及许多人的利益,也会碰到许多矛盾,领导干部要起模范作用。要有人敢于承担责任,不敢承担责任的人就不能当干部。当工程师也很光荣嘛。

在本职工作中,我们一定要敢于负责任,使流程速度加快。对明哲保身的人一定要清除。华为给了员工很好的利益,于是有人说千万不要丢了这个位子,千万不要丢掉这个利益。凡是要保自己利益的人,要免除他的职务,他已经是变革的绊脚石。在去年的一年里,如果没有改进行为的,甚至一次错误也没犯过,工作也没有改进的,是不是可以就地免除他的职务。他的部门的人均效益没提高,他这个科长就不能当了。他说他也没有犯错啊,没犯错就可以当干部吗? 有些人没犯过一次错误,因为他一件事情都没做。而有些人在工作中犯了一些错误,但他管理的部门人均效益提升很大,我认为这种干部就要用。对既没犯过错误,又没有改进的干部可以就地免职。

三、自我批判,是思想、品德、素质、技能创新的优良工具

我们一定要推行以自我批判为中心的组织改造和优化活动。自我批判不是为批判而批判,也不是为全面否定而批判,而是为优化和建设而批判,总的目标是要提升公司整体核心竞争力。

为什么要强调自我批判? 我们倡导自我批判,但不提倡相互批评。因为批评不好把握适度,如果批判火药味很浓,就容易造成队伍之间的矛盾。而自己批判自己呢,人们不会自己下猛力,对自己都会手下留情。即使用鸡毛掸子轻轻打一下,也比不打好,多打几年,你就会百炼成钢了。自我批判不光是个人进行自我批判,组织也要对自己进行自我批判。通过自我批判,各级骨干要努力塑造自己,逐步走向职业化,走向国际化。只有认真地自我批判,才能在实践中不断吸收先进,优化自己。公司认为自我批判是个人进步的好方法,还不能掌握这个武器的员工,希望各级部门不要对他们再提拔了。两年后,还不能掌握和使用这个武器的干部要降低使用。在职在位的干部要奋斗不息、进取不止。

干部要有敬业精神、献身精神、责任心、使命感。我们对普通员工不作献身精神要求,他们应该对自己付出的劳动,取得合理报酬。只对有献身精神的员工作要求,将他们培养成干部。另外,我们对高级干部要严要求,不对一般干部实施严要求。因为都实施严要求,我们管理成本就太高了。因为管理他

也要花钱的呀,不打粮食的事我们要少干。因此我们对不同级别的干部有不同的要求,凡是不能使用自我批判这个武器的干部都不能提拔。自我批判从高级干部开始,高级干部每年都有民主生活会,民主生活会上提出的问题是非常尖锐,但是说完他们不又握着手打仗去了吗?我希望这种精神一直能往下传,下面也是要有民主生活会,一定要相互提意见,相互提意见时一定要和风细雨。我认为,批评别人应该是请客吃饭,应该是绘画、绣花,要温良恭俭让。一定不要把内部的民主生活会变成了有火药味的会议,高级干部尖锐一些,是他们素质高,越到基层应越温和。事情不能指望一次说完,一年不行,两年也可以,三年进步也不迟。我希望各级干部在组织自我批判的民主生活会议上,千万要把握尺度。我认为人是怕痛的,太痛了也不太好,像绘画、绣花一样,细细致致地帮人家分析他的缺点,提出改进措施来,和风细雨式最好。我相信只要我们持续下去,这比那种暴风急雨式的革命更有效果。

四、任职资格及虚拟利润法是推进公司合理评价干部的有序、有效的制度

我们要坚定不移地继续推行任职资格管理制度,只有这样才能改变过去的评价蒙估状态,才会使有贡献、有责任心的人尽快成长起来。激励机制要有利于公司核心竞争力战略的全面展开,也要有利于近期核心竞争力的不断增长。

什么叫领导?什么叫作政客?这次以色列的选举,让我们看到了犹太人的短视。拉宾意识到以色列一个小国,处在几亿阿拉伯人的包围中,尽管几次中东战争以色列都战胜了。但不能说50年、100年以后,阿拉伯人不会发展起来,今天不以土地换和平、划定边界,与周边和平相处,那么一旦阿拉伯人强大起来,他们又会重新流离失所。要是这样犹太人再过2 000年还回不回得来,就不一定了。而大多数人,只看重眼前的利益,沙龙是强硬派,会为犹太人争得近期利益,人们拥护了他。我终于看到一次犹太人也像我们一样的短视。我们的领导都不要迎合群众,但推进组织目的,要注意工作方法。一时牺牲的是眼前的利益,但换来的是长远的发展。我曾经在与一个世界著名公司,也是我公司全方位的竞争对手的合作时讲过,我是拉宾的学生,我们一定要互补、互助,共同生存。我只是就崇敬拉宾,来比喻与竞争对手的长期战略关系。

如何掌握任职资格的应用,是对各级干部的考验。我们公司在推行激励机制时,不要有短期行为。我们要强调可持续发展。既要看到他的短期贡献,也要看到组织的长期需求。不要对立起来,不要完全短期化,也不要完全长期化。

同时,我们要推行以正向考核为主,但要抓住关键事件逆向考事,事就是事情的事。对每一件错误要逆向去查,找出根本原因,再加以改进,并从中发

现优良的干部。我认为正向考核很重要,逆向的考事也很重要。要从目标决策管理的成功,特别是成功的过程中发现和培养各级领导干部。在失败的项目中,我们要善于总结,其中有不少好干部也应得到重视。要避免考绩绝对化、形而上学。特别是要从有实践经验、有责任心、有技能,且本职工作做得十分优秀的员工中选拔和培养骨干。

干部要有敬业精神、献身精神、责任心和使命感。区别一个干部是不是一个好干部,是不是忠臣,标准有四个:第一,你有没有敬业精神,对工作是否认真,改进了,还能改进吗?还能再改进吗?这就是你的工作敬业精神。第二,你有没有献身精神,不要斤斤计较,我们的价值评价体系不可能做到绝对公平。如果用曹冲称象的方法来进行任职资格评价的话,那肯定是公平的。但如果用精密天平来评价,那肯定公平不了。我们要想做到绝对公平是不可能的。我认为献身精神是考核干部的一个很重要因素。一个干部如果过于斤斤计较,这个干部绝对做不好。你手下有很多兵,你自私、斤斤计较,你的手下能和你合作很好吗?没有献身精神的人不要做干部,做干部的一定要有献身精神。第三点和第四点,就是要有责任心和使命感。我们的员工是不是都有责任心和使命感?如果没有责任心和使命感,为什么还想要当干部。如果你觉得自己还有一点责任心和使命感的话,赶快改进,否则最终还是要把你免下去的。

五、不盲目创新,才能缩小庞大的机关

庙小一点,方丈减几个,和尚少几点,机关的改革就是这样。总的原则是我们一定要压缩机关,为什么?因为我们建设了IT。为什么要建设IT?道路设计时要博士,炼钢制轨要硕士,铺路要本科生。但是道路修好了扳道就不要这么高的学历了,否则谁也乘不起这个火车。因此当我们公司组织体系和流程体系建设起来的时候,就不要这么多的高级别干部,方丈就少了。建立流程的目的就是要提高单位生产效率,减掉一批干部。如果一层一层都减少一批干部,我们的成本下降很快。规范化的格式与标准化的语言,使每一位管理者的管理范围与内容更加扩大。信息越来越发达,管理的层次就越来越少,维持这些层级管理的官员就会越来越少,成本就下降了。

要保证IT能实施,一定要有一个稳定的组织结构,稳定的流程。盲目创新只会破坏这种效率。我们不要把创新炒得太热。我们希望不要随便创新,要保持稳定的流程。要处理好管理创新与稳定流程的关系。尽管我们要管理创新、制度创新,但对一个正常的公司来说,频繁地变革,内外秩序就很难安定地保障和延续。不变革又不能提升我们的整体核心竞争力与岗位工作效率。变革,变革什么?这是严肃的问题,各级部门切忌率率。一个有效的流程应长期稳定运行,不因有一点问题就常去改动它,改动的成本会抵消改进的效益。

已经证明是稳定的流程，尽管发现它的效率不是很高，除非我们整体设计或大流程设计时发现缺陷，而且这个缺陷非改不可，其他时候就不要改了。今年所有的改革必须经过严格的审批、证实，不能随意去创新和改革，否则，这样创新和改革的成本太高。

我们要坚持"小改进，大奖励"。"小改进，大奖励"是我们长期坚持不懈的改良方针。应在小改进的基础上，不断归纳，综合分析。研究其与公司总体目标流程的符合，与周边流程的和谐，要简化、优化、再固化。这个流程是否先进，要以贡献率的提高来评价。我年轻时就知道华罗庚的一句话，"神奇化易是坦途，易化神奇不足提"。我们有些员工，交给他一件事，他能干出十件事来，这种创新就不需要，是无能的表现。这是制造垃圾，这类员工要降低使用。所以今年有很多变革项目，但每个变革项目都要以贡献率来考核。既要实现高速增长，又要同时展开各项管理变革，错综复杂，步履艰难，任重而道远。各级干部要有崇高的使命感和责任意识，要热烈而镇定，紧张而有秩序。"治大国如烹小鲜"，我们做任何小事情都要小心谨慎，不要随意把流程破坏了，发生连锁错误。大家在处理相互之间的人际关系上也要保持冷静，稍不冷静就惹麻烦。千万不要有浮躁的情绪，戒骄戒躁，收敛自我，少一些冲动，多一些理智。

我们坚决反对形而上学、幼稚浮躁、机械教条和唯心主义。在管理进步中一定要实事求是，特别要反对形左实右。表面上去做得很正确，其实效率是很低的。

六、规范化管理本身已含监控，它的目的是有效、快速的服务业务需要

我们要继续坚持业务为主导、会计为监督的宏观管理方法与体系的建设。什么叫业务为主导，就是要敢于创造和引导需求，取得"机会窗"的利润。也要善于抓住机会，缩小差距，使公司同步于世界而得以生存。什么叫会计为监督，就为保障业务实现提供规范化的财经服务。规范化就可以快捷、准确和有序，使账务维护成本低。规范化是一把筛子，在服务的过程中也完成了监督。要把服务与监控融进全流程。我们也要推行逆向审计，追溯责任，从中发现优秀的干部，铲除沉淀层。以业务为主导、会计为监督的管理模式，就是要为推行区域、业务的行政管理与统一财务服务的行政管理相分离做准备（财务IT，将实行全国、全球统一管理）。

七、面对变革要有一颗平常心，要有承受变革的心理素质

我们要以正确的心态面对变革。什么是变革？就是利益的重新分配。利益重新分配是大事，不是小事。这时候必须有一个强有力的管理机构，才能进行利益的重新分配，改革才能运行。在改革过程中，从利益分配的旧平衡逐步走向新的利益分配平衡。这种平衡的循环过程，是促使企业核心竞争力提升

与效益增长的必须。但利益分配永远是不平衡的。我们在进行岗位变革也是有利益重新分配的。比如大方丈变成了小方丈,你的庙被拆除了,不管叫什么,都要有一个正确的心态来对待。如果没有一个正确的心态,我们的改革是不可能成功的,不可能被接受的。特别是随着IT体系的逐步建成,以前的多层行政传递与管理体系将更加扁平化。伴随中间层的消失,一大批干部将成为富余,各大部门要将富余的干部及时输送至新的工作岗位上去,及时疏导,才会避免以后的过度裁员。我在美国时,在和IBM、CiscoLucent等几个大公司领导讨论问题时谈到IT是什么。他们说,IT就是裁员、裁员、再裁员。以电子流来替代人工的操作,以降低运作成本,增强企业竞争力。我们也将面临这个问题。伴随着IPD、ISC、财务四统一、支撑IT的网络等逐步铺开和建立,中间层消失。我们预计我们大量裁掉干部的时间大约在2003年或2004年。

今天要看到这个局面,我们现在正在扩张,还有许多新岗位,大家要赶快去占领这些新岗位,以免被裁掉。不管是对干部还是普通员工,裁员都是不可避免的。我们从来没有承诺过,像日本一样执行终身雇佣制。我们公司从创建开始就是强调来去自由。同时,公司与社会间的劳动力交流是必要的,公司不用的、富余的劳动力在社会上其他地方可能是需要的,社会上也许有一些我们短缺的。公司内长木板和短木板的交换也是需要岗位与人员的流动。我们要及时地疏导员工到新岗位上去,才会避免以后过度裁员。内部流动是很重要的。当然这个流动有升有降,只要公司的核心竞争力提升了,个人的升、降又何妨呢?"不以物喜,不以己悲"。因此今天来说,我们各级部门真正关怀干部,就不是保住他,而是要疏导他,疏导出去。在新岗位上尽量使用和训练老员工,老员工也应积极去占领,不然补充了新人,他也有选择的权利。只有公司核心竞争力提升,才会有全体员工价值实现的机会。

我们要消除变革中的阻力,这种阻力主要来自高中级干部。我们正处在一个组织变革的时期,许多高中级干部的职务都会相对发生变动。我们愿意听取干部的倾诉,但我们也要求干部服从,否则变革无法进行。待3年后,变革已进入正常秩序,我们愿意遵照干部的意愿及工作岗位的可能,接受干部的调整愿望。对于干部,我们只有这样一个方法,愿意听你们诉一诉,诉完后还是要到分配的岗位工作。对于基层员工要"干一行,爱一行,专一行",努力提高自己本职工作的技能。要严格控制基层员工的转岗,转岗一定要得到严格的审查与批准。我认为基层员工就是要发展专业技能,专业技能提高了也可以拿高工资。对已经转岗的和以后还要转岗的,只要不能达到新岗位的使用标准,而原工作岗位已由合格员工替代的,建议各部门先劝退。各部门不能在自己的流程中,有多余的冗积和沉淀。哪一个部门的干部工作效率不高,应由这一个部门的一把手负责任。

我们要减少工作直辖市与高层会议,即使对于那些必须开的、开完后立即做的会议,也要减少参加这些会议的人员数量。同时要禁止技能培训类远期的目标的会议在上班时间召开,其他活动如体检、沟通、联欢之类活动,更不得在上班时间举行,要确保工作时间与质量得到贯彻落实。

八、模板化是所有员工快速管理进步的法宝

我们认为规范化管理的要领是工作模板化,什么叫作规范化? 就是我们把所有的标准工作做成标准的模板,就按模板来做。一个新员工,看懂模板,会按模板来做,就已经国际化、职业化,现在的文化程度,三个月就掌握了。而这个模板是前人摸索几十年才摸索出来的,你不必再去摸索。各流程管理部门、合理化管理部门,要善于引导各类已经优化的、已经证实行之有效的工作模板化。清晰流程,重复运行的流程,工作一定要模板化。一项工作达到同样绩效,少用工,又少用时间,这才说明管理进步了。我们认为,抓住主要的模板建设,又使相关的模板的流程连接起来,才会使 IT 成为现实。在这个问题上,我们要加强建设。

九、华为的危机,以及萎缩、破产是一定会到来的

现在是春天吧,但冬天已经不远了,我们在春天与夏天的时候要念着冬天的问题。我们可否抽一些时间,研讨一下如何迎接危机。IT 业的冬天对别的公司来说不一定是冬天,而对华为可能是冬天。华为的冬天可能来得更冷、更冷一些。我们还太嫩,我们公司经过 10 年的顺利发展没有经历过挫折,不经过挫折,就不知道如何走向正确道路。磨难是一笔财富,而我们没有经过磨难,这是我们最大的弱点。我们完全没有适应不发展的心理准备与技能准备。

我们在讨论危机的过程中,最重要的是要结合自身来想一想。我们所有员工的职业化程度都是不够的。我们提拔干部时,首先不能讲技能,要先讲品德,品德是我讲的敬业精神、献身精神、责任心和使命感。危机并不遥远,死亡却是永恒的,这一天一定会到来,你一定要相信。从哲学上,从任何自然规律上来说,我们都不能抗拒,只是如果我们能够清醒认识到我们存在的问题,我们就能延缓这个时候的到来。

繁荣的背后就是萧条。玫瑰花很漂亮,但玫瑰花肯定有刺。任何事情都是相畏相背的,不可能有绝对的。今年我们还处在快速发展中,员工的收入都会有一定程度的增加,在这个时期来研究冬天的问题,就是居安思危。我们不能居安思危,就必死无疑。

危机的到来是不知不觉的,我认为所有的员工都不能站在自己的角度、立场想问题。如果说你们没有宽广的胸怀,就不可能正确对待变革。如果你不能正确对待变革,抵制变革,公司就会死亡。在这个过程中,大家一方面要努力地提升自己,一方面要与同志们团结好,提高组织效率,并把自己的好部下

送到别的部门去,使自己部下有提升的机会。你减少了编制,避免了裁员、压缩。在改革过程中,很多变革总会触动某些员工的一些利益和产生一些矛盾,希望大家不要发牢骚,说怪话,特别是我们的干部要自律,不要传播小道消息,不能自律的人,是不能当干部的,因为你部下的许多事你都知道,你有传播习惯,你不会触及部下? 他们能相信您? 因此,所有的员工都要自律,帮助公司防止这些人成为干部。

十、安安静静地应对外界议论

对待媒体的态度,希望全体员工都要低调,因为我们不是上市公司,所以我们不需要公示社会。我们主要是对政府负责任,对企业的有效运行负责任。对政府的责任就是遵纪守法,我们去年交给国家的增值税、所得税是 18 个亿,关税是 9 个亿,加起来一共是 27 个亿。估计我们今年在税收方面可能再增加百分之七八十,可能要给国家交到 40 多个亿。我们已经对社会负责了。媒体有他们自己的运作规律,我们不要去参与。我们有的员工到网上的辩论,是帮公司的倒忙。媒体说你好,你也别高兴,你未必真好。说你不好,你就看看是否有什么地方可改进,实在报道有出入的,不要去计较,时间长了就好了。希望大家要安安静静的。

前几年国外媒体说我们资不抵债,快要垮了,不是它说垮就垮的。也许它还麻痹了竞争对手,帮我们的忙。半年前,也还在说我们公司资不抵债,突然去年年底美国媒体又说我们公司富得流油,还说我有多少钱。我看公司并不富,我个人也没多少钱。你们看我像有钱人吗? 你们最了解,我常常被人误认为老工人,财务对我最了解,我去年年底,才真真实实还清了我欠公司的所有账,这世纪才成为无债的人。当然我买了房子、买了车。我原来是 10 万元买了一台广州厂处理的轿车,后来许多领导与我谈,还是买一个好一些的车,万一车祸能抗一下。所以媒体说我们富,就富了? 我看未必。而且美国媒体别有用心地编造,不知安的什么心。所以我们的员工都要自律,也要容忍人家的不了解,不要去争论。有时候媒体炒作我们,我们的员工要低调,不要响彻云霄去应对,否则就是帮公司的倒忙。

我肯定地说,我同你们在座的人一样,一旦华为破产,我们都一无所有。所有的增值都必须在持续生存中才能产生。要持续发展。没有新陈代谢是不可能的。包括我被代谢掉,都是永恒不变的自然规律,不可抗拒的,我也以平常心对待。

我们要以平常心对待。我希望大家真正能够成长起来,挑起华为的重担,分担整个公司的忧愁,使公司不要走上灭亡。为了大家,大家要努力。希望大家正确对待社会上对我们的一些议论,希望大家安安静静的。我想,每个员工都要把精力用到本职工作上去,只有本职工作做好了才能为你提高带来更大的效益。国家的事由国家管,政府的事由政府管,社会的事由社会管,我们只要做一个遵纪守法的公民,就完成了我们对社会的责任。只有这样我们公司才能安全、稳定。不管遇到任何问题,我们的员工都要坚定不移地保持安定,听党的话,跟政府走。严格自律,不该说的话不要乱说。特别是干部要管好自己的家属。我们华为人都是非常有礼仪的人。当社会上根本认不出你是华为人的时候,你就是华为人;当这个社会认出你是华为人的时候,你就不是华为人,因为你的修炼还不到家。

沉舟侧畔千帆过,病树前头万木春。网络股的暴跌,必将对两三年后的建设预期产生影响,那时制造业就惯性进入了收缩。眼前的繁荣是前几年网络大涨的惯性结果。记住一句话"物极必反",这一场网络、设备供应的冬天,也会像它热得人们不理解一样,冷得出奇。没有预见,没有预防,就会冻死。那时,谁有棉衣,谁就活下来了。

资料来源:陈广.任正非:华为的冬天[M].深圳:海天出版社,2015.

管理沟通教程

问题

1. 华为的冬天意寓着什么?

2. 任正非的这篇演讲具有什么特点? 他是如何去影响听众的?

3. "均衡发展,就是抓短的一块木板",任正非是如何阐述这个问题的呢?

4. 对事负责制与对人负责制的本质区别是什么?

5. 任正非在演讲中是如何劝说听众接受自己的观点的? 他运用了哪些演讲技巧?

6. 请评价任正非的开场白和结尾。

7. 你认为任正非的演讲成功吗? 为什么?

第 六 章

书 面 沟 通

学习目标

- 了解书面沟通的定义和特点
- 明确书面沟通的基本形式
- 识别商务信函的种类
- 掌握商务信函的写作技巧
- 把握书面沟通的语气
- 克服书面沟通的心理障碍

引导性案例

是欠条，还是还款证明？
——"还"字多音惹纷争

2000年4月，黄先生承建北京某农业发展有限公司（以下简称农业公司）养猪舍7栋，承包工程款总计84 000万元。双方约定工程开工时，农业公司先付给黄先生总工程款的70%，即58 800元，但农业公司却只给付黄先生30 000元，其余款额一直未付。2002年4月7日，农业公司出具一张写有"还欠黄某工程款28 800元"的证明。黄先生以此欠据将农业公司告上法庭，要求立即给付工程款28 800元。

然而在法庭上，被告农业公司在承认欠黄先生工程款28 800元的同时，提出此欠款已由当时经手人偿还了，并为黄先生出具了还款证明，"还欠黄某工程款28 800元"中的还字应读为huán，故不同意黄先生的诉讼请求。

顺义区法院认为：被告为原告出具的证明，应视为欠款证明，法院对原告的请求应予支持；被告辩称此证明为还款证明，未提供相关的证据证实，法院不予采信。最终判决被告农业公司给付原告黄先生工程款28 800元；案件受理费1 162元由被告负担。

案例来源：2004年3月18日《北京晚报》。

这是一起围绕一张证明上"还"字读音的扑朔迷离的承揽合同纠纷案。从中不难看出书面沟通在日常管理工作中的重要性。然而，在管理过程中，人们对于书面沟通的认识是不同的。有的人认为，作为领导，有秘书撰写公文，自己就用不着动手了。如果实在是需要自己出面做，可以利用标准格式信函，或者索性直接打电话。还有的人认为自己是搞专业的，而不是从事写作的。事实上，上述观点具有片面性。随着声讯通信技术的发展以及许多公司逐步小型化，从事辅助支持性工作者（如秘书）正在减少，多数秘书并非完全从事纯事务性工作，而是担当起行政管理助理的角色。因此有许多书面沟通的工作必须由管理者自己去做。另外，在常规性问题的处理中，虽然可以采用事先印好的填空式的标准空白信笺，如贺年卡等，但是，许多情况下，人们面对的更多的是非常规情景，而且职位越高，其面对的复杂性问题就越多。从写作公文的角度来看，应对这些问题并不是那些标准信函所能解决的。对于那些专业技术性工作者来说，例如各类技术员、工程师、会计以及其他管理工作者都需要撰写各种公文。从个人的职业生涯角度来看，书面沟通技能也是非常重要的。如果你的总结报告写得十分出色，你给客户复函时具有很强的说服力，显然，那就会给你带来更多的绩效和提升的机会。

事实上，许多企业在招聘人才时，首先考察的就是其书面沟通能力（如简历、工作申请函等）。一家国际公司的人力资源部总裁曾经感叹道："我曾目睹一些人因为写不出像样的建议书或在项目评估会上不能作流利而清晰的发言，从而痛失升迁的机会。"

对于组织而言，有效的书面沟通还有助于与顾客或客户建立良好的关系，有助于树立企业的良好形象和声誉，从而有利于组织实现其战略目标。

书面沟通的定义

书面沟通是指以书面或电子作为载体，运用文字、图式进行的信息传递。

很多管理工作都是通过书面沟通进行的。刊登在美国《沟通杂志》上的一篇文章中，管理学家克莱姆和史尼德指出，管理者将他们89％的时间花在有关沟通活动的事务上，其中59％的时间花在"听"和"说"上，19％的时间花在"读"上，而22％的时间则花在"写"上。因此，管理者必须精通书面沟通技能。

书面沟通的特点

书面沟通在管理工作中的重要性是毋庸置疑的。基于不同的沟通目的，组织中的书面沟通具有各种不同的特点，首先是与口头沟通不同（见表6.1）。

表6.1 书面沟通与口头沟通之比较

	书　　面	口　　头
优点	适合传达事实和意见 适合传达复杂或困难的信息，可以进行回顾 便于存档保管，便于日后查证 在发送信息前可以进行细致的计划和考虑	适合表达感觉和感情 更加个性化 成本较低 可以根据语言和非语言的反馈，及时进行改正和调整

	书　　面	口　　头
缺点	耗时 反馈有限且缓慢 缺乏有助于理解的非语言暗示 有时人不愿意阅读书面的东西 你无法了解你所写的内容是否被人阅读	说话时较难进行快速思考 话一出口就很难收回 有时难以控制时间 容易带有过多的个人色彩而影 　响信息的可靠性

曾经在上海发生过这样一起办学广告纠纷：有一个中外合作办学的项目，涉及收费标准的问题。这个项目以前一直是一学年收费 10 000 元，由于部分学生一次性缴款有困难，因而校方考虑，在新的学年将一次性收费改为分两次收费，并在招生广告上将一学年收费 10 000 元改写为一学期收费 5 000 元。但当广告登出时，一学期收费 5 000 元却误写为一学年 5 000 元。随即报名者纷纷涌来。这一书写差错所带来的负面影响是非常严重的。尽管校方在开学时对学生及其家长做了解释，但是仍然有许多人投诉，说学校乱收费，有欺骗之嫌，等等。这一纠纷甚至持续了 3 年之久！

上述案例告诉我们，尽管只是一字之差，但造成的后果却是难以估量的。由此可见，管理过程中的书面沟通与一般性写作（如文学、学术等）是迥然不同的，它最突出的特征是其严谨性与法律效应（见表 6.2）。

表 6.2　商务写作与一般写作之比较

商　务　写　作	一　般　写　作
较为严谨、正式 平白直述 读者针对性强 一般应用第一人称或第二人称 负有一定的法律责任	较为宽松、非正式 多有修饰 读者多层面 运用变换的人称 通常无须负有法律责任

书面沟通的基本形式

根据不同的形式，书面沟通分为备忘录、电子邮件、信函、建议书、报告和摘要等。根据不同的用途，书面沟通又可分为内部的和外部的，其中备忘录、电子邮件、建议书、报告和摘要一般为内部的，信函一般为外部的。此处着重描述三种组织中广为运用的形式，即备忘录、电子邮件和商务信函。

备忘录

　　备忘录为组织内部信息传递的方式。它可以写在空白纸上，而不一定要采用印有公司抬头的信笺。备忘录均比较简明扼要，较长的信息应采用附件的形式。备忘录包括日期、主题、送交和发送四个基本要素，有时也可包括附件和复印件两个要素。这些要素的排列顺序可按照各公司的习惯，也可有多种方法（见图6.1）。备忘录不包括附加的问候、地址或签名等。

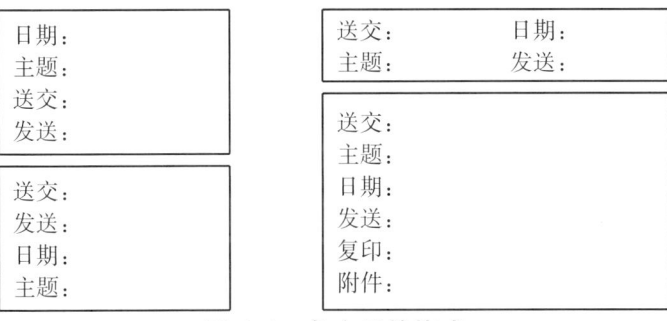

图 6.1　备忘录的格式

电子邮件

　　电子邮件一般遵循备忘录的格式，它是通过采用软件或服务器程序来实现沟通的。电子邮件既可作为组织内部书面沟通媒介，也可作为组织外部书面沟通渠道。然而，由于大多数电脑的屏幕比一般书面的空间小，因此电子邮件趋向于比备忘录短小。如果读者在无须大量使用"下滚条"的情况下就能够读取整篇文章的话，那么他们就能够迅速地对电子邮件做出反应。另外，电子邮件信息必须通过标题栏和首段来吸引读者。如果内容篇幅超过一个屏幕，那么上面的内容必须引起读者足够的兴趣，以引导他们继续往下读。发给你下属的邮件会比较容易一点，因为人们会通读主管发送的邮件。但是给其他人、其他单位或组织以外的人发送电子邮件就应特别留意。

商务信函

　　商务信函主要作为组织外部信息传递的方式。商务信函应该写在印有公司抬头的信笺上，通常使用质量较高的纸张。具有抬头的信笺上印有公司的标识（通常是彩色的）、地址、邮编和电话号码以便查看或进一步联系。商务信函包含接收者的姓名、称谓及其地址。商务信函的篇幅一般限制在1～2页。较长的信息宜采用附件的形式。商务信函以结束语、签名、职务头衔和日期作为结尾。商务信函需要签名。商务信函的格式可不拘一格（见图6.2）。有些公司偏好将其设计为独特的风格。

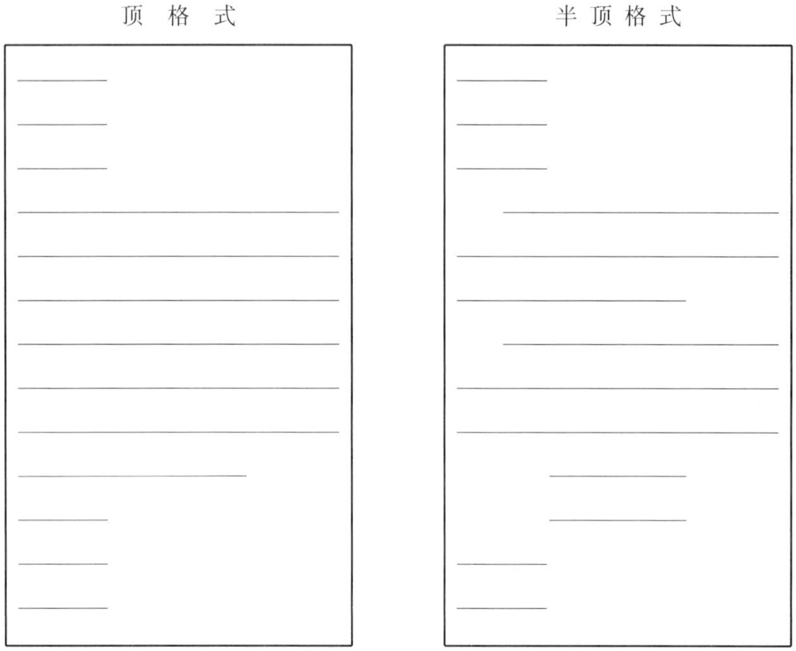

顶　格　式　　　　　　　　半　顶　格　式

图 6.2　商务信函的格式

管理沟通教程

商务信函的种类

　　商务信函就其沟通目的和形式而言，主要包括肯定性信函、说明性信函、负面性信函和劝说性信函四种。

肯定性信函

　　肯定性信函的主要目的在于向读者提供好消息，便于读者正确理解，消除负面影响，即你同意做某事、答应某个要求，如发送货物、提供服务、支付款项、出席会议等。这类肯定性信函包括确认信、致谢信、祝贺信和含有好消息的投诉回复信等。肯定性信函的基本结构为：

　　＊　告知好消息，综述要点；

　　＊　列出细节和背景资料；

　　＊　积极地说出可能的消极因素；

　　＊　阐明读者受益处；

　　＊　结尾充满友善、积极、关怀和期待。

例一

尊敬的王茵女士：

您好！

据我们上航餐饮部主任李波报告说，在您6月19日乘坐我公司航班从上海飞往昆明途中，您在餐盘中发现了一只蚂蚁。对此请接受我公司对您的最诚挚的歉意，我真心希望我们不会因此而失去一个像您这样宝贵的顾客。

毫无疑问，这件事引起了有关机场和部门的高度重视。尽管我们尽一切努力避免类似事情的发生，但是可能是由于我们质检程序的偶尔疏忽造成了这次事件。

我们非常感谢您在这一事件中所表现出的豁达态度，并且希望这件事不会破坏您对上航公司的良好印象。感谢您乘坐我公司的航班。

此致

康晓东

顾客关系部经理

2020年6月26日

点评

在这封肯定性信函中，首先，对于顾客的抱怨做出了积极的反应，并把对方称为"宝贵的顾客"；然后，解释了公司所采取的积极措施；最后，结尾处则表达建立良好关系的愿望。

说明性信函

说明性信函属于既不肯定，也不否定，因此有时也被称作中性信函。许多商务信函均可归入此类，包括组织的内部文件、评估信、个人证明、推荐信、资质证明等。说明性信函的主要目的是向读者说明情况，便于读者了解有关信息。其基本结构为：

* 陈述主要观点；
* 提供背景资料；
* 列举有关细节；
* 结尾表明友善及乐意提供帮助。

例二

尊敬的凌先生：

您好！

现答复贵公司7月4日的来函。我们一直认为金诚公司是一家很可靠的公司，多年来，我们一直为该公司提供货物。事实上，我们所收到的很多订单都大大超过 500 万美元,因此,我们觉得为该公司提供 500 万美元的信用几乎没有什么风险。

如果您需要任何细节资料,请再与我方联系。

此致

张晓怡

信用控制部经理

2019 年 7 月 11 日

点评

在这封说明性信函中:首先,迅速点明主题,并及时提供一些有关该公司的信息;然后再提供更多的细节(如与该公司做生意的时间),进一步增强信心(很多订单都超过 500 万美元);最后结尾处提出希望能对对方有所帮助,以有利于建立良好关系。

负面性信函

负面性信函是指在这类信函中,你不得不拒绝某人或某事,或者指出批评而非表扬。负面性信函的主要目的在于告知读者坏消息,让读者阅读、理解并接受该消息,同时保持公司或撰写者已有的良好形象和信誉。这类信函包括否定信、拒绝信、警告或处分信、不良业绩评估信、解雇信、开除信等。其基本结构为:

* 缓冲语开头;
* 令人置信的理由;
* 明确而婉转的陈述;
* 有益的、友好的、积极的结尾。

缓冲语是为了帮助拖延坏消息报告时间的中性或较为积极的表述。行之有效的缓冲语必须能够达到有助于读者树立良好心态的目的。换句话说,缓冲语既不涉及任何负面信息,也不暗示会有肯定的答复,只是提供一个转入主题的自然过渡。

负面性信函的缓冲语可以包括以下几种:

* 表示谢意,即对顾客购买产品或关注你的公司表示感谢。
* 表示赞扬,即对顾客以某种正常渠道或理智的态度反映公司存在的问题表示赞赏。
* 表示同意,即有可能的话,对顾客提出的有关意见加以肯定。
* 表示理解,即对顾客对产品、服务及公司的抱怨表示理解。

负面性信函的写作技巧

负面性信函撰写起来比较困难,因为对人说"不",就会有影响双方良好关系的风险,因此,在撰写这类信函时,必须掌握一定的技巧以弱化这一影响,保持已有的良好关系。

负面信函的开头段在适当地运用缓冲语之后,应为坏消息的提出设置铺垫,然后逐渐引向中间段,即提及坏消息并做出解释。之后,为了缓解该坏消息的负面影响,尽量给出坏消息中的积极面。最后,做出减少负面影响的陈述。

例三

尊敬的田波先生:

我对于贵公司在今年 5 月份即将举办的公司交流研讨会的计划非常感兴趣,同时我相信这一倡议一定会得到各公司的广泛支持和欢迎。

也非常感谢您邀请我做大会演讲。不过十分遗憾的是,今年 5 月份我将出访欧洲,因此届时不能出席研讨会。

我可否推荐我的同事张阳,他将是另一个理想的发言者。他在人力资源部已任职 8 年,在此期间,他曾亲自组织了数次颇为成功的活动。我相信,如果时间允许的话,他会很乐意参加此次研讨会,并作大会发言。是否采纳我的建议,请告知。如果可以的话,我将让他与您联系。

预祝研讨会圆满成功!

焦晓康

2020 年 8 月 8 日

点评

在这封负面信函中,首先,对研讨会的想法表示了令人高兴的诚挚的赞许,而将令人不快的内容放到了信的后半部分,以弱化负面性信函的影响;然后,解释不能接受对方邀请的原因,而不是率直简单地说"不行";最后,提供其他选择以表示作者的诚意,结尾处表达了良好的祝愿。

例四

尊敬的马先生:

您好!

首先非常感谢您购买我们的产品,同时也为我们的产品给您带来的不便感到抱歉。

另外,我们也想告诉您,也许您没有注意到我们的产品保修期是 3 个月,而您是去年 5 月份购买的。

尽管如此,我们仍然愿意为您提供方便优质的服务,但需按保外的标准适当收费。

我们衷心希望您的问题能够尽快得以解决,让您能够尽情地享受我们的产品给您带来的快乐。

　　附:公司的维修站点和电话

张　岚

公司服务部经理

2019 年 6 月 11 日

劝说性信函

　　在撰写这类信函中,你需要陈述某个观点、推销某种产品、推荐某项服务或你自己,努力改变读者的态度,使其从不感兴趣或漠不关心到产生兴趣,最终做你所希望他们做的事情,同意你的要求,采纳你的建议,购买你的产品,接受你的服务或录用你等。劝说性信函包括催款信、建议书、推荐信、推销信等。其主要目的在于让读者采取一定的行动,提供读者采取行动所需的足够的信息,消除所有阻碍行动的反对意见。其基本结构为:

* 吸引注意力;
* 激发兴趣;
* 阐明益处;
* 明确行动步骤;
* 友善结尾。

例五

友 情 提 醒

尊敬的住户:

　　贵单元电表今日已抄,请根据您用电的情况于 15 天左右到工商银行在缴费存折中备足存款,并于 7 天后向工商银行索要收费发票。如无发票,可能是由于存款金额不足,不够扣除电费,请抓紧补足存款,以免引起不必要的麻烦。

　　谢谢合作!

　　联系电话:58002033

昆山市供电公司电费组

2019 年 5 月 4 日

点评

这是一封电费催款信,首先,以"友情提醒"字样友善地吸引读者的注意力；然后，要求采取行动并告知行动步骤；同时，通过阐明采取行动的益处以使信函更具说服力；最后，结尾处提供容易记忆和拨打的联系电话，表达友好、合作的意愿。

商务信函的组织

商务信函的组织大致包括三个主要部分，即开头段、中间段和结尾段。

开头段

"良好的开端是成功的一半。"做事是如此，商务信函写作也不例外。因为开头段的好坏决定了是否能够满足读者需求，是否能够实现信函的目的。因此，开头段应遵循以下原则。

◆ 符合信函的目的和读者的需求

根据信函的不同种类、目的和读者需求，可以在肯定性或中性信函中以主题和好消息开始；负面性信函中以主题缓冲的表述开始；劝说性信函中以主题和容易激发兴趣的陈述开始。

◆ 给人以周到、礼貌、简洁明了的感觉

无论是哪种类型的商务信函，其开头段都应达到吸引读者往下读的目的。因此，一般来讲开头段相对比较短，以积极的口吻，运用礼貌且谈话式语言，避免不必要的重复。

◆ 检查信函的完整性

开头段的作用是将关键内容置于一个明确界定的背景之中，因此，必须从复函日期及事宜的准确性上，从句子的结构、段落本身的逻辑性上来检查开头段是否完整。

中间段

根据内容的多少，中间段可以是一段，也可以有两至三段。中间段是在开头段所提及的主要内容的基础上，对有关信函中涵盖的资料、数据进行富有逻辑性的、简要而清晰的描述。比如，投诉的准确程度，在销产品的益处，支付程序等。此外，也可以提供表格或图片以支持有关表述等。

结尾段

除了对整篇信函做全面归纳之外，结尾段的主要作用还必须是简明扼要地从 5W 和 1H 出发，阐明撰写者希望读者采取的行动，即何时（when）、何处（where）、由谁（who）、做什么（what）、为何（why）做及如何（how）做。鼓励读者付诸行动,如支付有关款项、订购某种产品、接受某项服务或满足加薪的要求等。由于行动陈述是商务信函的整个理由,因此,要求采取行动的要求一般出现在信函结尾处以达到加深印象的效果。最后表示真诚的赞扬并以友善的口吻结束。

有效书面沟通的标准

出色的商务信函应该具备七个基本特点:清晰、目的明确、完整、准确、省时、树立良好信誉、建立友善关系。

◆ 清晰

思维能力是各种沟通技能的基础,也是体现书面沟通能力强弱的衡量标准。一位优秀管理者应具备如下特征:思路清晰,思维敏捷,决策能力强,如进行或停止某种行动、采纳或反对某种方案等。尤其在管理层,只有在思维清晰的前提下,才能实现有效沟通。

◆ 目的明确

从撰写者的角度来看,书面沟通的主要目的包括提出问题、分析问题、给出定义、提供解释、说明情况和说服他人。因而撰写者必须明确自己如何展开文件内容、需要传达什么信息、将信息传递给谁以及希望获得怎样的结果。

◆ 完整

为了充分传递信息,书面沟通者必须全面了解有关主题,解答读者所有的问题,提供采取行动所需的相关信息,做到言之有物,避免充斥陈词滥调的官样文章以实现有效沟通。

◆ 准确

信息准确无误,标点符号、语言运用、表述风格及语气不会引起异议。

◆ 省时

信函的内容简洁明了,有助于读者在短时间内阅读并实施相关内容。

◆ 树立良好信誉

信函表现了撰写者及其所代表的组织的良好形象,有利于树立其良好信誉。

◆ 建立友善关系

信函从读者的角度出发,急为读者所急,想为读者所想,在撰写者与读者之间建立起友善的关系。

有效书面沟通的策略

为达到上述书面沟通的有效性，掌握必要的书面沟通策略是关键。

策略之一　语气的正确运用

语气可以揭示撰写者对待读者的态度，它对书面沟通的有效性起到制约的作用。语气很微妙，它不仅受到文化和习俗的影响，如某个群体中能够接受的语气，换作另一群体就会变得无法忍受；而且有时还受到权利的影响，如上级对下级友善的表述，反过来用于下级对上级时，会显得傲慢无礼。

> **例六**
>
> 收件人：张总
>
> 发件人：小王
>
> 日　　期：2019 年 6 月 15 日
>
> 关　　于：包装香蕉新方法
>
> 张总，您知道，对香蕉业来说，如果能显著减少运输损耗、降低成本，意味着什么？利润！
>
> 很幸运的是，我们又一次找到一种方法达到这两点。据我们认真计算，如果采用，公司可以降低运输损耗10％，减少总成本5％。由此利润增加7％，同时客户因为更加方便而更满意！我们的方法是：改变香蕉包装的方式！——采用更小更便于集装箱装运，也无须销售商拆装的包装。顾客可以整包购买小包装香蕉。
>
> 新包装方式已证明从技术上、经济上是可行的。敬请张总考虑采纳，予以批准。同时因涉及多个部门的合作，请您协调。
>
> 敬请考虑。

点评

在这封小王给张总的建议改进香蕉包装方式以减少运输损耗的电子邮件中，小王的出发点是好的，建议也不错。但由于他运用了不恰当的标点符号和表述(如，感叹号的使用，以及"意味着什么""考虑采纳""请您协调"等的措词)，传达了一种盛气凌人的语气，致使该信息无法为对方所接受，更不用说让其采纳了。因此，为了正确使用措词，撰写者应始终坚持换位思考，采用读者能够接受的语气，而非撰写者随心所欲的语气。

> **例七**
>
> 收件人：张总

发件人：小王

日　期：2015 年 6 月 15 日

关　于：包装香蕉新方法

香蕉是不宜保存的食品,具有易腐烂的特点。这给我们公司在运输香蕉过程中带来了不利。用我们以往的包装方法,香蕉的腐烂率达 8%,这使我们的成本加大;采摘六分熟的香蕉可使腐烂率大幅下降,但是味道又会受到影响。针对这个问题,我查阅了一些资料并询问了有关专家,获得了一种新的包装方法,可使腐烂率降低到 2%,又不会因采摘半生香蕉而影响口味。

不知您对这一方法的看法如何,假如您认为该方法可取的话,我想将它在本公司推广,这需要您的大力支持,并想请您帮助协调各部门之间的关系,以使新方法得以顺利实施。

正确的语气不仅有助于读者正确理解,而且还有利于展示撰写者及其组织的良好形象,保持良好信誉,从而建立与读者的良好关系。表 6.3 是书面沟通语气的比较。

表 6.3　语气的比较

拙　劣　形　象　型	良　好　形　象　型
我不懂你是什么意思	请把你的要求重复一遍
我们无法保证货物马上送到	我们会尽快送货
所附账单有误	请再核实一下您的账单
该商品的缺损不是我们的错	该商品是在装运过程中损坏的

因此,正确的语气应该遵循:

◆ 专业但不僵硬;

◆ 友善但不虚伪;

◆ 自信但不傲慢;

◆ 礼貌但不卑微。

策略之二　克服书面沟通的心理障碍

一项对组织中管理者的调查显示,当被问他们写些什么时,多数的回答是"写他们不得不写的文件"。很少有人说他们喜欢埋头写公文。对多数人而言,"写"是一件令人不快的工作,是"麻烦事、头疼事",因此,急于打发,草草了事。殊不知由于他们的草率或疏忽有可能会酿成大错,给企业带来不必要的损失。本章书面沟通特点中所提及的有关上海某高校因广告有误而引起的纠纷不仅耗费了精力、人力、时间并损害了信誉,而且还为之付出了昂贵的代价。

之所以要强调书面沟通的重要性，是因为书面信息具有永久性，而且会展示给他人看，作为凭证或法律依据。如果内容或形式有何不妥，将是不可挽回且难以推脱的。有些人觉得写作比较头痛，其中一个重要原因是他们误以为写作是一种需要灵感的艺术。写作的确是一门艺术，但是它并不一定需要灵感。只要愿意学习，不断实践，就能改进写作的技能。对此，心理学家罗布特·博爱斯指出，要克服写作的心理障碍，撰写者必须注意以下问题。

◆ 积极参与公司的活动

你与公司其他成员交流得越多，沟通得越充分，你对公司、它的文化、它的背景的认识就越深刻，你写作起来就越得心应手。

◆ 掌握各种写作技巧

优秀的撰写者往往通晓各种写作技巧，这样他们可以下笔如神，妙笔生辉。

◆ 树立写作的自信心

坚信只要自己不断勤学苦练，定能越写越好。

◆ 就写作问题多与他人交流

要重视你的上司或同事的反馈信息，并就写作方面的问题和技巧经常与他们交流，从而提高自己的写作水平。

策略之三　对不同个体进行分析

在决定书面沟通前，有必要根据以往与读者的交流经历对其进行个体分析，以便增强针对性，实现有效沟通。运用迈尔斯-布里格斯的四维性格测试法可以揭示读者在进行书面沟通过程中的偏好（见图 6.3）。

◆ 内向型—外向型

内向型读者喜欢先思考后发言，备忘录的形式可以给读者以充分考虑的时间，然后再做出反应。

	内向型	外向型	
	（先阅读后表态）	（边听汇报边思考）	
知觉型	（关注细节描述）	（重逻辑性描述）	理智型
直觉型	（先轮廓后细节）	（重情感性内容）	情感型
	（注重观点的周密性）	（注重主题的明确性）	
	谨慎型	果断型	

图 6.3　性格与书面沟通风格偏好

外向型读者喜欢边干边思考，他们一般偏好口头说，不爱动笔写。

◆ 知觉型—直觉型

知觉型读者做出决定的过程比较缓慢，他们注重实事求是，喜欢追根究底。因此这类人偏好阅读推理清晰、准确的文章。

直觉型读者善于解决问题、勇于创新。因此这类人首先会关注文章的轮廓，其次才是细节部分。

◆ 理智型—情感型

理智型读者依据逻辑和抽象规律做决定。因此，这类人会注重文章中的逻辑方面而非情感方面。

情感型读者关注自身和他人的感受，极富同情心。因此，这类人注重文章中是否满足了人们的情感需求，同时让组织受益。

◆ 谨慎型—果断型

谨慎型读者喜欢确定事物的可能性或可行性，决策迟缓。因此，这类人关注的是文章中的观点是否经过深思熟虑。

果断型读者喜欢快速决策，做出一项决策后又快速转入另一个主题。因此，这类人关注文章中对主题的表述是否简洁明了、紧凑。

小　结

对信息技术过于夸张的宣传似乎使书面沟通变得多余。然而，正如商务沟通专家戴斯蒙德·W.埃文斯所断言的：尽管 21 世纪将目睹邮递员行当的销声匿迹以及家庭电子邮件的兴起，但是，商业信函及公共服务信函将继续以每年数以亿计地穿梭于世界各地。书面沟通在组织运作的各个环节包括营销、公共关系、客户服务及签署合同活动中仍然起着非常关键的作用。事实上，无论哪种情形，书面沟通不仅在传递信息或劝说方面都显示出其重要性，而且对保持在组织的信誉、创新及专门技术方面的形象也起到了极其重要的作用。因此，善于进行有效的书面沟通对于管理者而言是一项必不可少的技能。

讨 论 题

▷ 书面沟通的特点是什么？

▷ 为什么说商务写作不同于一般写作?

▷ 商务信函主要有哪几种类型? 试比较它们各自的沟通目的。

▷ 有效书面沟通的标准是什么?

▷ 语气在书面沟通中的重要性如何?

▷ 书面沟通的心理障碍有哪些? 如何克服?

情景模拟

从花旗银行出来,萧娜踌躇满志,对自己面试时的出色应对感到无比自豪,自信这份工作非她莫属。一切都进行得很顺利,她所精心设计的简历更是无懈可击。

练习要求:组成六人小组,按以下步骤进行。

步骤一:小组中的三名成员将代表这家银行,分别写信给萧娜并告知假如她多一些经历的话,她就会被录用的,并且鼓励她不要气馁。写作时间为 10 分钟。

步骤二:10 分钟之后,扮演萧娜的其他三位小组成员分别从代表银行的三位组员处收到银行的信函。开始阅读。

步骤三:三位萧娜阅信后,将自己的感受在小组中进行交流,确定信函是否符合撰写者的预期。

步骤四:小组成员一起分别对三封信进行分析,然后做出修改。

技能训练

(一)

小马是一家小轿车行的业务员,他做了几笔贷款购车生意,可是车主却到期不还钱。请帮助小马拟一封催款信。

(二)

请收集不同的商务信函的例子,可以是你作为客户或住户从公司或公共机构收到的信函。

1. 请对每封信进行归类：是肯定性的、说明性的、负面性的还是劝说性的？

2. 以有效书面沟通的标准对信函做出评价。

3. 撰写者采用的语气是否适当？

4. 信函中的开头和结尾运用了什么样的技巧？

5. 你对信函做出了什么样的反应？你认为这是撰写者所期望的吗？

管理沟通教程

第 七 章

冲突处理

学习目标

- 明确冲突的定义
- 认识冲突的类型
- 了解冲突产生的原因
- 识别冲突的双重性
- 比较企业中人际冲突与组织冲突的差别
- 掌握冲突处理技巧

引导性案例

马陆今年 34 岁，在一家保险公司工作，由于工作出色，不久前，他被公司任命为索赔部经理，那是一个受到高度重视的部门。走马上任后，马陆了解到在自己谋求索赔部经理这一职位的同时，另外还有两名业务能力很强的同事（吴豪和苏丽）也曾申请过这个职位，他确信公司之所以任命他到这个位置部分原因也是为了避免在两个有同等能力的员工中做出选择。

马陆在索赔部的第一个月的业绩很不错，他因此而对部门员工的素质及能力感到十分满意。即使是吴豪和苏丽也表现得很合作。于是马陆信心百倍地决定用培训员工及安装新计算机系统的计划来推动部门快速发展。

然而当马陆提出实施这一计划时，苏丽却埋怨说他在还没有完全了解部门运作程序前就这样干，显然有些操之过急。马陆认为苏丽可能还没有完全接受他得到她想要的职位的事实，当吴豪来找马陆的时候这一点似乎得到了证实。吴豪说，在面对所有即将到来的变革时要关注一下员工的士气，他甚至对马陆暗示说某些人正考虑要提出调任。尽管吴豪没有指名道姓，马陆确信苏丽是问题的根源。

因此，马陆一方面谨慎地推出新计划，另一方面对苏丽的言行保持一定的警觉。在日后的工作中，苏丽隐约地觉察到这位新上任的马经理正在与她疏远，这使她陷入苦恼之中。

马陆和苏丽的冲突在哪里？这是员工问题还是纯业务问题？马陆的到来是争论点吗？吴豪是如何卷进去的？如果你是马陆或是苏丽或是吴豪，你将如何做？

作为一名新的管理者，马陆正面临着管理工作中极其重要且不可避免的冲突。马陆的决定将会影响到整个部门，而且也有可能影响到他的未来职业生涯。你能帮助马陆做出决定吗？作为一个索赔部的经理，他需要了解些什么呢？

我们也许没有遇到过像马陆和苏丽那样的特殊问题。但我们大部分人都曾卷入许多冲突中并像马陆一样面临重大决策问题。学生就分数的问题与老师发生冲突；家庭成员争论责任和金钱问题；同事之间、与上司、与下属或多或少都会遇到这样或那样的冲突。即使在一个人人智商都很高，个个责任感都

管理沟通教程

很强的组织里,也会充满矛盾和冲突。虽然很多人不想卷入冲突而对其视而不见,但事实上,这些冲突依然存在。

我们仔细考察一下,不难发现这些冲突的根源本不是什么不可调和的矛盾,而是由于彼此间缺乏了解,同时又缺乏有效沟通所产生的。

因此,如果要想成为一名卓有成效的管理者,我们就应该了解管理中各种冲突产生的原因,并且要善于利用各种沟通技巧来化解这些冲突。

冲突的定义

> 一般来说,冲突可以描述为个体或组织在实现目标或所关心的事物中察觉或经历挫折的过程。

由于冲突在不同的背景以各种形式出现,所以很难给冲突下一个确切的定义。一般来说,冲突可以描述为个体或组织在实现目标或所关心的事物中察觉或经历挫折的过程。有时,挫折是由于冲突双方在价值观或利益分配上的分歧所导致,而另外一些时候,争论的焦点则涉及冲突各方的地位和权利之争。

冲突的类型

无论这些冲突表现形式如何,都可以简单地归纳为以个人为主体的内心冲突、人际冲突及组织冲突。

内心冲突

内心冲突发生在个人本身,而且常常涉及目标和认识冲突,当个人的行为导致产生与众不同的包括积极的或消极的结果时,当个人的行为与所产生的效果互不相容或具有不一致的成分时,就导致了目标冲突。如有的工作收入比较高,但危险性比较大;或当个人利益与公司利益不一致时也会产生冲突等。

→ 目标冲突。这指的是积极的和消极的两种结果间的相互作用。目标冲突包括三种基本类型。

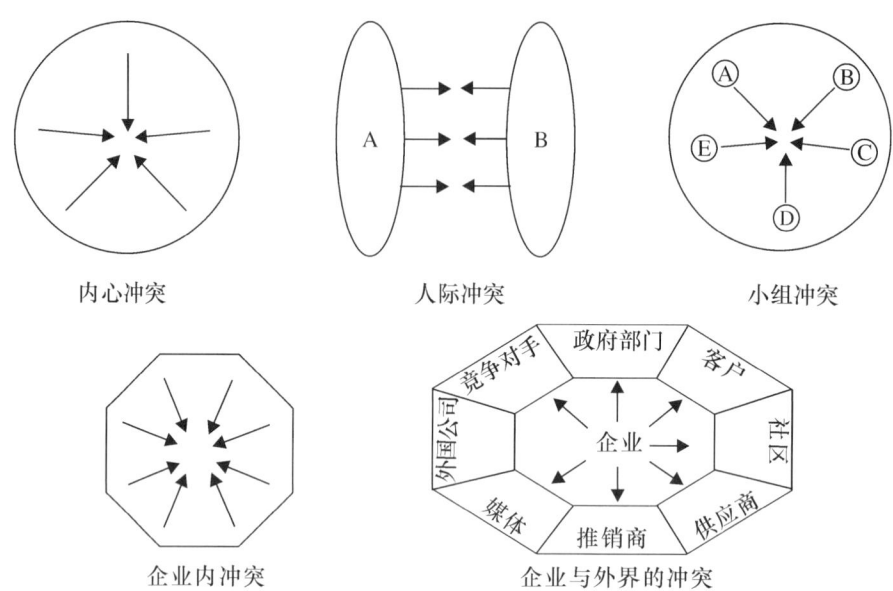

图 7.1　冲突类型示意图

➜ 取—取冲突。在这类冲突中,个人必须在两个或两个以上的具有积极效果的机会中做出选择(如对两个都具吸引力的工作做出选择)。

➜ 舍—舍冲突。在这类冲突中,个人必须在两个或两个以上的具有消极效果的择项中做出选择(如一个是有降级的危险,另一个是不断增加的外地出差)。

➜ 取—舍冲突。在这类冲突中,个人必须决定是否接受既有积极的,也有消极结果的事(如接受一份待遇很不错,但风险也很大的工作)。

　　管理者在每天的决策中常常面临内心冲突和取—舍冲突。当现实中处理冲突的途径有太多的选择时,或者当冲突处理的结果其积极性与消极性两者相当,这时内心冲突会表现得更加激烈。

◆ 认识冲突

　　当个人意识到其想法、态度、价值观以及行为有分歧的时候,便产生了认识冲突。由于不断出现在认识上不一致的事情,常常让人感到紧张和不适。若要淡化这种不适的感觉以消除这种认识冲突,可以通过改变自己原有的想法、态度、价值观和行为或者设法获得更多有关引起冲突的信息以便寻求解决这种冲突的途径。

　　在许多重要的个人决策中,目标冲突与认识冲突并存。一般来说,在决策前目标冲突越大,决策后认识冲突就越突出。尤其是当我们已经知道被采纳的方案具有消极(舍)的因素,而被否定的方案具有积极(取)的因素时,决策难度就更大。

管理沟通教程

人际冲突

人际冲突指的是人与人之间在认识、行为、态度及价值观等方面存在着分歧。我们可以通过所谓"犯人的困境"来解释这一冲突。

两名犯罪嫌疑人被分别关押起来,当地的检察官知道他们犯有某种罪,但却没有足够的证据在审讯中判他有罪。在检察官面前,这两名犯罪嫌疑人必须做出选择:要么承认自己所犯的罪行;要么什么也不承认。这位检察官说,如果他们俩都不承认的话,将指控他们犯有类似小偷小摸或非法拥有枪支等罪。这样他们两人所受到的惩处不会太重。如果他俩都招供的话,那么他们将依法受到严惩。

两个罪犯在相互间不知对方的选择的情况下,不得不自己做出决定。由表 7.1 可知可能产生四种不同的结果:如果两人都招供,他们将被判 6 年的监禁;如果两人都不说,他们都将被判 3 年监禁;如果一人承认,一人不承认,前者大概被判 1 年,后者则被判 10 年。

表 7.1　犯罪嫌疑人的选择与结局

甲的选择	乙的选择	甲的结局	乙的结局
承认	承认	判 6 年监禁	判 6 年监禁
承认	否认	判 1 年监禁	判 10 年监禁
否认	承认	判 10 年监禁	判 1 年监禁
否认	否认	判 3 年监禁	判 3 年监禁

这种情景具有人际冲突的许多特征。首先,每个人的结果取决于别人做什么。其次,这一困境强调了个人行为和联合行为的差异。对每个人来说,采取承认的态度对自己最为有利。然而,最好的结局是两人都不承认。这一困境包含着信任的因素。假设那两名犯罪嫌疑人在各自做出决定前有一次见面机会,见面时这两人商量好不招供。当他们回到各自的牢房再来考虑这个选择时,最好的结局还是承认,因为他们谁也不知道能否相信对方。

马陆和苏丽之间的冲突是组织冲突中个人与个人关系冲突的一个典型例子。一方面,马陆兴奋于他的新工作并希望自己在这个新位子上有所表现。然而,他也意识到有许多阻力,其中有来自苏丽方面的反对意见,马陆认为那主要是因为她曾想得到但未得到他现在的职位而导致心理不平衡所使然。他还将吴豪关于同事想离开索赔部门的提醒联系起来,认为苏丽想借以使其工作陷入困境。另一方面,苏丽将马陆看作是一个没有足够经验就急于表现的不成熟的经理。显然，从两方面来看，他们谁都不信任对方。马陆和苏丽之间的冲突不仅会影响他们的关系还会影响整个部门的工作效率。

组织冲突

组织冲突包括小组冲突、企业内冲突及企业与外界的冲突。

◆ 小组冲突

小组不仅比个人的概念大而且不同于个人。同样，小组内的冲突也不同于个人内心的和人际间的冲突。小组内冲突指的是小组内的成员相互间发生碰撞，这种碰撞常常影响小组的工作效率。小组内任务的分配以及小组成员的情绪变化对冲突的产生都具有影响作用。家族企业尤其容易产生严重的小组内部冲突。当家族企业的开创者面临退休或已经退休或死亡时，这种冲突就显得格外明显。

与人际冲突的情形相似，小组中的冲突可以通过冲突中的行为和冲突最后的结果来观察。冲突的破坏性通常可以由组织的凝聚力下降或在实际冲突结束一段时间后，群体所表现出来的工作效率低而展现出来。例如，有一家颇具规模的电子公司，公司下面设有一个研究所，所里有一支由 10 名博士组成的精干的研究队伍，负责开发新产品。然而，不久前，由于研究所里两名主要成员不同意一个新产品的开发指标，在没有得到所里其他成员的支持下，带着两名助手自行其是。所里的其他成员带着这个问题找到项目经理要求做出裁决，但是项目经理却优柔寡断，唯恐因支持一方而会疏远整个小组，因而迟迟未做决断。过了几个星期后，一个曾经很有效率的群体停止了合作，其中的 4 名主要成员开始寻找新的工作，意见不统一而导致群体瓦解。

◆ 企业内冲突

工作性质、组织结构和权力分配导致了企业内冲突的不同。企业内冲突主要有纵向冲突和横向冲突。

纵向冲突指的是企业内不同级别之间的冲突。这类冲突常常是由于上司控制过于严格使下属不服所产生的。下属可能会反抗是因为他们认为那些控制太多而侵犯了其工作主动权。纵向冲突也可能是因为缺乏沟通、目标不一致或观念不一致而产生。

横向冲突指的是企业内相同级别之间的冲突。这一冲突的主要原因是因为各部门只考虑自己部门的目标，而不顾对其他部门造成的影响。在这些部门中，目标不一致从而导致了目标冲突。另外，各部门中员工与员工之间的态度差异也会导致冲突。

组织冲突不仅存在于人与人之间，也存在于同一企业中的各部门之间。例如在报酬公平性和福利计划等方面由于不平衡而产生冲突。

◆ 企业与外界的冲突

此外，企业与其竞争者、公众、股东、政府之间也存在着更为错综复杂的冲突，此为企业与外界的冲突。

冲突产生的原因

冲突或摩擦是日常生活及工作中的一个组成部分，"冲突"太少，工作、生活会单调枯燥；冲突太多，工作会面临太多的压力，生活会变得太紧张。

冲突产生的原因通常是人们对于同一个问题存在着不同的看法。另外，人们在为实现自己的目标而奋斗时，往往会因触犯他人的利益而产生冲突。近来关于管理人员的一项调查表明，工作中产生冲突的原因有：误解；个性差异；工作方式、方法的差异；缺乏合作精神；工作中的失败；追求目标的差异；欠佳的绩效表现；文化及价值观的差异；工作职责方面的问题；对有限资源的争夺；没有很好地执行有关规章制度等。

这项调查还表明，许多管理人员工作时间的 1/4 都在处理各种矛盾与冲突。

其实，有冲突并不完全是坏事，冲突对于一个组织来说既有消极作用也有积极作用。我们当然"欢迎"冲突的积极作用，同时希望尽力避免冲突的消极作用。如果不能避免，我们就要考虑采取适当措施来化解冲突。

在成长过程中，我们遇到过许多需要我们避免或化解冲突的情形。许多管理人员就是通过总结自己的人生经验，确立起自己处理工作冲突的办法。

充分了解工作冲突的性质及其产生原因，并且能够采取十分恰当的方法来避免或解决冲突，对于任何负有管理责任的人来说都是非常重要的。

冲突的过程

日常组织生活中充满着各种关系的冲突，个人及整个企业的绩效不是取决于是否产生冲突而是取决于冲突行为的适度性及冲突结果的有效性。

冲突过程大致可分为五个基本阶段（见图 7.2）。这些阶段帮助我们将冲突想象成一个过程，使我们通过了解其过程来分析某个特定定义的冲突。

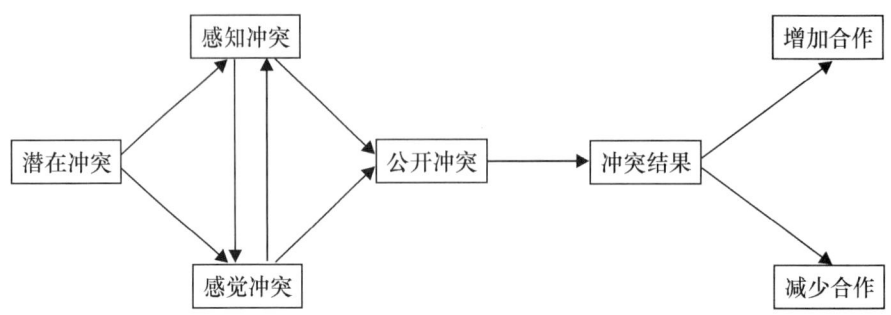

图 7.2　冲突过程示意

潜在冲突

潜在冲突是指在企业和个人关系所处特定环境里潜伏着尚未凸显出来的冲突。如责任与权利的分配，目标控制和追求目标时的行为等，这些对企业的运作非常重要。企业很少能在所有成员都同意的情况下做出这些决议。换句话说，企业的日常运作会引起意见分歧和冲突。潜在冲突包括以下三个方面。

◆ 沟通方面

由于语义理解困难、误解、相互间少有沟通或沟通过于频繁以及在沟通渠道中的"噪声"等都会引起冲突。

◆ 组织方面

分配给小组成员的任务大小、小组的工作目标、领导的风格、奖励制度以及小组独立性等都会引起冲突。

◆ 个人因素

由个人的价值观所引起的冲突。

例如，当马先生成为保险公司索赔部门的新任经理时，另外两个有资格的申请者吴豪和苏丽可以认为是潜在冲突因素。然后新的计算机系统的引入，成为任何组织的变革都有冲突的潜在可能性。马陆、吴豪和苏丽在部门中履行多重任务，这些多重任务可能带来一些不可调和的矛盾，这又是冲突的潜在环境。又如，一名上司可能对其下属的错误持宽容态度，而这个上司有可能正在为一个对错误持批判态度且对那些错误制造者的处理很严厉的上司工作，这其中也隐含着潜在的冲突。

感知冲突

我们知道，大多数企业即使在日常决策中也存在意见不一致的现象。例如，谁得到提升，什么方法是达到销售目标的捷径，或怎样评价员工的业绩等，这些都是决策中经常有不同意见和误解的例子。当个人和小组开始意识到这些差异存在的时候，他们就是处在感知冲突阶段了。在这一阶段中，冲突的双方可能只有一方意识到一种潜在的冲突，如当上司看到下属没有做的工作时，上司和下属之间的问题就出现了。类似的，当上司认为额外的沟通没有必要时，下属可能认为是缺少上司的反馈，这些感知差异是感知冲突阶段的特点。

明确感知阶段的特点，并设身处地去分析它是很重要的。当你已经意识到自己与某人在一些问题的认识上出现差异时，你要分析这些差异反映了什么问题，对方是否也意识到这些差异的存在，他对这种情形的感知与你是否相似。分析这些问题的原因在于，人们在感知方面的差异直接影响着感觉冲突的形成。

感觉冲突

与感知冲突阶段紧密相关的是感觉冲突。感觉冲突是可感知的冲突对潜在冲突的参与者的感情影响，这一阶段发生在实际冲突行为之前，并对冲突行为产生影响，因为它反映了我们的感知与情感。正是在此阶段我们对真正冲突发生的可能后果予以概念化并由此产生激烈的情绪变化，如焦虑、紧张、敌意及挫败感等。

公开冲突

公开冲突阶段被称为是冲突的"行动阶段"。这一阶段包括冲突行为、解决问题、公开对抗、转换行动或者其他的可能行为。

真正的冲突行为——公开冲突，决定了冲突的成败以及冲突参与者相互作用的方式。

冲突结果

冲突结果这一阶段是由潜在、感知、感觉和实际冲突相互作用的结果。它既具有积极作用的一面，也具有消极作用的一面。

◆ 冲突的积极作用

由于冲突存在消极作用，许多人都害怕冲突，因而在实际工作中总是设法回避冲突。然而，冲突也能带来正面的影响，沟通学家布伦特·鲁宾（Bront Ruben）指出，冲突不仅有助于现存系统的发展，而且能防止系统的停滞及消亡。同样道理，企业中的冲突也可以成为一种积极的因素。冲突的产生和解决常会导致问题的有效解决。解决冲突的愿望会迫使人们改变其做事的方法。通常，我们认为冲突的价值在于带来创新和变革。和他人冲突时，我们不得不对问题进行评估。当冲突被有效解决后，它能引进竞争机制，增强创新意识。例如，我们每个人都有一定的做事模式，只有当某人向我们的效率挑战时，我们才会考虑新的做事方法。有效的冲突能使我们远离常规。在企业中冲突解决过程会促进积极变革和创新。

1925 年，西尔公司建立了零售店，直接向顾客销售，较之以前通过向顾客邮寄产品目录等待顾客上门订购的销售方式来说，这可是一大变化。然而随着这一新的销售举措的出台，引发了大量的冲突。西尔公司具有一个高度集中的组织结构,到了零售店这一层没有决定权。这一局限直接与零售店对顾客服务的目标发生了冲突。零售店的管理需要更多的自主权,才能保证成功地达到其目标。为了解决这一冲突,导致产生了一个新的、分散经营的新结构。显然,这一变革对西尔公司的零售业的成功发展起到了很大的作用。

在决策过程中有意识地引入冲突机制对企业是有益的。比如,在小组决策过程中,当小组一致的愿望与小组提出的不同的解决方案发生冲突时,小组成员就要进行思考和讨论,从而找出一个最佳方案。

◆ 冲突的消极作用

我们知道冲突会造成严重的消极影响,致使组织无法达到既定目标。冲突会消耗资源,尤其是时间和金钱。严重的冲突会影响员工的心理健康,使员工产生抵触的想法、观点,会导致憎恨、紧张和焦虑。这些情绪的产生是因为冲突给其个人目标和信仰带来了威胁。在较长的一段时间内,冲突会使企业内相互支持、相互信任的关系变得紧张,从而分裂人际间的关系,群体间的关系,甚至整个组织的关系。

许多人在和谐的状态下能有效地进行沟通,但是由于在冲突中沟通能力差,因而会丧失影响他人的能力,错失果断决策的良机。有调查显示,个人的组织冲突经历会影响组织成员的积极性。作为一名出色的管理沟通者在冲突条件下,也应具备较强的沟通能力,无论是为自己还是为组织,他们都必须为达到组织目标而努力。冲突所具有的这种双重性见表7.2。

表 7.2　冲突的双重影响

积 极 作 用	消 极 作 用
促进问题的公开讨论	影响员工的心理健康
促进问题的尽快解决	导致员工不能参与某些重要问题的研究与处理
提高员工在组织事务处理中的参与程度	造成组织内部不满与不信任
	使组织内相互支持、相互信任的关系变得紧张
增进员工间的沟通与了解	导致员工和整个组织变得封闭、孤立、缺乏合作
化解积怨	阻碍组织目标的实现

人际冲突处理

个人对待人际冲突大致有五种不同的态度,即:回避、对抗、妥协、迎合以及合作(见图7.3)。在处理人际冲突过程中采取何种态度,主要取决于冲突中个人本身的需求或目标。上述五种冲突处理态度代表着自信型与合作型的不同结合（见图7.3）。

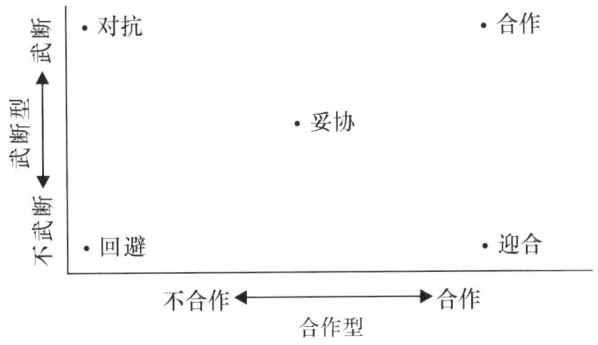

图7.3　冲突处理态度的坐标图

回避

　　有些人在实现既定目标的过程中，遇到即将出现的冲突时，往往采取回避的方式，冲突使他们感到不舒服或非常害怕，尽管回避者确实想实现自己的目标，然而他们并不能以一种积极的方式来对待冲突。

　　这一冲突处理态度属于没有自信心且缺乏合作精神的行为。人们运用这一方式来远离冲突，对不同意见置之不理或持中立态度。这种做法也许是为了让冲突自行发展，或者是为了避免紧张或挫败。有时候采取回避态度有利于避免冲突的升级。然而，对于重要问题采取置之不理的态度都是不明智的。太多地运用这种方式，会导致别人对你不太好的评价。

对抗

　　有些人在面对冲突时采用针锋相对的态度。他们往往看重自己的目标或需求，并不考虑冲突中其他人的目标或需求。

　　竞争者通常将冲突看作是一场胜负较量，并且总认为自己是赢家。这种想法可能不利于较好地解决问题。但也有相反情况，当竞争一方陷入绝境时，另一方经常会认为他们应当做出决策，并要为这个决策负责。如果他们有能力解决这个问题，这种方法可能非常有效。

　　这一冲突处理态度属于有自信心但缺乏合作精神的行为。它是人际冲突中的"赢—输"处理模式。采用这一策略的人往往只为实现自己的目标而不顾别人的利益。对抗策略常涉及强权和支配因素。采取这一策略的人认为一方必须赢，而根据需要，另一方必须输。这种策略有时能帮助达到个人目标。如同回避，这一风格也会导致别人对你的不太好的评价。

　　这种方式有可能被误用也有可能正是组织需要的，所以对这种竞争方式的结果应有明确的预见性。占优势的竞争者会排斥其他较好的主意或者对他人进行人身攻击以保持胜利者的地位,但他们可能会为此而感到内疚。当竞争双方意见不一致时,如果其中一方是对抗型的而另一方是回避型的,则采取竞争态度的人很容易获胜。但只有获胜的一方是正确的,这种胜利才对组织有利。

妥协

妥协者倾向于将人们对任务的不同观点加以平衡,同时采用对谈判有利的给予—获取的方法来解决冲突。在妥协过程中,由于各方可以将他们的损失减少到最小程度,同时又能够有所收获,因而妥协方法能奏效。通常,许多组织鼓励采取折中的办法,而且在许多决策群体中这已经成为一种倾向。

这一冲突处理策略属于基本合作和自信行为,它涉及谈判和让步。妥协在解决冲突中被广泛运用。向别人做出妥协的人往往得到好评。妥协得到好评的理由是:

→ 它基本上可以被视作是一种合作的举动;

→ 它可能是解决冲突比较实际的准则;

→ 它可以帮助维持相互间良好的关系。

较之合作态度,妥协态度不追求双方的最佳满意程度,而是取得各方适中的、部分的满足。但是遇事妥协要谨慎。在竞争时,对妥协的偏好应该与具体情况相适应。倾向于妥协的人能够帮助组织在不同的冲突中做出决策,但是如果这种决策不能真正解决问题而导致问题再次出现,那么这种妥协导向就应当避免。

迎合

许多希望被他人喜欢并有较高合群需要的人以及那些真正关心他人需要的人宁愿采取迎合方式来解决冲突。这种策略的特点把对方的需求或者考虑放在高于自己的位置,以求维持和谐的人际关系。换句话说是牺牲个人目标以保持友谊,这种迎合态度能够为一再做出困难决定的组织提供重要的支持。但迎合类型的人在其他人表示不赞同时容易放弃自己的观点。

这一冲突处理态度属于合作的但不自信的行为。迎合表明一种无私的行为,它是对别人愿望的一种服从,是一种与别人长期合作的策略。迎合态度往往会赢得别人的好评,当冲突问题不十分重要或非原则问题时,以暂时的退让获取长久的信誉,可以考虑采用此策。不过,如果一遇事就退让,可能会被视作软弱和顺从。

合作

以合作的姿态来处理冲突是一种十分理想的冲突处理方式。但是相对于其他冲突处理模式,合作在应用中却是最为困难的。对于倾向于合作的人,只有在其他人也采取合作态度并且拥有足够的为完成任务所必需的信息时才能采用合作态度。

这一冲突处理态度属于很具有合作精神和自信心的行为。它是人际冲突中一种"双赢"的冲突处理模式。因此,合作态度表现出将冲突带来的积极作用增加到最大限度的愿望。采用合作态度的人往往具有以下特点。

* 他们将冲突视作自然现象,具有积极作用,假如处理恰当,甚至可以带来开创性的结果。

* 他们表现出相互间的信任和坦诚。

* 他们期望每个人在解决冲突过程中扮演同样的角色,同时每个人的观点都同样的合理。

* 他们不会仅仅为了局部利益而牺牲整体的利益。

采用这种方式的人往往被认为是精悍的,而且受到的评价也比较高。根据人际冲突调查结果表明,采用合作态度的人或团体往往属于:较成功的管理者;绩效很好的企业;能充分利用冲突带来的积极影响;充分看到对方的长处,对自己的绩效及能力进行良好的评价。

冲突中的沟通策略

不同的冲突处理会使冲突要么激化,要么减弱,或者维持现状,或者避免冲突。个人的冲突处理目的、处理方法,以及组织对待冲突的价值观决定了采取何种冲突处理策略(见表7.3)。

表 7.3 冲突中的沟通策略

冲突激化策略实例	目 的
"你的态度不端正。" "你工作时不能这么懒散。"	对个人或问题进行评价
"我认为你不想完成工作。6个月前你就一直不愿给我们生产线增加编制,现在和以前仍然一样。"	将冲突现状扩展,同以前未解决的争论联系起来
"我可不想让周围的人都与我作对,要么你现在把机器修好,要么你走路。"	通过控制冲突结果来威胁对方
"我不愿和王先生一起实施这个计划,李先生或张先生都可以,就是不要王先生。"	特意限制他人的选择
"我本应该和你们一道来讨论这个计划,但现在我必须去总公司。"	为了特殊的原因而打破以前的约定

避免冲突的策略实例	目　的
"王先生获得这份工作，我知道你很沮丧，但总是垂头丧气是没有用的，你感到好点时我们再谈。"（上司在下属没有得到升迁或表扬时）	拖延冲突的处理时间
"我知道你认为你的老板不公平，但我们有公开的政策，如果你有什么不满的话，可以提出申诉，只有遵循这一程序后，我才会处理这个问题。"（高级经理和不满的雇员）	使用正式的规定、等级制度或其他方式控制过程来限制冲突方的行为
"这不是一个问题，你不必这么激动，我想肯定没有任何问题。"	否认冲突的存在
"我知道在晚班增加两个人很重要，你非常需要他们，但我相信你能维持目前的生产水平，你们小组协作精神强，相信你们将继续做好这一工作。"	接受一部分问题，但忽略更重要的问题，使冲突问题变得模糊
维持冲突的策略	**目　的**
"我想，我不会把事情弄糟的。在经理会议上我总是支持你，即使我认为是不恰当的，我也会继续支持你。"（两名经理在董事会议前碰头）	保持长期关系的规则
"我相信我们都能同意这一点：这个预算的水平与我们的期望值相当。如果你考虑你的兼职秘书的费用问题，我也会重新考虑我的旅行计划。"	论及意见一致的方面和可以让步的方面
减少冲突的策略	**目　的**
"目前，改变整个计算机系统是我们最主要的工作，我想，现在我们就应该考虑派一个人去接受新系统的维护培训。"	确认面上的管理问题，建议从具体问题入手
"李先生虽然承诺在本月中旬发货，但看来很困难。如果他实在来不及按时发货，应该提前通知我们。他只要能在本月底前发货，我们就不与他计较了。"	描述行为和结果，避免冲突
"我想在配备秘书之前就雇佣另一名财务主管，也许不合适，我会考虑配备一名兼职型的秘书。"	从原来的位置让步

管理沟通教程

　　当然，没有任何一个过程、一套技巧、一种知识可以将个人及组织从冲突的现实中解放出来，知识、敏感程度、技巧以及冲突各方的价值观直接影响到冲突结果。有效的管理沟通者知道他们承担着监控自己的能力和为他人提供支持的责任。

工作冲突的避免与处理

◆ 工作冲突的避免

在日常的管理事务中，许多冲突都是可以避免的。要想避免管理过程中出现的冲突，管理者应该做到以下几点。

→ 承认这样一个事实：人们的价值观、需求期望以及对问题的看法往往存在差异。

→ 对他人和自己都要诚实。

→ 抽出足够的时间和精力与你常打交道的人多进行一些交流，更好地了解他们的价值观及信仰等。

→ 不要以为你总是对的，别人一定是搞错了。

→ 不要对不同意你的看法的人心存敌意。

→ 学会倾听。

→ 为下属发表看法和意见提供适当的渠道。

→ 善于从以往的工作冲突处理中总结经验教训。

→ 学会换位思考。

◆ 工作冲突的处理

如果某种冲突不可避免地发生了，那就要采取积极的、建设性的措施来处理这些冲突。成功的处理方法必须建立在对工作冲突本身正确而充分的了解基础之上。下面介绍五种工作冲突的处理方法。当然，在具体运用这些方法时，必须结合当时的实际情况。

→ 否认或隐瞒。这种方法是通过"否认"工作冲突的存在来处理冲突。当冲突不太严重或者冲突处于显露前的"平静期"时采用这种方法比较见效。

→ 压制或缓解。掩盖矛盾，使组织重新恢复"和谐"。同样，这种方法也是在冲突不太严重或者冲突双方都"不惜一切代价"保持克制时才能取得满意的效果。

→ 支配式处理方法。这种方法是冲突中的某一方利用自身的地位和权威来解决矛盾。冲突的旁观者也可利用自身的权威和影响，采用类似的方法来调解冲突双方的矛盾。这种方法只有当凭借的"权威"确有影响力或冲突双方都同意这种方法时才能取得满意的效果。

→ 妥协。这种办法要求冲突双方为达到和解的目的,都必须做出一定的让步。使用这种方法的前提是冲突双方都必须有足够的退让余地。当冲突双方势均力敌,或者期望对一项重要而复杂的问题做出暂行的解决方法,尤其是当时间紧迫急需推出一个权宜之计时,妥协不失为一良策。

→ 合作。当我们承认人与人之间确实存在许多差别的事实后,我们往往就可以通过和解的方式来处理冲突。双方可以通过坦诚的讨论,积极的倾听,充分理解双方差异,以双赢的方式处理冲突,冲突双方都会感到自己是受益者。不过要使这种方法行之有效,一方面要有足够的时间保证;另一方面还必须让员工"信任"这种方式,而且冲突双方都必须具有较高的素质。

小　　结

　　人际冲突表现为我们的要求或愿望与他人或其他团体的相对立。这表明双方都意识到各自的目标不一致,并且在实现各自的目标时受到干扰。冲突也可被视作是一种利益、权力、地位以及资源之争。也就是说,在为达到目标及获得资源的竞争中,差异和不一致必然存在。有时这些差异的确存在,有些则是想象出来的,无论是哪一种,冲突涉及的各方应认识到差异,并应该明确:冲突在人际关系中不可避免;冲突可以是实际存在的也可以是想象;冲突可以是积极的也可以是消极的。

　　冲突产生在人们向目标迈进的过程中,冲突过程共分五个阶段:潜在冲突、感知冲突、感觉冲突、公开冲突和冲突结果。冲突可以发生于个人自身、人与人之间,以及小组中、企业内及企业与外界之间。冲突的处理态度分为五种:回避、对抗、妥协、迎合和合作。冲突处理的习惯及对冲突的评价决定了冲突中的沟通策略:或是激化,或是减弱,或是维持,或是避免。如果冲突的各方都极力营造一种相互信任的合作气氛,那么冲突的结果就会更富有成效。

讨　论　题

▷ 什么是冲突?

▷ 冲突包括哪些过程?

▷ 冲突产生的原因是什么?

▷ 联系实际谈谈冲突的利与弊。

▷ 冲突处理态度有哪些? 各自有哪些特点?

▷ 冲突中的沟通策略包括哪几种?

▷ 如何看待和处理工作中的冲突?

技能训练

练习目的: 学习如何分析工作中所面临冲突的性质以及产生这些冲突的主要原因,并掌握如何处理这些冲突的策略等。

本练习共分三个步骤。

步骤一:

根据个人具体情况,独立填写表7.4,不要急于与他人进行讨论。

表7.4　工作冲突分析研究表

(A) 工作中经常与你打交道的人	(B) 冲突实例(包括分析冲突产生的原因)	(C) 处理冲突的方法	(D) 冲突的利弊分析(受益/受损情况)

步骤二:

要求学员组成3~4人的小组,针对各自的冲突问题进行进一步的分析,然后交流看法,一起讨论,提出处理冲突的合理化建议。

步骤三:

各自独立完成以下问题。

1. 今后如果遇到类似的冲突问题,你会处理得更好吗?

2. 你是否真正理解冲突产生的原因?

3. 你应该采取什么样的措施防止这些冲突的发生?

4. 如果这些冲突再次发生,你将采取什么样的对策?

案例分析

2017年岁末一个阴冷的下午，已经过了下班时间，但欣科公司总经理助理李闻中还坐在他的办公室里，他正面临着选择。作为公司的元老，李闻中伴随着公司风风雨雨，一起走过了不寻常的6年，在此期间，公司取得了长足的进步。作为公司的"三驾马车"之一，他付出了太多的汗水。他热爱这个公司，已经将它视为生命中的一部分。但是，一想到继续在这里工作将要无休止地面对与新任总经理之间在经营理念上的分歧和做人原则上的冲突，李闻中就感到万分痛苦。他拿出公文纸准备写辞职报告，临下笔又犹豫起来，事情真到了必须写辞职报告的地步吗？

公司概况与李闻中其人

欣科公司成立于2011年，是一家从事进出口业务的公司。公司开创之初，一没有资金，二没有进出口许可权，业务人员不到10人。李闻中作为部门经理，与另外两个部门经理一起"借船出海"，白手起家。在他们的努力下，公司逐步发展壮大起来，年进出口贸易额达到4亿元，年创净利600万元。李闻中本人也因连续两年销售额列公司第一而荣获公司销售奖，加之其为人随和，乐于助人，在公司内人缘颇好，口碑不错，一度是"三驾马车"中前途最被看好的。由于李闻中在三位部门经理中年龄最小，故集团公司有意提拔培养他，集团总裁曾私下许诺，在适当的时候会重用他，委以总经理职务。而李闻中对此并不热衷，因为他与公司张总关系甚好，私交很深，所以他在公司业务活动中自主权较大，许多事情可不用请示自主定夺，这令他感到轻松自在。相比之下，做总经理不仅压力大，同时还要面对另"两驾马车"，自己一旦提升，势必招致两人不满——毕竟三人的业绩、资历都不相上下。

人事变动

天有不测风云。2014年年底，在进口业务中与欣科公司有过合作关系的一家外贸公司因涉嫌走私被依法处理，欣科公司受委托开立的100多万美元信用证，也由于该公司董事长携款出逃美国而无法追回。于是张总受牵连被集团免职,取而代之的是对外贸根本不了解的原集团公司投资部的刘女士。

初来乍到,刘女士比较谦虚,与业务骨干的关系处得还算不错。随着时间的推移,其刚愎自用、固执己见的缺点日渐显露,于是不少员工开始离去,这是公司创立以来从未有过的事情。

人心涣散对公司的业务产生了影响,公司业绩开始下滑。同时,为了自己的利益,刘总招聘了不少与其有密切联系的关系户,甚至包括其亲属。公司人员增加至50多人,业务量和利润却不断下滑,公司各部门之间因利益等问题产生的矛盾不断加深。面对这种局面,李闻中内心十分忧虑。作为公司创始者之一,他对刘总的做法很反感,但限于职位的差异,对一些问题也无能为力。他在一些正式或非正式的场合都提过不少善意的建议,但不仅没有起到任何作用,反而引起刘总的不快,加深了彼此之间的隔阂。李闻中明白,这样下去自己只能成为刘总眼里的"另类",甚至可能成为"眼中钉"而被拔掉。他不想辞职,毕竟公司凝聚着他太多的心血。可是眼看着自己用心血换来的成就被一点点挥霍,他痛心不已,还是忍不住提出了一些建议,正是这些建议让刘总对他越来越疏远。

矛盾激化

正在矛盾日益尖锐之时,集团的一纸任命将李闻中推上了总经理助理的位置。由于公司没有设副总经理,李闻中实际上已成为总经理的业务管理副手。此后不久,投资心切的刘总决定将公司下属的一个已停止运作的经营部交给别人介绍的施洋伯做建材业务,双方商定经营利润四六分成,由李闻中具体负责。当时李闻中凭自己的直觉和经验猜测:"施洋伯是向建筑工地提供黄沙、水泥等材料的,有大量稳定的业务,根本没有必要整合这些对他没什么实际意义的不良资产,莫非其中有诈?"李闻中委婉地将自己的推测以及担忧告诉了刘总,劝其慎重考虑,以免造成损失。

对此,刘总十分恼火:"都像你这样,前怕狼后怕虎,公司的业务还要不要开展?对于新的经营领域,总要冒一定风险……人家送上门的礼,难道有假?"李闻中强压心中的不快,说道:"小心驶得万年船,谨慎点有什么错?"双方话不投机,不欢而散。

过了两个月,施洋伯拿着一份供应某工地混凝土的供货合同及向某水泥厂购买 5 000 吨水泥的购货合同,要求欣科公司提供担保。由于施洋伯仅是欣科公司下属部门的负责人,不是法人代表,故要求上级公司出面担保或签订购货合同理所当然。李闻中当场拒绝:"签订水泥购货合同的前提是必须有与工地签订的供货合同,只有这样,我们才能为你担保。"而施洋伯一再声称,水泥无着落,购货合同将无法签订。李闻中洞察到其中有诈,严正指出:"此项目既然由我负责,理应按规定程序办理,否则一律免谈。"施洋伯当即拉长了脸,认为李闻中是因为与刘总的矛盾故意刁难他,并扬言凭他的关系,此事一定能办成。果不其然,第二天一上班,李闻中被叫到刘总的办公室并被告之,担保协议已委托他人办理,希望李闻中今后改变对客户的态度,公司不能容忍因态度不好而失去客户的情况发生。"既然刘总已经决定了此事,我会保留意见,日后产生的一切后果,本人概不负责。"李闻中愤怒地留下这段话后就离开了。

又过了 3 个月,欣科公司被告上法庭,原因是施某拿了水泥厂的货,欠了对方几百万元的货款。此事闹得沸沸扬扬,集团公司派人来调查时,刘总却将责任一推了之,指责李闻中没有及时汇报,令她做出错误决定,李闻中应负主要责任。

面临选择

李闻中终于认识到,欣科公司已不是他原来心目中的奋斗之地。虽然既失望又愤怒,但他仍相信集团能给出明确的结论。他想辩解并与集团沟通,但由于级别太低,加上刘总与集团的特殊关系,这种沟通没有实现。一连几个星期过去了,徒劳的等待使李闻中的耐心消磨殆尽。李闻中作为现在仍留在公司的"三驾马车"的最后一人,终于开始考虑去留问题了。

[思考题]

1. 刘总和总经理助理李闻中之间的矛盾根源是什么? 如何化解?

2. 当李闻中觉察到施洋伯在承接有关建材业务时使诈后,便委婉地将自己的推测以及担忧告诉了刘总,劝其慎重考虑,却遭到刘总的斥责。从有效劝说的角度来看,李闻中该如何改进?

3. 在这场冲突中,刘总的所作所为与企业根本利益相悖,她所扮演的角色属于冲突中的强势一方。然而,李闻中却准备退出,回避矛盾。你认为这是最佳的选择吗? 有何建议?

第 八 章

组织中的纵向沟通

学习目标

- 了解组织沟通中纵向沟通的定义
- 熟悉纵向沟通的类型、作用和主要形式
- 识别纵向沟通的障碍
- 掌握提高纵向沟通有效性的对策

引导性案例

李曼如作为京德制造有限公司的总裁十分清楚不断让员工了解公司经济发展状况的重要性。最近，由于竞争激烈，公司产品价格持续下跌，她意识到公司正步入一个严峻考验的时期。但是，为了保持市场份额，她很清楚她必须采取降价策略。

李曼如相信自己每月一封寄给每个员工的"来自总裁办公室的信"是一条很好的充分传递信息的途径。然而，现在重大危机爆发了，她仍召集了所有的部门经理在公司装饰简朴却不失威仪的董事会议室开会。选择董事会议室本身就向部门经理们发出了一个信息——他们是管理阶层的一员，他们正参与重大决策。关于参加此类会议大家都实现了默契，所有与会者必须在预定的时间前就座，当总裁步入会议室时，全体起立，直到总裁让他们坐下。这一次，当李曼如进入会议室，她点头示意起立的各位坐下。

"我之所以召集各位出席这次会议，是想说明一下我们目前所面临的严峻经济形势。我们正与那些眼睛发绿窥视着我们市场的'狼群'狭路相逢。他们迫使我们不断降价，不断缩短发货时间，已经让我们感到喘不过气来。如果我们的公司想继续生存下去，我们必须团结打拼。"

讲完开场白后，李曼如注视着每一位正襟危坐的与会者，知道他们不敢发言。的确，没有人说话，每一个人都知道在这种场合下，开口发言则意味着与李曼如唱对台戏。

"让我进一步解释我的意思。首先，我们需要发挥想象力。我们需要积极思维，每个人都必须同仇敌忾。我们必须优化生产，要绞尽脑汁，不放过任何一个环节，削减成本。为了实施这一项削减成本的紧急计划，我已经在外面物色了一位高级生产经理来协助完成这项计划。"

"其次，我们要提高质量。在本公司，质量意味着一切。每一台机器设备都要由生产主管负责定期检修。当机器轰隆作鸣开始生产，就表示主管已经对该机器的质量、性能做出认可。在质量上，没有一点东西可以被视为是芝麻点小事，微不足道，可以轻视。"

"第三点，我认为值得一提的是，要增强我们的销售队伍。客户是我们的生命线。尽管他们不一定总是对的，但我们仍然要像安抚绵羊一样温和地对待他们。我们的销售代表都要学会'推销自己'，要使每一次拜访都有建树。我们对销售代表的补偿是非常公平的，即使如此，我们仍将努力做到'锦上添花'——对那些困难重重、进展缓慢的项目要提高销售代表的佣金。我们将在董事会上讨论具体事宜,当然我们不会超出成本。"

"最后,一件事是团队精神。这是我们首当其冲要加强的。除非我们抱成团,否则别想成功。领导风范就是团队精神,团队精神就是为实现共同的目标拧成一股绳。你们是管理阶层的代表,你们是领导,你们清楚我们的目标。现在就让我们上下同心,齐心协力,去渡过这一场危机。记住,我们是快乐的大家庭。"

当李曼如做完掷地有声的总结,每一位部门经理马上起立,恭敬地站在椅子旁,注视着总裁收拾文件,离开会议室通过小门走到她的办公室。

这是个什么性质的组织沟通? 此间,李曼如是否真正实现了信息传递? 这个貌似紧凑、高效的沟通最终实现了其预期的目的吗? 除了语言之外,其他什么因素阻碍沟通有效地进行? 如果是你,如何主持上述会议,使之成为高效的双向沟通形式?

你完全可以想象缺少沟通,组织里会发生什么,组织将陷入瘫痪,变得毫无作为。缺少沟通的组织,犹如默声时代的电影,滑稽可笑。缺少沟通的组织,犹如太空,因为没有了空气而失去了声音,死寂可怕。而正是沟通,犹如画龙点睛,神来之笔,使组织顿生灵气,变得生机勃勃。简单地说,组织沟通,是指发生在组织环境中的人际沟通。因为,说到底,在组织沟通中,仍然是人们在相互进行沟通,而不是组织本身。但组织沟通不同于一般意义上的人际沟通,原因有四:首先,组织沟通有明确的目的,其目的是影响另一个人的行为,使之与实现组织的整体目的相符,并最终实现组织目标。这种行为的改变包括:增加了知识,态度的改变或行为的变化。其二,组织沟通的活动是按照预先设定的方式,沿着既定的轨道、方向、顺序进行,作为一种管理日常活动发生。其三,组织沟通与公司的规模有关。即公司规模大,其组织沟通越规范,组织沟通过程越长;公司规模小,其组织沟通相对来讲不完全依赖于正式的规范的沟通体系和顺序,沟通效果比较容易控制。最后,组织沟通活动作为管理的一项日常功能,组织对信息发送者有一定的约束,管理者必须为自己的沟通行为负责,并确保实现沟通目的。

上述案例向我们展示了组织沟通中最频繁使用的一种沟通渠道和沟通介质。或许你还意识不到其中的问题;或许你的沟通技巧要比李总裁高明,但,相信本章关于组织纵向沟通的详尽介绍,对于纵向沟通问题的剖析,提供的解决沟通问题的策略,都会对你——一名有抱负的管理者——在组织中进一步游刃有余地进行沟通,履行管理职能,进行卓越领导有所帮助。

纵向沟通的定义

> 组织中沿着组织结构直线等级进行的沟通就是纵向沟通，包括下行沟通和上行沟通。

组织沟通模型如图 8.1 所示，其中垂直线表示的沟通都是纵向沟通。

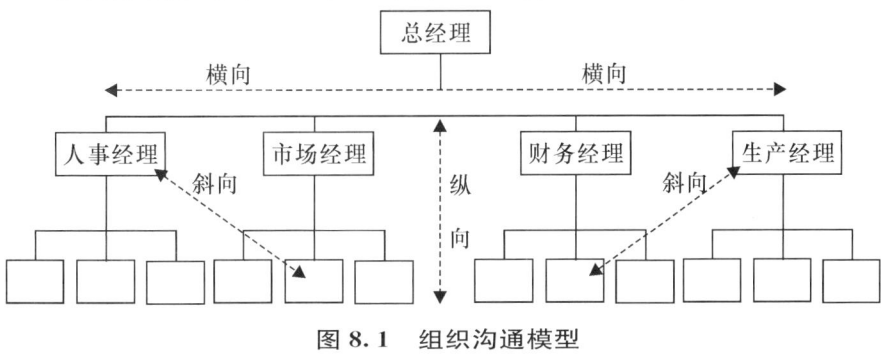

图 8.1　组织沟通模型

纵向沟通的类型和形式

纵向沟通包括自上而下、自下而上两种沟通。纵向沟通中，从上至下进行的下行沟通是纵向沟通的主体，而自下而上的上行沟通是纵向沟通的关键。

下行沟通及其表现形式

本质上，下行沟通就是指上司作为信息发送者对下属进行的一种沟通形式。从传统来讲，向下沟通一直是管理沟通的主体。公司管理所涉及的种种功能活动，如计划实施、控制授权和激励基本上全赖下行沟通去实现。从有管理以来至十几年前，公司沟通的核心几乎就是下行沟通。最初这种沟通的目的很简单：上情下达。其传递的信息多种多样：命令，指示，政策，措施等。显然，由下行渠道沟通传播的信息可以使公司日常活动正常运转。同时，下行沟通渠道本身还传递着另一条信息：公司不是老板的公司，而是全体员工的。下行沟通渠道营造的工作氛围，可以帮助员工更好地接受和配合执行下达的指令和政策。正因为公司是全体员工的，因此公司的政策、战略发展、经营变化与每位员工休戚相关。

下行沟通可以帮助实现下列沟通目标。

＊ 让员工知晓企业重大活动,如扩大再生产、市场兼并、劳资关系、利润状况、销售状况、市场份额、新产品计划、技术革新等;

＊ 突出企业对员工的创造力、努力和忠诚度的重视态度;

＊ 探讨员工在企业里的职责、成就和地位;

＊ 考察员工所享受的各种福利待遇以及真正的实利;

＊ 了解有关的社会活动、政府活动和政治事件对企业的影响;

＊ 了解企业对社会福利、社会文化发展和教育进步所做出的贡献;

＊ 让员工的家属了解企业,致力于营造凝聚力;

＊ 让新来的员工看到企业发展的生动足迹;

＊ 让员工了解不同部门发生的各种活动;

＊ 鼓励员工利用企业出版物作为各抒己见的论坛;

＊ 外界了解企业发展的窗口。

可见,下行沟通在组织沟通中占据重要位置,但为达到上述目的,还要注重沟通媒质和沟通时机的选择。当有重大事件和重要信息需要让员工知道时,必须采用较为严肃的渠道。今天,越来越多的管理者采用相对高效的计算机信息服务体系来协助实施下行沟通。

从沟通借助的渠道或载体来讲,下行沟通的形式灵活多样。一般地,组织内部下行沟通包括几种类型:备忘录,指令,政策,命令,布告,面试,会议和演示等。根据下行沟通采用的媒质可以分为以下三类。

◆ 书面类

指南、声明、公司政策、公告、报告、信函、备忘录等。

◆ 面谈类

口头指示、谈话、电话指示、广播、各种会议(评估会、通知性质会议、咨询会、批评会)、小组演示乃至口口相传的小道信息。

◆ 电子类

闭路电讯系统新闻广播、电话会议、传真、电子信箱等。

这是一种简单易行的传统的分类方式。但同时,根据时间序列对组织沟通进行划分,可以得到三类下行沟通形式,如图 8.2 所示。即按照传达的信息涵盖的时间跨度、长度来划分,可以得到三类组织中传递的信息,对这三类信息的沟通则得到三种不同的下行沟通。

反映长期(包括过去或将来)的事实、意见、想法或打算,比如公司简介、公司中长期计划、公司多年沿袭的雇员福利政策等信息,被视为第一类信息,交流传达此类信息的沟通,称为第一类沟通。而第一类沟通的形式多采用书面类,如员工手册、公司白皮书、公司年报等。

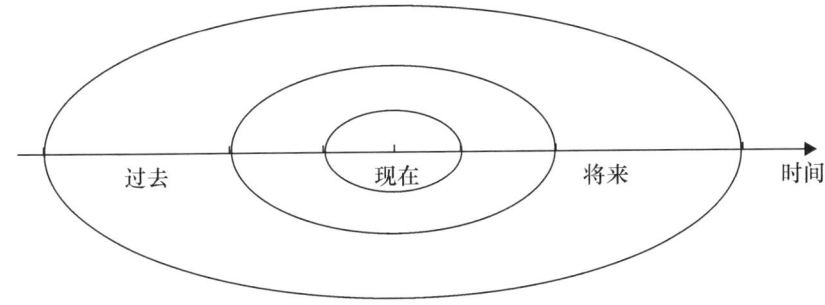

图 8.2   三类下行沟通

传递的信息跨度为几个星期至几个月(不超过 1 年),时间概念上包括过去的或将来的,譬如公司内部近期发生的重大事件,公司每个季度销售业绩,公司未来半年实施的计划(如 ISO9000 计划的实施并通过认证)等,被视为第二类信息,其沟通被称为第二类沟通。第二类沟通的形式多采用书面类和会谈类,如公司内部期刊,公司内部通讯,公司全体员工会议,公司中层干部周会、月会等。

第三种信息的时间跨度最小,基本上仅涵盖每日例行工作的信息,比如每日工作任务的布置,每日工作情况的反馈,临时出现问题的解决,刚收到的顾客请求现场服务任务的下达等。这类信息包括组织运作当中碰到的由不确定性因素带来的突变和紧急情况。此类信息的一大特点是更新很快,具有很大的不可预测性。第三类信息的沟通形式多为简短的书面类和非书面类的形式,如口头沟通、电子邮件和备忘录等。

这种分类便于我们理解沟通技巧与沟通形式的关系。一般来讲,越是长期类信息的传播,其对沟通技巧的要求越低,因为信息具有稳定的特性;越是短期类信息的传递,其对沟通技巧要求越高,因为它具有不可预测性。从管理理论上讲,第三类信息的沟通表现为管理人员与下属进行的一对一、面对面的接触,也正是管理人员使用和发挥其管理技能中沟通技能最多和最好的地方。下行沟通类型与沟通技巧的对应关系可由表 8.1 反映。

表 8.1   下行沟通类型和沟通手段的对应关系表

沟 通 类 型	沟通技巧、介质
第一类:信息跨度大于一年	低:书面介质、会议
第二类:信息跨度大于一周小于一年	中低:书面介质、会议
第三类:信息跨度小于一周	高:口头介质、面晤

事实上,越来越多的企业正在出版内部刊物。甚至有许多企业有专门的部门和人员(如主编、摄影师、美工等)来负责内部出版物工作。

作为内部刊物之一的员工手册对组织的纵向沟通有很重要的作用。员工手册包括企业有关工作职责、制度和福利等政策信息。如:工时,休假,晋升,培训计划,保险,医疗体系,工作的调配,退休等。显然,员工手册可以避免新员工占用人事管理工作人员解答这些规定的时间。同时,员工手册作为一种书面依据,可以避免混淆视听的口头传诵,让员工对自己的权力和利益一目了然。通常,员工手册由以下几部分组成:企业简介,企业理念,企业政策,企业中、长期计划,公司雇员福利细则。员工手册便于员工按图索骥,迅速有效地找到相关的政策和规定。鉴于企业的政策、规定难免会随着企业发展而发生变化,有些企业采用活页形式发放员工手册,易于修订,节省开支。

个人沟通形式中的信函媒质也被引入到组织沟通中,使管理更具人情味,让员工有一种宾至如归的感觉,便于产生归属感。

上行沟通及其表现形式

图8.1中垂直渠道的沟通,自下而上由下属主动发送信息,而上司作为接收者进行的沟通就是上行沟通。

上行沟通的目的就是开辟一条让管理人员听取员工意见、想法和建议的通路。同时,上行沟通可以达到管理控制的目的。上层管理部门特别需要知道生产的业绩、市场营销信息、财务数据以及基层员工在做什么、想什么。就此而言,客观地传递信息至关重要。

上行沟通有以下的作用。

* 提供了员工参与管理的机会。
* 减少员工因不能理解下达信息而造成的失误。
* 营造民主式管理文化,提高企业创新能力。
* 缓解工作压力。

显然,这种积极的动机使上行沟通比下行沟通有优势。然而,多年来,一直困扰管理者的一个问题是如何创造成功、有效的上行沟通。尽管有很多途径,诸如意见箱、小组会议、反馈表等,但这些途径真正发挥作用的关键在于营造上下级之间良好的信赖关系。显然,这项任务是颇费气力和时间的。本质上讲,上下级间的信赖关系是很脆弱的。无论这些上下级具体表现为总经理与高层管理之间,还是中层管理者与各部门内的职员间,又或者是高级会计师与一般会计之间,培养建立相互间的信任需要长期连续的努力,而偶尔的一次无意的破坏可能导致通过长时间积累才有的信任前功尽弃。

有效的上行沟通与组织环境、氛围直接相关,在参与式管理和民主式管理的企业中比较常见。除了指挥链系统外,有些企业会设置专门的上行通道,让高层能够听到来自底层的声音。这些正规的专门途径包括:建议系统、申诉和请求程序、协商会议、离职会谈。

◆ 意见反馈系统

意见箱是最常见的保障上行沟通的途径之一。促进意见箱产生的最初动机是为了提高产品的质量、提高生产效率,管理者相信一线员工肯定对此有独到且有效的见解。所以收集生产建议的意见箱由此渐渐演变成收集员工反馈的渠道,至此倾听员工心声的上行渠道渐具雏形了。为了鼓励那些敢于提出创新见解的人不断开动脑筋,让组织分享群众无穷的智慧,还可设立相应的鼓励体系。当然,真正奖励员工的其实不仅是奖金,还有员工所得到的心理上的回馈——参与感、成就感的满足。

当然,一个好的建议必然带来双方皆大欢喜的结局,但倘若建议被否决,就难免产生问题,员工可能会心存怨恨,士气受挫。另外一个可能的问题则是,提呈好建议的员工可能被他的顶头上司怀恨在心,双方关系可能出现危机。

尽管问题不可避免,但大多数实践证明,管理人员认为上行沟通利大于弊,感到很有必要建立这么一个渠道。

◆ 员工座谈会

每个部门选派若干名代表与各部门领导、高层领导一起举行员工座谈会,这也是一套颇具效果的上行沟通的途径。在座谈会上,员工可以畅所欲言,员工可以提出对该部门里某些问题的建议,因为这牵涉到个人利益。这种座谈会要持续定期举行,比如每个月一次,每季度一次。同时,为确保座谈会上轻松、愉快、畅所欲言的气氛,要注意以下几点。

＊ 最好在一种非正式的气氛下进行会议,因此,多选在工作时间之余,并辅以果品、饮料。

＊ 由一位能言善道、会活跃气氛的人员主持会议,以起到润滑作用。

＊ 尽管会议不限制员工就何种问题发表意见,但仍有必要引导员工就某些话题展开讨论,以激励士气,并避免会议转变成恶意的声讨会。

◆ 巡视员

巡视员的概念源于瑞典。在那里,公民可以向有关政府提出调查国家公务员官僚主义的诉求。如今,许多公司也设置了类似的职位,专司调查员工所关心的问题。在通用动力公司,曾经有一年有 3 000 多个电话打给巡视员,这表示工人相信担任巡视员职位的人。

纵向沟通的障碍

下行沟通的障碍

毫无疑问,在纵向沟通中由于下行沟通是组织沟通的主体,它在组织沟通中起着举足轻重的作用,因此下行沟通的顺畅与否决定了纵向沟通的有效性。本章节主要讨论了下行沟通的障碍。资深的管理专家彼得·德鲁克坦言:"若干世纪以来,管理者专注于向下沟通。尽管他们表现出莫大的智慧,但这种沟通无济于事。这种沟通失效,究其原因首推它仅仅关注管理者所想传达的,所有下达的都是指令。"显然,这是一种单向沟通。而且,这种形式的沟通无一例外都视信息接收者即员工为不犯错误的全能的机器人,不仅百分之百接收到了信息,而且准确无误地理解了下行的信息。单纯采用这种沟通形式的管理人员无意从下属那儿得到任何反馈,这种沟通的效果是差强人意的。

美国管理协会(American Management Association,AMA)在 20 世纪 70 年代做过一项统计调查,研究上下级对下属特定的工作职责的认识是否实现共识的情况。调查对象是 5 家不同公司中 58 对上下级关系,调查具体包括工作职责(下属在其职位上应该做的事)、工作要求(该职位所需的技能、背景、经历、正规培训和个性)、未来工作职责的变化(可预见的在将来几年中可能发生的工作职责或要求的变化)和工作业绩中的障碍(上司和下属对完成工作的干扰和障碍问题的认识)。

调查结果如表 8.2 所示。从中可以看出 85.1%的上下级对工作职责达成一半以上的共识。但是关于第二项工作要求达成一半以上的共识的上下级降到 63.7%,仅有 53.3%的上下级对在未来几年可能发生的职责变化达成一半以上的共识,而对于障碍仅有 31.7%的上下级达成一半以上的共识。

表 8.2　上司对下属、下属对自己工作职责认知调查结果

	0 几乎不同意 (%)	1 同意少于一半的命题(%)	2 同意几乎一半的命题(%)	3 同意超过一半的命题(%)	4 同意几乎全部的命题(%)
工作职责	3.4	11.6	39.1	37.8	8.2
工作要求	7.0	29.3	40.9	20.5	2.3
未来工作职责的变化	35.4	14.3	18.3	16.3	18.7
工作业绩中的障碍	38.4	29.8	23.6	6.4	1.7

可见,下行沟通的结果是令人遗憾的,下行沟通运作中信息往往被遗漏和曲解。当下行沟通涉及若干个管理阶层时,会引起信息的丢失和扭曲。一项关于美国公司中层管理者沟通状况的调查结果进一步证明,下行沟通的结果是不容乐观的。如图8.3所示,信息在下行沟通中运行,如同经过一个漏斗一样,层层过滤,100%的信息经过五层后,到达最后一个信息接收者时,只剩下20%,80%的信息因为这样或那样的原因都被过滤或丢失了。

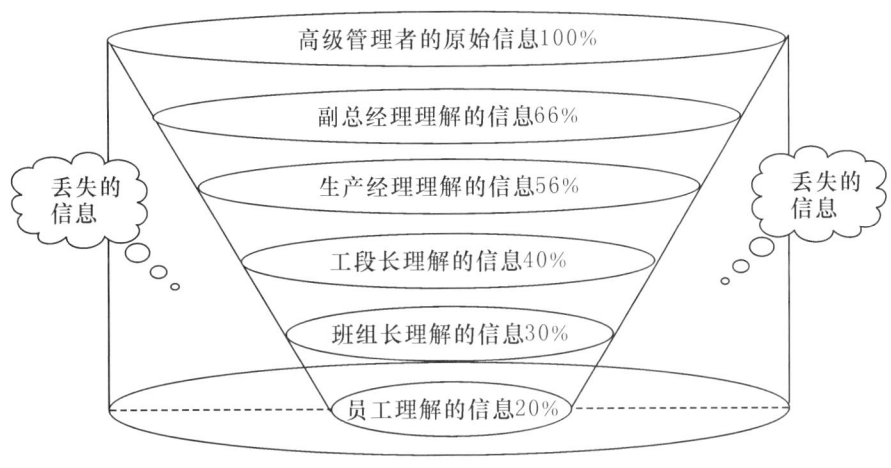

图8.3　信息理解漏斗图

由此可见,下行沟通的结果是不尽如人意的。基本上,第三类、第二类沟通的效果可以达到预期水平。真正令管理者头痛的下行沟通是第一类沟通形式,因为这类信息基本上是命令、指示,当然也有反馈。产生这些问题的原因是在下行沟通中存在的各种障碍。

◆ 管理者展示的沟通风格与情境不一致

管理沟通风格多种多样,如前所述,通常我们将它分为四类:命令式、指导式、扶持式、委托式。而任务的性质因为时间要求、复杂程度的差异表现也不尽相同。如果对一个十分重要、时间要求紧迫的任务采用委托式沟通,势必不能准确完全传递出信息,致使任务不能如期完成。

◆ 接收者沟通技能上的障碍

对员工来讲,沟通技能之一是理解力。但由于员工在组织内部所处的时间长短不一,员工自身的理解能力等因素,也造成多样性。对一个新进员工采用简单的命令式进行沟通,可能造成员工误解信息或一知半解,致使沟通失效。

◆ 沟通各方心理活动引起的障碍

研究表明,下行沟通中容易出现信息膨胀或扭曲。之所以出现这种情况,主要来自信息传递方对沟通效果的顾虑。

◆ 不善倾听

普遍的情况是，在组织中员工和上司都急于表现自己，以达到邀功请赏的目的。于是，更多的人学会了口若悬河，而非侧耳倾听。于是，在别人说话时，听众甚至会粗暴地用毫不相干的话题插进谈话，并自发一通议论。要做到聆听，首先必须自我克制，同时全神贯注。

◆ 草率评判

很多时候，信息接收方在与对方进行谈话时，不是试图去理解对方的意思，而是企图进行评判，或进行推论和引申；有时，在没有充分理解的情况下，就妄下结论，在内心表示赞同或否定。这样的沟通结果可想而知。

◆ 编码环节语义方面的歧义

有这么一个希腊神话：一个人向神许愿，希望长生，但却对神说成"不死"。结果，一般人"生老病死"，他却老是"病而不死"，永远也解脱不了。在管理沟通中，类似这种因为语义歧义引起的误解和沟通失效的例子比比皆是。

上行沟通的障碍

上行沟通的障碍主要表现在以下方面。

◆ 封闭式企业文化

尽管管理界一直以来积极倡导参与式和民主式管理，但根据一家管理咨询公司的调查结果显示，一般企业中多数员工没有机会发出大量信息。

◆ 内部沟通机制不健全

员工发出的信息要么费很大的周折才能到达上层管理者，要么石沉大海，无声无息。

◆ 信息失真

管理者由于官僚作风，会片面相信一些经过精心设计、不符合实际情况的信息。

除此之外，下行沟通中的六个障碍也时常会出现在上行沟通中。

纵向沟通的策略

下行沟通的策略

为了保证下行沟通通道的畅通，管理者有必要掌握一定的沟通策略。下行沟通策略包括以下九个方面的内容。

◆ 制定沟通计划

为了保证每个管理人员及时有效地下传信息，必须制定相应的沟通政策，明确沟通目标。这些政策可以涵盖以下内容。

　　＊ 必须就相关事宜及时通知有关方,如员工、社团成员、客户和供应商。

　　＊ 必须将公司计划、指令和目标告诉员工。

　　＊ 必须鼓励、培育和建立一个稳定的双向沟通渠道。

　　＊ 必须就有关重要事件的信息及时向员工沟通。

　　＊ 划拨足够的资金和工作时间实施公司沟通政策。

　　除了上述公司总体沟通规划的政策外,还应制定具体的细则来规范具体沟通活动,如面谈、开会和组织出版物等。

　　同时,还要注意:一方面,公司需要下行沟通来传递信息;另一方面,不是所有的信息都可以向下传达的。有些是有关公司战略发展的机密,有些信息传达的时机还未成熟,没有到可以公开的程度。然而,这并不足以说明管理人员可以有理由采取不闻不问的态度。即使在这种情形下,公司管理层必须表示出对员工关注信息的理解,同时对员工以诚相待。不诚实或操纵信息都可能冲击员工的忠诚度。事实上,当管理人员还迟疑不肯就某件事实发表公开信息时,被歪曲的事实早已顺着"葡萄藤"散布到公司各个角落。

◆ "精兵简政",减少沟通环节

　　复杂的系统和庞大的机构是公司为了对付规模的扩大做出的自然反应。然而优秀的公司却力求用简单的机构和精炼的系统来回应扩张发展的策略。许多公司通过分权来抑制公司管理队伍的扩充,减少整个管理的中间层次。它们建立临时的项目小组或产品小组来控制组织结构的复杂化。一般的美国公司在首席执行官和生产线的监督之间有 15 层的中间管理人员,而日本的丰田公司只有 5 层。因此,改善组织沟通效果的最有力的做法是"精兵简政",用简单的结构和精炼的系统来保证沟通的顺利进行。

◆ "去繁从简",减轻沟通任务

　　管理人员需要有效控制信息流。管理控制信息流能够极大地提高沟通的效率,可以采用以下方法。

　　＊ 例外原则。当命令、计划和政策执行中出现偏差时,才进行沟通。

　　＊ 排队原则。管理人员应该按轻重缓急来处理信息沟通。对于不很重要的会议、约见、信件、电话和报告都可以滞后或改期。

　　＊ 关键时间原则。管理人员应该在恰当的时间向员工传递信息。比如,不要在 3 个月前向员工通知一个会议,这样会让员工觉得会议不很重要,或者员工会容易忘记。

◆ 授权的加盟

　　下行沟通一个致命的缺点是,具有的单向性,由上及下。而授权为下行沟通带来了双向的可能性。

最近十几年来，随着授权对管理工作的重要性日益突出并越来越为管理者所使用，下行沟通又完成另外一个管理职能——授权。这无疑给有点先天不足的单调下行沟通增加了积极的色彩。授权所能产生的激励作用，缓和了下行沟通冷冰冰的纯粹命令的气氛，极大地改变了沟通的低效状态。

宏碁，作为我国台湾20世纪70年代后期起步的企业，经过20年的发展，创造了1 500亿台币的营业额，一举成为台湾最大的电脑公司。其总裁就很重视沟通和授权的作用。宏碁的员工80％都是刚毕业的大学生，宏碁的总裁不仅高度信任他们，而且对他们大胆放手，进行分级授权。1995年，宏碁推出的大获成功的"渴望"电脑，就是在总裁高度授权的平均年龄只有29岁的青年工程师队伍齐心协力、共同奋斗的情况下取得的。

◆ 言简意赅，提倡简约的沟通

沟通中力求避免含糊其词。除了其他沟通中引起的误解，信息本身会产生歧义。如果沟通的信息本身模糊不清，显然接收者无法理解并记住信息。为了做到这一点，管理人员可以采用简单、直接的措词。记住使用与对方理解层次相符的措词，而非从自己层次出发进行沟通。

◆ 启用反馈

可以肯定的是，让下行沟通真正发挥作用的办法不是关闭这条渠道，而是开掘上行沟通的通路——鼓励接收者对信息进行评价，这就是反馈。从理论上讲，采用下行沟通时管理人员并不打算让员工对信息进行评价，这种沟通形式本身也没有创造反馈发生的条件。然而，如前所述，信息接收者或多或少会做出一定程度一定数量的反馈。这些多通过接收者的面部表情、动作姿态等肢体语言(如听者一脸愕然，听众交头接耳)来表现，可以帮助管理人员判断沟通信息效果的可行依据，在信息没有被错误地执行前及时发现问题并采取补救措施，从一开始就保证了执行工作的成功实施。

其实，管理人员应该尽可能采用面对面沟通的介质。面对面沟通相对书面沟通在很多方面都表现出优势，尤其在获得反馈方面。

◆ 多介质组合

减少下行沟通的信息接收和理解上的丢失或屏蔽，增强下行沟通的效率，最主要和最简单易行的方法是采用多种沟通介质和重复。换而言之，是通过采用多种沟通介质，达到冗余和重复的目的，来提高沟通的效率，增强沟通的效果。比如，书面请求之后采用备忘录跟进，或者报告之后采用电话跟进。甚至在一个沟通的信息里面，也可以结合多种方式进行沟通。比如在与一些人员进行沟通时，经理可以在开场白里就陈述主要观点，然后举例说明其主要观点，最后在结论中重复观点。

◆ "脑力激荡型会议"与"程序型会议"相结合

脑力激荡型的会议的目的主要是集思广益,激荡大家的脑力,迸射智慧的火花,来寻求最佳的解决之道。英特尔公司经常举办脑力激荡的会议,与会者不分职位等级,畅所欲言,针对观点、方法,直言不讳,提出质疑,最后得到最佳的解决问题的方案。

◆ 减少抵触、怨恨的沟通五法则

在下行沟通中,最令管理者头痛的沟通莫过于向下属传递负面的信息,或者与员工沟通一些他们不希望接纳的信息。比如手下的员工工作上出现差错,按照规章制度必须给以明确批评,即指出下属行为中不当的表现,甚至有时候是训诫下属,以杜绝此类现象。又或者是公司出现经济危机,某些岗位的薪金面临着下调的情况,管理者必须向他的下属传递这个信息。在进行此类信息沟通时,容易出现的情况是员工产生抵触情绪,或者严重的后果是,员工对管理者产生怨恨。而且,在接收对个人有威胁或与个人既有信息不符的信息时,信息接收者往往会扭曲信息,甚至努力忘记信息。那么,管理者应该怎么办呢?首先,管理人员应该正面处理诸如否定、反对等负面意义上的意见。其次,选择的沟通时间和介质很重要,同时沟通的措词也要经过慎重考虑。太过含蓄,尽管可能避免冲突,但或许起不到警戒作用;太过直接,当然可以引起对方的注意,但可能制造出不必要的矛盾和抵触情绪。

具体来讲,如何减少抵触,降低怨恨,同时又准确地传递了信息呢?不妨按照下面的策略进行。

→ 首先掌握事实。在与员工正面交谈之前,要尽可能多地了解事实情况,越具体越准确越有利于面谈。道听途说是十分危险,而且是不明智的。

→ 了解当事人的想法。让你的员工有时间和机会仔细说明当时的经过是十分有益的。借此可以缓和气氛,或可以了解当事人对问题的自我看法,以及他对问题的自我意识的深浅。

→ 私下处罚员工。当众批评、指正或训斥员工是让人难以接受的。此类沟通应选择私下场合比较好,但切不可滞后。不要在员工已将此事遗忘之后再提及。

→ 不要对人进行攻击。对员工进行批评时,应尽量就事论事,而不要涉及人的个性。说明你对他的行为改变的具体期待。如果你不注意措词而因此伤及员工自尊心,则为以后的有效沟通设置了障碍,埋下了隐患。

→ 不要意气用事。人们怒不可遏时,很少能保持理智、公正和客观。因此,在正面接触员工之前,一定要头脑冷静,心平气和。当然,如果员工处于发怒状态之时,马上进行批评训斥也是不合适的。

上行沟通的策略

上行沟通的策略主要包括以下三个方面。

◆ 建立信任

从组织行为学角度看,连接员工和管理人员的是权力和责任,而从沟通的角度看,维系员工和管理人员的是信任。然而,在中国现阶段,出现了信任危机。一方面,这与社会的大环境有关,企业与企业间,企业与银行间,都相对缺乏信任;另一方面,与内部的企业文化和价值取向有关。

从本质上看,信任是主体对客体未来采取行动的能力的正面预期。换而言之,如果上级对下属充满信任,将表现为他对下属下一步采取的行动有把握。然而信任是双向的,信任不会从天而降。管理者必须投入时间、资源建立信任。

◆ 采用走动管理,鼓励非正式的上行沟通

前面已经谈到,当沟通不沿着图 8.1 中所设的路线轨道进行,而是随机发生时,就会出现非正式沟通。非正式沟通当然也会有上下级之间和同级之间的沟通两种情况,但管理中很少注重非正式沟通的方向,而是关注非正式沟通的形式和作用。传统的观点认为,员工因教育背景、兴趣爱好、信仰、价值观等方面的相似性,会结成工作关系之外的个人关系,然后因此衍生许多的非正式沟通的形式。这种非工作关系的个人关系会给工作带来负面的影响,但也会给工作创造有利的条件。关键是要充分利用这些私人关系,同时尽量培养依附工作关系的私人关系,其对策是采用迂回办法,使员工能感受到企业宽松的氛围。非正式沟通采用的形式多为社交性活动的形式,如一起喝茶、进餐、参加晚会、郊游、进行文体活动等。显然,与正式沟通相比,来自信息接收方的障碍要低得多,其最大的作用是沟通效果非常好。

另外,管理工作需要关于本组织实际运行状态的信息。从不离开办公室一步,又依赖正式沟通渠道的管理人员可能只收到使下属显得有利的信息。为了克服这一孤立状态,管理人员需要以非正式沟通弥补正式沟通之不足。

试问管理者永远不离开自己的办公室,如何获得关于员工和工作的真正信息?又如何在第一时间获得企业经营的动态信息?又如何赢得员工对自己的信任?使上行沟通有效的第一步是,走出办公室,深入员工的工作场所,减少与员工的物理距离,从而减少心理差距感。因此,管理人员需要偶尔踱出办公室,去员工工作的场景察访员工的工作状况。

在彼得斯和沃特曼对经营卓越的公司的研究中,指出了美国航空公司的管理人员已实行所谓的"走动管理"。在惠普公司中实行相似的做法,称为"巡回管理"。这种做法的目的是要通过漫步整个车间来改进非正式沟通渠道。然而,《财富》杂志对 500 家企业的首席执行官所做的调查表明:低层次的员工同首席执行官相处的时间少得可怜。亨利·明茨伯格教授以前曾研究管理人员的活动，他对其研究的结果所做的解释是，情况表明走动管理在那些大公司中并不怎么流行，管理人员花了许多时间与同组织层次的人员待在一起。

走动管理相比其他正式沟通渠道更加有利于公司文化的建设，有利于传达公司的价值观。各个阶层的管理人员都积极行动，通过经常四处走走，经常出现在员工的工作场所，这样自然会建立比较融洽的氛围，提高员工对管理人员的信任度，最终帮助员工更好地完成工作。

走动管理鼓励根据企业经营管理的特点采用任何时间、任何形式的非正式沟通途径。下面是一些开拓非正式沟通的有效途径。

→ 共同进餐。很多公司有自己的食堂或餐厅。这就为管理者走近员工提供了一个好途径。许多国际知名公司的总裁或执行官员，总是定期去公司餐厅用餐，随意与任何一个员工或经理、秘书坐在一起，进行聊天式谈话。其实，很久以来，老板们去全球各地的分部视察，都要安排与部门经理和其他管理人员共进午餐或晚餐。将这种传统引入本地区、本部门的管理对提高公司整体沟通效果有着积极的作用。

→ 四下走动。除了固定的用餐时间外，管理者还能否增加与员工的接触呢？另一个好主意是，有时不通过秘书而是自己将备忘录或文件交给下属，许多员工可以乘此机会和总裁谈及一些潜在问题或想法。美国科浦公司的总裁拜洛姆，会选择乘公司的电梯，而不是专用电梯。这样，员工就有机会在电梯里与他交谈。

→ 深入工地。真正与员工打成一片的方法是深入工地。如果总裁或总经理经常不期而至出现在生产工地上，有时甚至是晚班或周末时间的工地上，可以现场解决一些问题。有时赶上员工遇到难题，不能通过正式渠道解决，有时赶上员工有个好主意，而苦于不知道向谁汇报这个想法。通过深入工地这种形式，管理者可以获得许多员工临时想起，事后忘记提呈的好的建议和想法，以及其他员工不愿意花费气力通过正式渠道去提交的意见。

IT业界的微软公司的成功，似乎向人们昭示着知识经济时代的全新的竞技规则，但贴近了看微软公司的文化和管理，仍然可以感受到企业文化在企业成功中扮演的举足轻重的角色。比尔·盖茨虽然是技术派出身的管理者，但却深谙管理之道。他极力推崇非正式场合下的沟通和知识交流。微软的"蓝色托盘活动"成为公司保持技术创新的源泉。在每日一次的午餐中，经理或程序员们会自主地聚在一起，一边用蓝色的餐具用餐，一边交流有关某一项目、某一技术的观点和看法，沟通信息，共享发现，互相启发，共同进步。

我们还可以看另一个 IT 业界的例子。在英特尔公司的工程师队伍中华裔占有相当大的比例,为留住这些人才,并进一步激发他们的创造力与热情,英特尔几次借助当地或其他城市的中国餐馆举办华裔工程师恳谈会,并从1984 年开始,年年举办"与中国人同度春节"的新年祝酒会,公司总裁等高级领导人员亲自参与,极大地改善了公司的文化氛围。

其实,这只是不胜枚举的非正式沟通的一种。每个公司的行业、结构特点,可以为公司提供许许多多的非正式沟通的机会。下面是常见的具有代表性的三种。

  ＊ 休息时娱乐的活动。

  ＊ 每日共同的时间安排,如午餐时间、上午茶、下午茶时间。

  ＊ 每年重大的节假日时间,娱乐活动。

◆ 改革管理体制,让员工参与进来

管理者可以致力于通过"走出去"方式去拉近与员工的距离,但真正改善上行沟通的革命性措施是"请进来"的方式。下面的案例就是极好的佐证。

1998 年,中国平安保险公司(以下简称平安公司)在变革方面有一个大手笔——聘请麦肯锡为之作企业诊断。麦肯锡是当今世界上最负盛名的全球性管理咨询公司,平安公司与之深入合作的咨询项目包括:发展平安寿险使之成为国际一流的寿险公司,加强投资管理功能以追求快速增长,以及全面提升平安集团人力资源管理效能三个方面。

"总经理接待日"是深圳平安人寿保险公司的一项制度化管理,总经理室四位成员每人轮流一周,用一个下午的时间直接面对一线员工和客户,听他们反映问题,根据谈话记录,建立反馈跟踪表,该落实的落实,该调查的调查,并公布反馈结果。

在总经理接待日中经常发生激烈的争论,而深圳平安人寿保险公司的管理者认为,碰撞对于一个充满活力的企业来说,是必要的。多角度的碰撞可以暴露淤积的问题、症结,明白分歧所在,从而产生整体合力。平安公司总经理认为,要倡导一种透明的管理,只有透明,才会看到问题,低效、推诿、失职等问题才会暴露出来,才会得以遏制。

平安公司一直很注重收集合理化建议。公司认为人的能量如同光能。分散的光芒只能像普通灯泡那样用作一般照明。但是同样的一股能量如果像激光束那样对准同一个方向,就可以穿越任何障碍。当企业组织中所有人员共同考虑他们的未来的时候,便可以形成这种聚光效应。企业组织可以在某种程度上设法聚集员工的创造力。

针对公司当年的实际情况,公司要求全体员工总结不足,对落后的思想、过时的制度、陈旧的管理和不合理的结构提交"合理化建议书",为公司的发展进有益之言。

这次合理化建议征集活动得到了员工的热烈响应,前后收到合理化建议书60余份。有人运用"20:80法则",指出保险公司应特别注重绩优业务员的留存问题、绩优业务员进一步成长的问题、绩优业务员对公司业务同仁的影响问题,给管理者提供了一个新思路。

许多员工提出品牌维护观点,建议加强公司整体行为,在树立公司形象、宣传公司产品等方面做了大量工作。

一位员工在建议书中这么写道:"创业难,守业更难。"将此理念应用于保险营销,即为"开发客户难,稳定客户更难"。员工继而就如何提高业务员的售后服务意识,加强公司的售后服务投入与力度提交了企划方案。

公司随即召开合理化建议报告会,让部分优秀建议书提交者做了一次精彩的现场报告,并就建议的实施进行讨论。报告会的结果在公司公布。很快,一些操作简单,但对公司管理确实有好处的建议得到了落实。

小　　结

本章从组织沟通的重头戏——纵向沟通方面,对组织沟通进行了深入的讨论。首先,介绍了纵向沟通中下行沟通的作用和主要形式,分析了下行沟通的问题和存在的障碍,并进一步提出了有效下行沟通的策略。其次,介绍了上行沟通的作用和主要形式,有针对性地分析了上行沟通中存在的问题,最后,给出了有效上行沟通的策略。

讨 论 题

▷ 何谓下行沟通? 下行沟通的作用是什么?

▷ 下行沟通中经常出现的问题是什么?

▷ 下行沟通中存在怎样的障碍?

▷ 如何提高下行沟通的效果?

▷ 何谓上行沟通? 上行沟通的作用是什么?

▷ 上行沟通中经常出现的问题和障碍是什么?

▷ 如何提高上行沟通的效果?

技能训练

诊断管理沟通现状

目标：你是一名出色的管理人员，你知道成功的管理离不开有效的沟通。提高你的沟通能力的第一步是了解你目前的沟通能力水平。

步骤一：想一想你曾经历过的一次工作情境。

步骤二：完成以下有关那次工作情境的问题。

1. 我认为我与下属的沟通：

7 6 5 4 3 2 1

增加了我的可信度和权威性。	降低了我的可信度和权威性。
很准确。	不准确。
很清楚。	不清楚。
回答了而不是产生了更多的问题。	产生了而不是回答了更多的问题。
很有效。	无效。
有结果的。	没有结果的。
达到了我预期的效果。	没有达到预期效果。
显示我是有能力的。	证明我能力不足。
令人印象深刻。	给人印象不深。
为我树立了正面形象。	为我树立了负面形象。
很好。	不好。
很熟练。	很不熟练。
很放松。	很不放松。
能自我激励。	没有自我激励。
没让我陷入窘迫。	使我感到窘迫。

总 分：

2. 我认为我与上司的沟通：

7 6 5 4 3 2 1

增加了我的可信度和权威性。	降低了我的可信度和权威性。
很准确。	不准确。
很清楚。	不清楚。
回答了而不是产生了更多的问题。	产生了而不是回答了更多的问题。
很有效。	无效。
有结果的。	没有结果的。

达到了我预期的效果。	没有达到预期效果。
显示我是有能力的。	证明我能力不足。
令人印象深刻。	给人印象不深。
为我树立了正面形象。	为我树立了负面形象。
很好。	不好。
很熟练。	很不熟练。
很放松。	很不放松。
能自我激励。	没有自我激励。
没让我陷入窘迫。	使我感到窘迫。

总　　分：

3. 我认为我与同级的沟通：

7 6 5 4 3 2 1

增加了我的可信度和权威性。	降低了我的可信度和权威性。
很准确。	不准确。
很清楚。	不清楚。
回答了而不是产生了更多的问题。	产生了而不是回答了更多的问题。
很有效。	无效。
有结果的。	没有结果的。
达到了我预期的效果。	没有达到预期效果。
显示我是有能力的。	证明我能力不足。
令人印象深刻。	给人印象不深。
为我树立了正面形象。	为我树立了负面形象。
很好。	不好。
很熟练。	很不熟练。
很放松。	很不放松。
能自我激励。	没有自我激励。
没让我陷入窘迫。	使我感到窘迫。

总　　分：

步骤三：把你分配给三个问题的分数相加，得到总分。如果总分介于15～36分之间，说明你是个非常无效的沟通者；如果总分介于37～58分之间，说明你是个无效的沟通者；如果你的分数介于59～80分之间，说明你是个有效的沟通者；如果你的分数等于或超过81分，说明你是个十分有效的沟通者。

步骤四：讨论。在教师的指导下，分小组进行讨论并回答以下问题。

1. 你最有效的沟通方式是什么？什么又是你最力不从心的沟通方式？

2. 作为一个沟通者，你的优势和不足是什么？

3. 怎样扬长补短，提高你的沟通技巧？

第八章　组织中的纵向沟通

案例分析

2020年4月,南京春意盎然,但光阳彩电公司人事部经理欧阳彬在办公室里却面若寒霜。作为人事部经理,他不得不对近来大量的大学生辞职一事负责。这些大学生是他2019年刚招聘来的,在不到1年的时间内,150人之中已有84人离开了公司,理由是公司没有给他们提供合适的舞台。此外,他的桌上还有4封未批的辞职信。同时,生产制造部门提出,新项目未能如期完成完全是人事部办事不力造成的,人事部应承担全部责任。总经理王平对此事非常恼火,决定次日召开公司临时会议,并要求欧阳彬对此事做出解释,给出处理方案。

新项目简介

光阳彩电公司经市政府扶持,由最早的集体组织转制为公司制企业,虽然公司名称变了,但管理体系、科技创新机制、市场运营方式等并未发生实质性的变化,公司一直徘徊在微利的边缘,并且经营状况有不断恶化的趋势。

数年前,四川长虹公司异军突起,首先打响了彩电业的价格战,烽火遍及中国各地市场。康佳、TCL等公司也迅速崛起,改变了中国彩电生产企业旧的排序和竞争模式。欧阳彬所在的企业从此元气大伤,技术、规模、管理等方面已远远落后于同行业其他企业,甚至濒临破产。危难之际,上级行政主管部门调派以严格管理著称的王平担任公司总经理。王平走马上任半年后,通过关系争取到了与日本公司合资生产大屏幕高清晰度彩电的项目,公司上下都为之振奋,公司的产品和技术终于有了质的转变,各级管理层对王平言听计从,工作效率也有了较大的提高。虽然王平做事非常果断,但他很少与下属共同商讨公司事务,做事比较独断专行,因此,他与下属之间也会产生一些矛盾。

人员招聘

在新项目尚处于启动阶段时,欧阳彬便向总经理王平汇报:"企业当前拥有的人力资源不能满足新项目在工艺技术、设备安装调试等方面的要求,当务之急是面向社会,尤其是同行业其他企业招聘相当数量的熟练工。"但是,王平断然否定了该方案。他认为,应届大学生头脑灵活、容易管理,而且多招大学生还可以提高企业的知名度。因此,他命令欧阳彬全部招收应届大学生。他还提出,今后公司的项目还有不少,大学生多多益善,并把招聘指标初步确定为150人。虽然欧阳彬曾委婉地提出,根据新项目的编制,不可能一下子安排这么多大学生,但王平并未理会欧阳彬的提议,依然坚持己见,并严肃地告诫欧阳彬:"企业的高效率来自下属对按照上级部署的严格执行,不应该把太多的时间花在讨论商议上。"

于是,欧阳彬遵照总经理王平的命令,招聘了150名相关专业的应届大学生。为此,欧阳彬和其他人事部员工花费了不少精力。他们先是在本地举行招聘会,但应聘者寥寥无几,反应平淡。无奈,人事部兵分几路,急赴外地参加多个应届大学生招聘会,经过1个多月的努力,收集了200多个有意来公司工作的大学生的资料。但是在其后的面试通知书发放过程中,许多大学生已经另有选择,也有些人在了解了公司的薪资、待遇等方面的情况后,表示放弃应聘,如此一来,最后留在公司的新员工仅剩100人左右。

欧阳彬认为,新招聘的这些员工应该可以满足新项目的需要,但是总经理王平得知此消息后并没有了解具体情况,而是严厉地指责他办事不力,没有严格按照上级的指示办事,还在有关会议上公开批评了他。无奈,欧阳彬只得匆匆忙忙地又招聘了一些专业不对口、素质也不怎么好的大学生,好歹凑足了数。

人员外流

新项目进入设备安装、工艺调试程序后,如欧阳彬所预料的那样,仅有近40名大学生被分配到各种新工作岗位上,绝大多数大学生并未参加新项目的建设、生产,而是被分配到了旧的生产线上从事体力劳动。这些冲着新项目来的大学生情绪十分激动,认为公司欺骗了他们,于是迟到、旷工、怠工等现象开始出现。一些车间领导对这些大学生也十分反感,纷纷向欧阳彬抱怨这些大学生好高骛远、不安心本职工作、对领导指手画脚等。"少发点牢骚,不想干的就走人",这样尖锐的话使矛盾越来越激化。

欧阳彬很快认识到问题的严重性,遂向总经理王平汇报了此事,并提出公司应该在正式场合对管理层与员工之间的矛盾进行沟通、解释。但是,王平否决了欧阳彬的提议,他认为当前新项目的建设迫在眉睫,没有必要为几个大学生的情绪和意见分散大家的注意力。

经过了一段时间的等待后,一些被分配到旧生产线上的大学生向公司递交了辞职报告,甚至那些被分配到新项目岗位上但专业不对口的大学生也提出了辞职。这些大学生曾多次要求到与自己专业对口的岗位上去,但他们的要求不但没有被满足,而且被基层领导批评不专心工作。于是,这些大学生的抵触情绪在不能与上级深入沟通的情况下骤增。

欧阳彬思前想后,终于理清了思路。他决定在会议上明确提出建议:领导与职工之间应加强有效沟通,并且针对大学生辞职一事,领导层应与大学生进行全面正式的恳谈,了解大学生的想法与要求,并尽力满足其合理要求。他还决定,如果自己的建议得不到重视,他将离开公司。

问题

1. 你认为光阳彩电公司的沟通氛围是怎样的?

2. 在人员招聘前,总经理王平是否就有关招聘人员的职位、工作范围等与人事部经理欧阳彬进行了充分的沟通?

3. 基层领导应如何与大学生进行有效的沟通?

4. 大学生应如何与领导沟通自己的想法?

5. 结合案例和实际,谈谈纵向沟通在组织沟通中的作用以及你对纵向沟通策略的认识。

管理沟通教程

第 九 章

组织中的横向沟通

学习目标

- 了解组织沟通中横向沟通的定义
- 熟悉横向沟通的类型、作用和主要形式
- 识别横向沟通的障碍
- 掌握提高横向沟通有效性的对策

2017年3月的第一个周一的早晨,执掌南方通用电子公司第一把交椅的李群,召集公司各个部门的负责人在开一个会议。会议要讨论由研发部的第一组组长顾杰提出的一个新型空调机概念的可行性。与会者包括研发部经理朱哲、市场部经理胡波、生产部经理周俊、人事部经理田静和财务部经理金羚,当然还有顾杰。顾杰早在年初就提出这个新产品动议,但李群需要高层的经理者对这个动议进行充分讨论再做决策。李群的秘书安排了三次,这个会议最后才得以召开。

会议的第一个发言人理所当然是顾杰。他说:这个新产品概念包含三大优势。其一,我们的这个新产品具有环保功能,现在市场上绿色产品受到消费者的青睐,因此这是第一个优势。其二,这个产品能够迎合我国家庭现代住房发展的趋势。据统计表明,越来越多的家庭住上了二房一厅,单套住宅对空调的数量需求上升,却希望减少外机的数量,而我们的新产品正可以满足这一点。其三,我们的产品由于改进了制冷模式,极大地提高了工作效率,降低了工作电耗,这也是我们新的优势。因此,我们建议尽早进行该产品研制,并赶在今年的销售旺季来临之前投产。

听完小顾的介绍后,研发部的经理朱哲做了补充。他说:在技术上,我们的力量雄厚,开发不成问题。我很看好这个产品。甚至,我们可以一边开发一边申请这个专利,提高我们公司的竞争力。

说完,朱哲环顾会议室一遍,期待有人回应。但其他的几个经理互相看着,没人接话。这时,李群发话了:"你们市场部怎么看?"胡波有点担心地说:"这个产品听上去不错。但前年我们向市场投放了两个新产品,发现市场并不看好。我们那两个新产品开发也是技术推动的,而不是市场拉动的。我想,必须真正搞清楚市场对这种产品的需求大不大。因此,在没有进行深入的市场调查之前不能贸然开发。"

"周俊,你有何看法?"李群将目光转向生产部经理。周俊面露难色地说:"我们生产作业线的工人已经在穷于应付去年年底引进的流水线的新技术和新工艺造成的问题和困难,我很怀疑他们是否可以胜任新产品的生产。"

当李群掉头去看财务部的金羚时,她马上接过话:"老板,问题是我们的预算中没有这个新产品的开发。而且,这两个月来的应收账款的催收情况不尽如人意,我还在为这个情况焦虑呢。"

最后一个发言的田静,若有所思地说:"我对技术不在行。但是你看,最近我们收到许多求职信,眼下正值大学生毕业择业的季节,我们正在与各个部门讨论空缺和要求的事。正好,就研发部的空缺的事宜我正要与朱经理碰头商量。朱经理,你看你这两天什么时候有空,我们讨论一下?"

李群面对着种种意见,最后说:"市场部能不能先对新产品做个市场调查,以后我们再作讨论。今天先到这儿吧。"

以后,就这个动议还开过两次会议,但都没有特别进展。最后,不了了之。到了6月,北方的一家公司率先推出这个新概念产品,引爆市场……

你是否熟悉这种情景?这是个典型的组织横向沟通实例。公司里的许多跨部门沟通的会议都是这样,与会者不是叹苦经,就是强调自己的部门利益,全力维护本部门的利益。许多横向沟通的会议不是走走形式,就是浪费时间的互相扯皮。如果你是李群,你会怎样主持部门间的会议?或者采取怎样的沟通形式以使横向沟通更加有效?

作为组织组成部分的部门虽有相对独立的功能和利益驱动,但更应该服从整个组织的功能和利益。为了实现企业最终经营目标,各部门要不断地进行"对话",相互协调,共同合作。横向沟通正是这种为了达到"对话"功能的组织沟通形式。本章为你——一个有抱负的管理者——更好处理与你的同仁的沟通,更好引导高效的部门横向沟通,明确可能的障碍,提供了系统策略和实际可行的方法。

横向沟通的定义

> 组织中沿着组织结构中横线进行的沟通就是横向沟通,包括同一层次上的管理者进行的跨部门沟通和不同部门间不同层次上的管理者和员工之间的斜向沟通。

横向沟通,指图9.1所示结构图中虚线部分的沟通渠道中发生的组织沟通。这是广义上的横向沟通,换句话说,除纵向沟通之外的所有正式的组织沟通都视为横向沟通。多数情况下,横向沟通指的是部门经理间跨部门的沟通。其与纵向沟通的实质性的差别是,在横向沟通中不存在直接的上下级关系。图9.1清楚地对比了纵向沟通与横向沟通的差别,图中所有的实线代表着组织中的直线权力,实线连接的人员进行的沟通必然是纵向沟通——下行沟通或上行沟通;而图中虚线代表共事关系,而不存在直线权力关系,因此,虚线连接的人员间发生的沟通必然是横向沟通。简单地讲,当组织沟通的主体不存在直线权力关系时,其间发生的沟通就是横向沟通。横向沟通不仅代表组织内部沟通的方向差异,更有其独特的性质和形式。

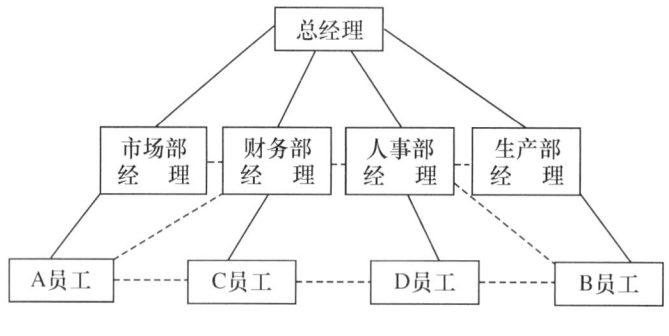

图 9.1　横向沟通示意图

管理沟通教程

横向沟通的功能和作用

　　横向沟通的存在是为了增强部门间的合作,减少部门间的摩擦,并最终实现公司的总体目标,这对公司的整体利益有着重要的作用。从理论上讲,一个组织是一个有机的整体,每个部门都是整个公司大系统中相互影响相互依存的子系统因素,协调每个子系统的关系是为了更好地创造整体效益。组织中各个部门的存在,不是作为一个孤立作战的个体,而是作为一个整体的部分而存在。认识到这一点,也就能清楚各个部门间存在的合作的需要,而且这种需要又缔造出分享信息的需要。横向沟通正是为了满足不同部门间的信息共享而产生的。

　　可不可以不要增加横向沟通,单纯采用纵向沟通来实现不同权力线上的人员之间的沟通?在理论上,是行得通的。采用组织内部的纵向沟通形式来实现部门间的沟通,仍然可以实现不同部门人员之间的沟通。比如,图 9.1 所示某公司组织结构中的市场部门的 A 员工要与生产部门的 B 员工就消费者对新推出产品的功能的反馈进行交流时,如果没有横向沟通,他们的沟通会是这样的:A 员工→市场部经理→总经理→生产部经理→B 员工。而如果 B 员工碰巧还要对此做出反馈的话,那又会牵动相关直线权力上的人员:B 员工→生产部经理→总经理→市场部经理→A 员工。可见,这种凭借纵向沟通的网络来实现不同部门人员的沟通似乎给人"杀鸡用牛刀"的感觉。因此,横向沟通自然担当起内部同一阶层人员沟通的重任。这也可以被看成是人人皆知的"两点之间直线最短"的原理在组织管理沟通中的自然体现。

因此,概括地说,横向沟通具有以下作用。

保证公司总目标的实现

基于劳动分工原理诞生的部门化,便于组织提高劳动生产率,进行有效管理,但部门化势必使员工在追求提高具体实际工作中的效率,力求完成手边眼前的工作中,忽略公司全局整体利益。通过横向沟通增强对其他部门的了解,便于本部门从宏观的层次上认识本职工作,并自觉协同其他相关部门进行操作,最终实现公司总体目标。

弥补纵向沟通造成的不足

不管公司多么致力于建设上、下行沟通渠道,鉴于沟通场合、时间等因素,仍不可避免地造成误解沟通、遗漏信息、不解信息等失败情况。从某种程度上讲,员工间相互传送信息,沟通氛围较纵向沟通轻松,利于员工实现共识。因此,员工横向沟通无疑可以起到相互确认信息,强化纵向沟通信息的作用。

横向沟通的类型和形式

根据沟通涉及的主体是否来自同一部门,可以得到两种类型的横向沟通:同一部门内的横向沟通和不同部门间的横向沟通,而后者又可分为部门管理者间的沟通、部门管理者和其他部门员工之间的沟通以及不同部门员工间的沟通。

根据沟通主体是否来自同一管理阶层,又可以得到两种类型的横向沟通:第一种是指同一层次中成员间的横向沟通,包括部门管理者间的沟通和部门内部员工相互沟通;第二种是指处于不同层次的没有隶属关系的成员之间的交叉沟通。

简单地说,横向沟通包括:部门经理间的沟通;部门内部员工间的沟通;部门经理与其他部门员工间的沟通;某部门员工与另一部门员工间的沟通。

不同类型的横向沟通采用的沟通形式不同。跨部门的横向沟通通常采用以下的沟通形式:会议、备忘录、报告等。其中会议是最经常采用的沟通形式,正如在引导性案例中涉及的会议。这种跨部门会议根据目的不同,可以分为不同性质的会议:决策性的会议、咨询性的会议和通知性的会议。

对于部门内员工的横向沟通,更多地采用面谈、备忘录的形式。由于沟通主体相互熟知,并且有着同样的业务背景的关系,此类沟通效果通常比较理想。而对于部门员工与其他部门的经理或员工的沟通,面谈、信函和备忘录等可能显得更合适。

横向沟通的障碍

正如引导性案例中的描述,横向沟通的现状令人担忧。然而,事实上,当每个部门经理置身于触手可及的四墙之内,就仿佛置身于戒备森严的城堡之中。坚硬冰冷的四壁把组织部门割裂开来,阻断了相互的视线,也对管理人员的理念施加了"障眼法",使彼此看不见沟通的需要。甚至,还会引起龃龉冲突。因此,横向沟通成为组织沟通中最难以控制,效果最不理想的沟通渠道。表面上看来,这种沟通的组织管理压力最小,没有一个部门的人认为有充分的必要去了解其他部门正在发生的事情,然而事实并非如此。

横向沟通多表现为跨部门沟通。部门间沟通的功能是由部门经理或主要负责人履行的。但糟糕的是,几乎每个经理人每天都在抱怨办公桌上堆积如山的文件、批示等着过目,或奔波于若干个会议间,或忙于向上级汇报进展,或向下属布置任务、解答疑难问题。而且,现在这种窘迫的状况并没有因为电子信箱的出现和普及而好转。相反,现代电子通信工具炮制了更大的麻烦。正因为它的快捷,信箱里的邮件以更大的规模向管理人员压过来,高新技术使生成信息、传递信息的速度极大地提高了。

不存在直线权力关系的跨部门的人员之间的沟通是否要理想一点呢?从理论上讲,不存在等级权力关系了,这种沟通应该很好处理。事实是不同部门员工间、部门经理与其他部门的员工的沟通的状况也不理想。正因为没有权力关系的约束,许多沟通的主体不能相互很好配合,采取"事不关己,高高挂起"的态度,沟通不畅的情况时有发生。

而且,现在许多公司将生产部门放在市郊乡村,而将市场营销部置于市中心商业区。而对于跨国公司来讲,这种公司某些部门与其他部门在地理位置上存有空间距离的情况更突出。这样,由于面对面的机会相对少,横向沟通变得更加困难,横向沟通的效果愈加难以控制。

所有这些表象之后隐藏着许多深层次的问题,具体来讲有以下几个方面。

部门"本位主义"和员工短视倾向

工作业绩的评估体系的存在,是造成部门本位主义泛滥,部门员工趋于短视行为的主要原因。对每个部门经理来讲,为获得晋升和嘉奖机会,会不自觉地表现出维护本部门利益,强调本部门业绩,而不是采用"公司、本部门、其他部门"三维立体地看待本部门在整个公司中的地位以及相应的利益。

"一叶障目",对公司组织结构的偏见

有些部门对其他部门产生的先入为主的偏见会影响部门沟通的顺利进行,就好比戴上有色眼镜去看待事物。例如,营销部门认为本部门天生比其他部门重要,这种认为组织部门有贵贱等级之分的成见,显然会降低正常横向沟通的效果。

性格冲突

跨部门间经理的沟通失败、低效、龃龉产生的另一个主要原因是沟通各方性格以及思维习惯的冲突。每个人因为其独特的工作领域、成长经历和生活体验,会形成独特的思维习惯和沟通方式。如果缺乏对沟通对象的特定沟通方式的了解,就会产生沟通失败。

猜疑、威胁和恐惧

缺乏信任的后果,不完全就是猜疑和恐惧。但引发猜疑、威胁和恐惧的原因,一定是缺乏信任,一定是由于过去经历的负面沟通,使人产生猜疑,或让人感觉到威胁。当然,这也与沟通中的主体个人性格有关。

横向沟通的策略

针对横向沟通中出现的问题、存在的障碍,我们可以通过调整沟通的思路来消除深层次的问题。

树立"内部顾客"的理念

"内部顾客"的理念认为工作服务的下一个环节就是本职工作的顾客。要用对待外部顾客、最终顾客的态度、思想和热情去服务于内部顾客。

倾听而不是叙述

在横向交流会谈中,每个部门的参加者最擅长的就是描述本部门的困难和麻烦,同时指责其他部门如何不合拍、不协同,很少花时间倾听。当沟通的各方仅仅关注如何组织发言,去阐述、强调本部门、本岗位中遇到的阻碍和困难时,在别人发言时,他们就不会去倾听。

换位思考

试着采用他人的思维和沟通框架,设身处地替他人着想,并体会他人的看法,会是很有益的。跳出自我的模式,进入他人的心境,未必要同意他人的意见,但能了解他人看待事实和认识事物的方式,这样才能找到合适的沟通方

式,并行之有效。倘若能与他人一起感受、一起思考则会有更大的收益。

除了在思路上要调节和做好准备外,我们还要针对不同的横向沟通采取不同的沟通策略。在进行横向沟通前,不妨参考以下的策略。

选择准确的沟通形式

如前所言,横向沟通会议因为沟通目的不同而有所不同。因此,我们要"对症下药"。对于决策性会议,与会的人数可能倾向于少而精,减少人多带来的意见纷杂的情况,以提高集合面。对于咨询性的会议,如新概念会议,其目的就是集思广益,采用"头脑风暴",应该扩大与会人数和与会人员的背景,以提高覆盖面。对于通知性的会议,就要让所有需要知晓信息的人员都能接收到信息,同时注意反馈,确保沟通接收者准确无误地理解信息。

设立沟通官员,制造直线权力压力

针对横向沟通中经常出现的互相推诿、讨论裹足不前的现象,我们认为必须设立专门部门或官员,承担召集和协调部门或员工间的沟通功能。这尤其适合跨部门性质的沟通的需求。这种联络官员负责定期召开部门间沟通的会议,或要求各部门的人员定期相互提交报告,从而让不同部门里的人员了解各自正在进行的活动,并鼓励提出有建设性的建议。

在日本企业的管理工作中非常有意思的是管理工作很注重不同部门人员的接触和沟通。每个工人定期参加某个小组,讨论与工作相关的事宜。这种小组是跨部门性质的,小组会议召开的目的主要是为了增强员工间的沟通,而非解决问题或制订计划。在会议上,一个员工可能会谈及他所在部门正在研制的新产品,另一个员工可能会谈及他的本职工作,而另一个员工可能会讲述他们部门正在采用的新计划表。这种性质的会议无疑可以帮助员工拓展其对工作的认知角度,给他们带来更多本职工作以外但同时与工作相关的知识,其结果是将组织有机地结合成一个整体。

小　结

本章讨论了组织沟通中的横向沟通。从某种意义上讲,横向沟通主要是指跨部门沟通。其作用主要是促成公司总体目标的实现,同时还可以弥补纵向沟通的不足,提高沟通的效率。然而横向沟通的现状也是不容乐观的,存在很多的障碍,如"本位主义""一叶障目"、性格冲突、猜疑等。本章最后给出解决这些问题、扫除这些障碍的对策。首先要更正观念,树立"内部顾客"的观点,学会换位思考,并用公司的整体目标来统一部门间的冲突和分歧。其次要掌握一些横向沟通策略,以提高沟通效果。

讨 论 题

▷ 何谓横向沟通?
▷ 横向沟通与纵向沟通的本质区别是什么?
▷ 横向沟通的主要作用是什么?
▷ 横向沟通有哪些主要的形式?
▷ 横向沟通中存在哪些障碍?
▷ 如何提高横向沟通的效果?

绩效评估面谈演练

准备活动:

准备以下材料。

1. 背景简介。

2. 张敏和李刚的评估表。

3. 观察者须知。

布置会谈场所:室内居中摆一张桌子,作为上司的办公桌,桌两边摆两张椅子,椅子位置要适合下属和上司交谈,同时方便观察者观看。

步骤一:

1. 从班级学员中选出两人,一个扮演上司,另一个扮演下属。

2. 其他的学员观察。

3. 每个参与者仔细阅读背景介绍。

4. 扮演上司的参与者须仔细阅读张敏的角色介绍,扮演下属的学员须仔细阅读李刚的角色介绍。两位在扮演过程中不要看相关的材料。

5. 观察者阅读观察者须知。

步骤二:

1. 两位学员准备好后,张敏进入办公室,在办公桌前坐定。稍后,李刚进来。表演开始。

2. 完成会谈的时间不定,通常设定 20～30 分钟。表演要求至会谈结束。

若出现激烈争吵,或毫无进展,也可中止。

步骤三:

讨论。分小组或整个班级,回答并讨论以下问题:

1. 简要总结会谈。

2. 描述张敏和李刚对相互的看法和认识。这些对会谈有什么影响?

3. 评价整个会谈过程的沟通情形。

4. 他们对相互的看法和认识正确吗?

5. 出现了什么歪曲的信息?

6. 有可能避免让这样的会谈出现角色扮演中的问题吗? 如何做?

背景简介:

张敏是威龙童车公司的工程部电子科科长。工程部的职责是产品设计、制图、产品成本预算、设定产品标准、生产现场检查和产品生产跟踪。张敏负责 8 名一线主管,他们的职责包括技术和管理两方面。

公司政策要求各科室的科长每年对手下的主管进行评估会谈。会谈目的有三:① 评估主管 1 年来的工作业绩;② 对主管表现突出的地方给予嘉许和认可;③ 指出主管工作中不足之处,并希望在今后工作中提高。

今天,张敏将与其指导的主管之一李刚进行评估会谈。

李刚,电子工程专业大学本科毕业后分到此公司工作,已经工作了 5 年。李刚担任主管一职已经有两年。除了负责部分技术问题之外,他还指导 7 名部下工作,1 名初级设计员和 6 名制图员。由于负责的技术问题对专业有很高的要求,他的工资很高。他已成家,并育有一子。

案例分析

2017 年 8 月 5 日下午,正值上海瑞鑫半导体制造有限公司每月一次的公司领导与员工交流会议。王凌飞总裁这时的表情显得十分严肃,他没有想到今天的交流会火药味这么浓,会场的秩序已有些混乱,只听到大家你一言我一语地议论着。王总站了起来,说道:"大家静一静,这件事我知道了,我看既然奖金已经发了就算了吧。如果大家有什么意见我负责!"紧接着人力资源部高经理便宣布此次会议到此结束,员工们带着不平的表情离开了会场。

公司背景

上海瑞鑫半导体制造有限公司前身是 1990 年成立的一家中外合资企业。当时,外方投资 7 000 万美元占总资产的 52%,中方则以土地、厂房、银行贷款作为资本。公司由外资公司派员管理。公司全部管理流程、运行方式及组织结构全盘拷贝该跨国公司的一家全资子公司的模式。产品是 5 英寸、6 英寸芯片，主要面向国际市场，是上海创汇百强企业。

上海瑞鑫半导体制造有限公司位于上海市南部。从创立伊始，公司就致力于为半导体公司提供专业的芯片制造服务，当前半导体集成电路已面临更细的分工，而新建芯片加工厂成本也直线上升。为了满足全球半导体日益增长的需求，上海瑞鑫半导体制造有限公司已逐渐成为半导体加工服务的主要生产厂。

公司的技术力量

上海瑞鑫半导体制造有限公司是中国大陆首屈一指的芯片制造公司，拥有 5 英寸和 6 英寸生产线各一条，可年产 40 万片高质量芯片。该公司与加拿大北方电讯、美国国家半导体等多家跨国公司签订了长期技术转让协议，以确保制造优质的产品。

5 英寸生产线净化度为 10 级，工艺能力为线宽 1.5 微米的双极型硅片生产线，生产手机、监视器、电视专用集成电路及其他众多通用路。6 英寸线净化度为 1 级，工艺能力为线宽 0.6 微米的 CNOS 生产线。主要产品为智能卡、存储器等高技术含量电路。半导体制造是一种十分复杂和精密的过程。要确保产品的高合格率，必须对在制产品和设备工作状态进行严格有效的管理。公司安装了生产控制系统，利用该系统，可监控和分析工艺全过程，并为工程师、操作人员及管理人员提供良好的技术、工艺信息交流平台。

公司的组织结构

公司有员工近 500 名，其中中层管理人员近 30 名，工程师 150 名，操作工 150 名，基层管理人员近 60 名。公司组织结构呈扁平化，在董事会下设总裁负责制，公司平行设置有生产部、财务部、人力资源部、物料部等。

（1）生产部

因为公司是一家以芯片制造加工为主的企业，故生产部有近 140 名各类工程师及全部操作工。其中工程师分为若干组，如工艺集成组、高温工艺组、光刻工艺组以及计算中心等。而工艺集成组是最重要的一个工程师组，该组负责所有产品的生产技术监控和客户交流，并负担全部的新产品项目的开发。

（2）财务部

公司财务部的主要功能与一般公司没有差异，但其还管辖着一个信息中心，主要负责公司内部技术与通信网络及厂级信息管理系统（MIS）的维护和服务。

（3）人力资源部

该部门主要负责人力资源管理、培训等，同时还负责工资、奖金额度编制。

公司在社会上的公众形象

上海瑞鑫半导体制造有限公司已先后通过了 ISO 9002，QS 9000 及 ISO 14000 等质量、环保管理体系的认证。公司已连续 3 年盈利，在同行业中已享有一定的商誉。可以说,上海瑞鑫半导体制造有限公司是一家按现代企业管理模式运作的具有良好企业文化并富有生机的高技术公司。

公司总裁

公司创办至今,已先后有 4 位总裁,前 3 位都是荷兰人,性格温和,较绅士化,在公司管理中全面推行现代企业管理模式,为公司发展奠定了良好的基础。但由于语言、文化的差异,势必造成总裁与一般员工的沟通障碍。

现任王凌飞总裁是一个华裔美国人,在半导体制造领域已摸爬滚打近 40 年,先后在几家国际著名的半导体跨国公司任职。王总虽然是全面负责公司的经营运行,但他主要致力于开拓客户,制定公司战略。因为国际半导体芯片市场的特殊性需要公司培养与一些大的跨国公司的长期合作关系,而这些客户全是国外客户,现任总裁在语言、文化背景、专业知识方面很容易与客户交流沟通。所以,王总上任伊始就取得了骄人的业绩。另外,公司的内部管理,除了主要高级职员任命外,主要由中方的高级职员管理,包括人事和工资、奖金发放等。

王凌飞总裁性格较为随和,乐于与公司员工进行广泛的交流。他在公司首创了每月一次的交流会,交流公司经营状况。同时,也鼓励员工提出问题及建议,以期能够及时把握员工心态。

问题的产生

2017 年 8 月 5 上午,在生产部每月的例会上,却不见负责生产的副总裁兼生产部经理刘键参加。而往常,该会议都是由刘副总裁亲自主持并听取生产汇报。那天会上有人传闻说,副总裁临时参加一个有关奖金发放的会议(据说,以前公司的中方高级职员已讨论多次,但依然分歧很大)。

据消息灵通人士说,这次奖金是一个尚不为众人所知的项目奖,众人得悉立即哗然。公司的内部运行主要由几个副总裁及二级经理进行管理。总裁一般不过多干涉,只是听取各部门的汇报。他很信任自己的部下,相信他们会按规章制度办事。例如,员工的奖金发放。在年初,公司管理委员会提出年度月奖基数,并确定新产品的项目奖(并非所有项目都有奖金),同时张榜公布。而这次却发生了一些意外的事情。上午的生产会议结束后,生产部各工程师组及其他一线人员纷纷议论那个不为众人所知的"项目奖"。

在工艺集成组办公室,一位姓李的年轻工程师说:听财务部的人说,这个项目是他们信息中心企业资源计划(ERP)的项目,并不是年初公司管委会确定并公布的有奖金的项目!"可不是嘛!听说项目还没结束,只完成了第一阶段,他们财务部已经开始论功行赏了,自己给自己发奖金!"立刻有人接道,"唉!还是他们二线实惠。平常,大家奖金都一样。但我们一线人员若产品质量未能达标就扣奖金,而他们却从未扣过。他们做一点事情,就可以给自己发钱,真没道理!"

"听说这个 ERP 项目还有点问题呢,你们没看见 ERP 供应商正忙得头晕脑涨了吗?"有人说。"谁知道这个项目能不能成功? 不过,他们却已经拿奖金了!"又有人接道,"干脆以后我们负责的新产品项目只要试验通过,也找机会让老板给我们发奖金!"

一时间,大家七嘴八舌议论起来。这件事居然很快在公司内部 E-mail 系统中传播出去。还不过中午,不少员工(特别是一线工程师们)都已知道这一爆炸性新闻。

正巧,当天正是公司总裁所倡导的月度交流会时间,同往常一样,由人力资源部高经理主持。当王凌飞总裁向大家介绍完公司月度经营情况后,轮到员工提问,这时,有一个工程师问道:"总裁先生,听说公司最近有的部门自己给自己发计划外项目奖,不知这是怎么一回事?"

总裁听后,迟疑了一下,说:"你指的是哪一个部门,我有些不清楚。"

"是财务部,项目是公司正引进的 ERP 系统!"工程师回答道。

"噢,随着公司的不断壮大和发展,我们引进的 ERP 系统是很必要的,至于奖金发放之事,我不是很清楚。我请财务部陈经理来说明一下。"王总裁不紧不慢地说着,并把话筒传给财务部陈经理。

陈经理站起身来,说:"这个项目是公司今年一个很重要的项目,因为公司以前的厂级信息管理系统(MIS)已不能满足现在要求,所以公司管委会提请总裁决定上这个项目!"

"那么,这个项目是否是有奖金的项目? 如果是,那么大家是不是都有奖金呢?"一旁的员工立刻接口问道。

"哦,这个嘛,因为财务部这个项目的成员工作很辛苦,我们与人力资源部商量后,由他们定总量,给成员们发了很少一点奖金。"陈经理说得很慢,一字一句斟酌地说。

"但是此项工作主要由供应商完成,公司相关人员只是协助开发。此外,听说不仅仅是该项目的参与者有奖金,财务部所有人都有奖金。那为什么大家却没有呢?"另一位工程师严肃地问道。

大概是很少有机会碰到这样尴尬的局面,久经沙场的陈经理有些气急,脸色也微微泛红,急忙说道:"考虑到……这是因为他们也为这个项目花了不少心思,所以……"

就在这时,坐在第一排听众席的一位资深主管工程师插话了:"你们都在谈什么呢? 什么项目奖? 我们一线工程师整天在净化车间埋头苦干,什么事也不清楚,能不能也让我了解你们说的是怎么回事?"他那茫然的神情和半开玩笑的言语让大家哄堂大笑,会场秩序开始有些乱了。

这时王凌飞总裁插话了:"大家静一静……这件事我知道了,我看既然奖金已经发了就算了吧! 如果大家有什么意见……会后向我反映。"王总想打个圆场,他不愿意看到他的得力下属太难堪,想通过个人威信暂时解决问题。

这时,在一旁的高经理急忙宣布交流会结束,人们带着一肚子怨气与不满离开了会场。

在工艺集成工程师组办公室里,工程师们正在议论上午交流会的情况,大家越说越生气,于是想起可以起草一份意见书,大家一致赞成。很快,一份意见书完成了,内容大致如下:

尊敬的总裁机关委员会成员,我们对财务部私发奖金的行为感到不解和不安。如果说既然奖金已经发了就算了,是解决问题的方法的话,那么,生产一线的人员犯了过错,影响了产量和质量也就不要追究了。既然财务部中与项目无关的其他人员都可以拿奖金,那么财务部以外的其他部门的人员有什么理由不拿奖金呢?此外,这个所谓的项目还没有完全结束,最终结果还未知就发奖金,那么一线众多的新产品研发项目也可以不经客户认证就算结束了……

最后,全体工艺工程师都在意见书上签了字,并很快地交给总裁办公室,同时,还通过厂内网络系统公布了意见书的全部内容,以期大家支持。同时,相邻的几个工程师组也递交了签名的意见书。

公司在平静中过了几天。但有小道消息说,这几天,公司管委会召开了几次会议。会议上,生产部与财务部争吵得很厉害。同时人力资源部也受了众多的攻击,最后王凌飞总裁从公司大局出发,安抚生产部和其他部门,决定:

1. 先将财务部已发的奖金全部收回;
2. 增设一个 EPR 项目奖;
3. 待项目全部成功结束后,公司员工每人再发该项目奖。

果然,一个星期以后,上述内容的公司管委会决定正式公布。除了财务部外,大家都很高兴,并在公司内部 BBS 上发表评论,齐声谴责财务部的“不法”行径,并对人力资源部在此事件中的拙劣表演予以抨击,仿佛是一幅“老鼠过街,人人喊打”的局面。在总裁的办公室里,王凌飞总裁倚靠在宽大的老板椅上,眉目紧锁,脑海里沉思着这样一个问题——在企业管理过程中,该如何解决好管理沟通的问题?

问题

1. 该案例揭示了一个怎样的沟通问题?
2. 这场奖金风波的根源是什么?
3. 作为公司总裁,王凌飞先生的沟通风格是怎样的? 由他提出的解决方案能否引起部门经理们对沟通重要性的思考?
4. 为了避免类似问题发生,上海瑞鑫半导体制造有限公司应该做些什么?
5. 财务部发放奖金只与人力资源部门沟通会引发什么样的问题?
6. 各部门之间的沟通状况如何?
7. 除了部门与部门之间的沟通外,作为一家中外合资公司,该公司还会出现什么样的沟通问题?

第 十 章

团 队 沟 通

学习目标

- 了解团队与群体之间的差别
- 学会判断团队中的不同角色
- 理解高效团队的基本特征
- 了解规范和惯例在团队沟通中的作用
- 掌握团队做出决策的基本类型
- 认识常用的团队决策模式

引导性案例

当上海证券交易所和深圳证券交易所成立的时候,G证券有限公司(以下简称G公司)也于两年之后宣告成立。在以后的6年中,中国的证券市场发展非常迅速,上市公司数量也迅速增加。G公司也经历了一个迅速成长的时期——拥有了70家分支机构,3 000余名雇员,年交易额超过2 000亿元人民币。

为了加强风险管理,G公司采用矩阵组织结构,下设交易部、发行部、金融部和研究与发展部。每个部门又有各自的下属机构。

发行部的职责是帮助国有企业转制,同时使它们能够成为上市公司。发行部的主体业务是操作发行项目。由于G公司成立之后的3年之间利润的30%都是由发行部创造的,所以总公司对它评价很高,并在工作中给予了很大支持。之后由于市场竞争愈演愈烈,发行部面临着严峻的挑战,尤其是近两年发行部的业务明显下降。有鉴于此,发行部做了一项全面调查,试图找到业绩下降的原因。

原先每个发行项目都是由发行部的成员组成的任务小组去完成的。任务完成,工作小组也随即解散。有时因为项目多,一个队员可能被要求同时加盟几个工作小组。各工作小组的中心任务是应客户之邀,确定股票的定价策略及发行价格,据此向客户提出一份研究报告。调查表明,客户对研究报告的质量极其关心。因此,工作小组的研究分析能力对发行项目的成功实施至关重要。

根据以上调查结果,发行部经理建议:在新的一年由研究与发展部委派几名成员加入发行部的工作小组,借此提高研究能力,从而扭转发行部业务逐年下降的趋势。研究与发展部经理对此表示赞同。于是上市公司研究科的5名成员被派到发行部工作。

各类企业中,各种以任务为中心的团队不时应运而生,同时又有大量的团队因任务的完成而解散。高效率的团队在企业经营活动中显示了强大的生命力——它能极大地促进企业的生产经营活动。

另一方面,团队自身要想高效率地运作,在很大程度上有赖于团队内部成员的构成、沟通的有效性、团队领导的管理风格、团队决策类型及方法等诸多因素。

团队沟通的定义

团队，是指按照一定的目的，由两个或两个以上的员工组成的工作小组。这种工作小组内部发生的所有形式的沟通，即为团队沟通。

传统意义上的团队可以指一个组织下属的某个部门。在信息社会到来的今天，它更多地是指以任务为中心的有可能跨职能部门的工作小组，这样的团队可以被叫作"××项目小组""××工程小组""××问题分析小组""××网络工程小组"和"××指导委员会"等。这种团队的人员构成比较灵活，其组建、运行、发展，一直到解体大多都以短期任务为条件，任务完成，团队也就随之而解散。

团队始终是组织内部的一个"任务的接受者""问题的发现者和解决者"和"发明的创造者"。

与传统的团队相比，动态型的团队往往更具活力。譬如，某组织内部由于某个课题的需要，由总工程师领衔组建一个临时的团队来集体攻关，其成员可以来自不同部门，甚至也可以到公司外招聘。项目完成后，团队即解体。这种灵活的组织机制和运行机制可以把最合适的人才召集在一起，以便提高工作效率。

成功团队的特征

成功的、高效率的团队，无论是传统的，还是新型的，都有如下一些特征。

＊ 团队内的所有成员对团队目标都很明确，并能全身心地投入；对团队有强烈的归属感和责任感。

＊ 成员间肝胆相照，荣辱与共。亦即相互沟通畅达，即使有反对意见也能畅所欲言，没有人担心打击报复。

＊ 问题产生时，所有成员都能积极参与，并能贡献全部才智。

＊ 决策时所有成员都能参与，不同意见受到欢迎；一旦实现一致，所有成员都能全力支持。

＊ 团队的人员构成具有灵活性，可根据需要而增减。

＊ 只有当团队的劳动成为社会劳动时才有价值，因此，团队极其重视客户并注重未来。

团队有别于群体

团队有别于"团体"或"群体"。一个团体内的每个成员往往有各自的目标，不像团队成员那样拥有高度一致的目标；个体只是比较被动地接受任务，认为自己只是一个员工，能按时完成工作即可，不像团队队员那样对组织具有强烈的归属感，对任务能竭尽全部智慧。群体内成员之间沟通往往谨小慎微，决策时一般成员亦缺少参与的机会；而团队成员之间的沟通非常畅达，对决策的参与非常充分。

团队沟通的要素

影响团队沟通的主要因素有以下几个。

团队成员的角色分担

每个团队都有若干个成员组成，这些成员在团队成立之后到团队解体之前都扮演着不同的角色。我们按照团队成员扮演的角色对团队工作起到的不同作用，将其分成两大类：积极角色和消极角色。

◆ 积极角色

领导者——能确定团队目标任务并激励下属完成的成员。

创始者——能为团队工作设想出最初方案的队员。其行为包括明确问题，为解决问题提出新思想、新建议。

信息搜寻者——能为团队工作不断澄清事实、证据，提供相关信息的成员。

协调员——能协调团队活动、整合团队成员不同思想或建议并能减轻工作压力、解决团队内分歧的成员。

评估者——分析方案、计划的队员。

激励者——起到保持团队凝聚力作用的队员。

追随者——按计划实施的队员。

旁观者——能以局外人的眼光评判团队工作并给出建设性意见的队员。

◆ 消极角色

绊脚石——固执己见，办事消极的队员。

自我标榜者——总想通过自吹自擂、夸大其词寻求他人认可的队员。

支配者——试图操纵团队，干扰他人工作以便提高自己地位的队员。

逃避者——总是跟他人保持距离，对工作消极应付的队员。

团队中一个队员可能同时扮演着几个角色,也有可能有几个队员扮演着同一个角色。另外各队员所扮演的角色不是一成不变的。譬如,一个团队成立后,队员希望自己的领导是民主型的,能为团队工作提供指导,并鼓励各队员全力参与工作。但该领导可能是属于支配型的,他喜欢独断专行,谁不服从就采取惩罚手段。这样的团队领导同队员的期待相去甚远。在沟通中,经过一段磨合期,两者就会互相适应——领导与队员的角色都会发生相应的变化。

团队内成文或默认的规范、惯例

规范指团队成员所共同遵守的一套行为标准。这套标准可以源自该团队所属的组织,也可以由团队自身发展而来。团队的规模越大,规范可能越复杂。

团队内的行为规范可以明文规定的方式存在,如规定、条例等,也可以心照不宣的方式存在。前者容易被遵守,后者往往被团队新成员所忽略,或在不经意中触犯。

例如,在一次例行的工作午餐中,大家一开始谈论着昨晚的甲级足球联赛,过了一会又聊到与工作相关的一些事情,但并没有直接谈团队正在做的某个项目。后来在谈话的间歇,一位入职不到一星期的新成员突然说:"我真希望天气能好起来,这种鬼天气使得我的孩子老是在家待着。"这样的闲聊似乎没什么不好,但是其他成员听了默不作声,不愿搭腔,甚至有人显得不高兴。这位新成员对此感到很尴尬。后来问起原因时,别人告诉这位新成员:"工作午餐谈论家庭孩子是不合时宜的。"

这个例子表明,不成文的规范容易被触犯,一旦发生这种情况,其他成员就会以不同方式对"犯规者"施加压力,迫使其遵守。在这一方面,团队内的沟通有时就会显得非常微妙。

一般来说,向违规者施压有以下几种方式:给违规者以时间,让其自己改正;以幽默轻松的方式同违规者谈话,以便"提醒"他;适当嘲笑违规行为;严肃劝说违规者遵守团队规范;同违规者讨论此事;孤立或开除违规者等。这些方式可以是递进关系。例如,给了时间,违规者自己还不改正,那就采用第二种幽默的方式;再不行,就嘲弄他……

团队领导者的个人风格

领导者角色在团队中的作用举足轻重。领导者个人的性格特征、管理风格同团队沟通是否有效密切相关。正如前文所述,一个成功的、高效的团队,其内部沟通必然是畅达充分的。所以如果团队领导者是专制型的,或是放任自流型的,那么团队沟通就会低效或无效。前者压制了来自团队成员的新思想、新建议,后者则会使团队沟通显得漫无目的,或很少发生。

团队决策的类型与模式

团队决策的类型

组建团队的目的首先是为了决策分析并解决问题。"工程队""项目组""委员会"等团队便是发挥这种功能的典型例子。有时有些团队是为应付偶然问题而临时组建的,这些团队的成员为了解决某一问题而在一起工作,问题解决,团队也就随之而解散,然后又去做其他项目。

一般来说,团队做出决策有六种方式。

◆ 沉默型

如果团队内有人提出某些想法,不经讨论就被放弃,这种方式就属于得不到响应的沉默型方式。这种沉默表明该团队内的沟通几乎不发生,毫无效率可言。

◆ 权威型

这种情形中,团队成员也可能讨论问题,分享信息,提出想法,但是最后还是领导说了算。这种方式较专制,团队成员可能抱怨团队决策机制不够民主,长此以往,队员可能不再积极参与团队内的沟通。一般认为,这种方式不容易获得创造性的思想。

◆ 少数人联合型

这种方式下,少数人结成一派,尤其是少数人与实力派人物结成联盟。当这些人强烈赞成某一意见,其他人尚未发表看法之前,会有一种错觉发生——似乎团队已经实现一致。事实上,有可能多数人反对这一意见,但是没人愿意打破这种貌似一致的局面。显然,这种方式下做出的决策,也没有经过团队内的充分沟通。

◆ 少数服从多数型

这种模式为众人所熟悉。一个问题提出后,经过讨论,形成一个对策或建议,然后大家投票表决,根据票数来决定采纳或否决。这是一种被广泛采用的团队决策模式。

◆ 一致型

团队成员准备接受某个意见时,即使有人还有保留意见,作为一个整体的团队也还是实现一致意见。一致型方式并不"必然"表示所有成员完全而热情地支持某一意见,只是说明该问题经过了公开讨论,所有不同的观点都被考虑过了。尽管团队成员可能不完全赞同,但是讨论通过的结果尚在可接受的范围之内。

◆ 完全一致型

当所有成员都完全同意或支持某个观点、建议、办法时,就是完全一致型的决策方式。这种情况是很少的,但却是一种理想的方式。

以上六种方式中,最后两种是人们追求的解决之道。尽管这两种方式耗时费力,但会导致顺利高效地执行。前述四种方式中,可能会很快做出决定。但是那些持不同意见者可能会很失落,并且可能丝毫没有支持团队决策的动机。

团队决策的模式

如同"文无定法"一样,团队决策的方法多种多样,甚至在决策过程中变化无常。但是,多年来人们在团队决策中往往采用以下几种模式:议会讨论法、冥想法、头脑风暴法和德尔菲法等。

◆ 议会讨论法

该模式在西方社会的应用十分普遍。它根植于英国议会的相关法律,已有 700 余年的历史。具体做法如下:首先有人以动议的形式就某个建议做陈述,然后由大家辩论、修改、完善,最后投票表决。尽管有众多学者对这种方法的烦琐、低效提出抱怨,但此种方法保障了多数人行动的权利,也保护了少数人争辩、投票的权利。这种程序最适合于议会及各类正式商务会议。甚至有些团队规定任何正式会议都要采用这种议会讨论法的某些程序。

◆ 冥想法

这种方法是基于人们通常解决问题的逻辑顺序而被提出来的。具体做法如下。

* 确定问题的范围;
* 分析与问题相关的数据或信息;
* 提出可能的解决办法;
* 考虑每一种解决方案的利弊;
* 实施最佳方案。

◆ 头脑风暴法

该方法是小型团队产生创意最流行的做法,它最早是由美国人 A. F. 奥斯本于 1957 年提出的。该方法的目的是引发创意。其规则很简单,但要求严格遵守:严禁提出批评、非难;鼓励随心所欲自由想象;提出的想法越多越好;寻求对各种想法进行综合和改进。

头脑风暴法有以下五个方面的特点。

* 根据禁止批评的规则,消除妨碍队员自由想象的各种清规戒律。

＊ 让以往从各自专业的角度参加决策的团队成员站在怀有共同目标的同一立场上提出创意。

＊ 在开会时由主持人增加一些余兴，使会议有一种轻松愉快的气氛，以便有利于队员自由想象。

＊ 鼓励队员把他人的设想加以综合、修正、完善，以便造成敢于打破清规戒律的局面。

＊ 事先让队员了解本法的规则，实施起来不会有难度。

这种实施方法关键在于严禁批评别人，因为这种批评的态度可能会抑制新思想的产生。团队中的每个人都努力参与提出创意，不管这个想法看起来是多么奇怪，甚至愚蠢。禁止批评他人，目的是产生尽可能多的想法，然后通过综合再修改完善。这种决策过程需要有一个协调员来维护上述几条游戏规则。

◆ 德尔菲法

该方法是由兰德公司于 20 世纪 50 年代发明的。这种技法多半用于收集专家意见，它的运用有赖于"监督小组"和"回答问题小组"之间的互动。

该方法有以下三个特点。

＊ 选择合适的人参加回答问题小组。因为该小组要反映专家们或相关领域特定对象的知识和判断力，所以选择什么对象作为小组成员，从而吸取远见卓识，就成为该方法成败的关键因素。

＊ 由监督小组向回答问题小组及时反馈信息。通过各种形式向回答者反馈信息，在回答者的知识和判断力中增加更多的信息并修正意见，就可以得到比较可靠的回答。

＊ 用统计方法来处理问题。通过多次反馈来收集答复，就不会受特定意见的影响，这样就可以归纳出成见较少的意见。

具体步骤如下。

＊ 监督小组就某个问题设计出一套问卷，然后让回答问题小组来回答。回答问题小组的成员可以是某一领域或多个领域的专家，也可以是普通人，成员构成取决于问卷的目的。

＊ 回答问题小组的成员互不联络，他们单独完成问卷，亦即该小组只是个名义上的小组。

＊ 监督小组根据答卷做出小结，然后将数据、资料返回给回答问题小组，同时再给出一份问卷，以便弄清小组内的相同意见及其分歧所在。这一步可能需要重复好多次，当然问卷需要不断修改。

＊ 监督小组最后就问卷结果写出小结，供决策者使用。

有效团队的沟通策略

如果一个团队积极角色甚多，消极角色占很小比例，则该团队还是有效率可言的；如果两类角色比例相差无几，或者消极角色大大超过积极角色，那么这样的团队就无效率可言了。无论是以上哪种情况，团队内的"旁观者"都要及时做出诊断，并根据工作需要调整队员构成——增加积极角色，减少或剔除消极角色。

团队内的规范、惯例对团队来说非常重要，主要是基于以下两个原因：一是有助于减少不确定性。当团队成员理解并遵守规范时，他们对自己行为的正当性就更自信。二是有助于增强同他人合作的可预见性。为了更好地合作共事，团队成员必须有共同遵守的行为规范。

另外，团队内的规范、惯例也有其消极的一面。例如，它们会阻碍创造性的工作，维护低效率或已经过时的做法。如果这些做法以"团队传统"的形式存在，那么就可能强化团队内的不公平现象等。所以团队的领导者或观察者就要及时诊断，把规范的消极作用降到最低程度。

一般来说，现代管理越来越强调柔性管理，如果团队领导采用民主型的领导风格，则无疑会使团队沟通更加有效。

小 结

组织内部的团队是指以一定的工作任务为中心组建的由两个以上雇员组成的工作小组。一个成功的团队，其内部的沟通必然非常畅达。团队也有别于被称为"乌合之众"的群体。

影响团队沟通的主要因素有：团队成员的角色分担、团队内成文或不成文的规范和惯例、团队领导者的个人风格以及团队做出决策的模式等。

讨 论 题

▷ 你是否认为团队的成员资格对形成队员价值观、行为态度有重要作用？能否提供实例来证明你的结论？

▷ 有些学者主张不应该有什么团队决策的模式。你是否同意这种观点？为什么？

▷ 团队的领导对团队绩效究竟有多重要？你认为在各种情形中,什么样的领导风格最有效？

▷ 观察某团队做出决策的全过程。讨论一下什么样的沟通行为在影响着团队工作的效率。该团队的决策过程可否用本章所讨论的模式来概括？

案例分析

这是 2017 年 7 月的一个午后,上海市某大学的一个研究室里,烟雾缭绕,研究室主任范教授坐在办公桌前沉思:都 10 天了,就是不见小张的面,两年一度的聘任工作即将结束,该如何向学校汇报呢？

前几天,该研究室的老席、小黄和小陈先后表明了自己离去的意向,大李也说学校对他另有安排,这就意味着原本人丁兴旺的研究室一下子变得冷清起来。范教授越想越不是滋味,不由感慨道:"天下没有不散的宴席。"

范教授及其领导下的研究室

范教授是江苏无锡人,1958 年出生,年轻时勤奋好学,大学毕业后曾经在北京某大学研究室工作长达 10 年之久,主要从事复合材料的研发工作。20 世纪 80 年代末,他来到上海某大学工作,凭着自己丰富的工作经验和认真负责的态度,在教学上树立了一定的地位。进入 90 年代后,越来越多的企业开始寻求与高校合作。范教授可以说是这方面最早的实践者,在别的教授还在等待时,他就开始出去,陆续与附近的许多乡镇企业建立了业务联系。在为企业解决实际问题的实践中,范教授增长了不少见识,积累了不少经验,这使他在解决企业的生产实际问题时更有目的性、针对性。21 世纪初,随着科教兴国战略的提出,上海实施科技产业化的步伐不断加快,产学研一体化的呼声日益高涨,政府和社会都非常支持企业与高校联合与发展。范教授更是如鱼得水,他先是于 2008 年年初单枪匹马地创立了研究室,接着开始招兵买马、壮大队伍,然后紧锣密鼓地筹备成立产学研一体化的研究室。2012 年春,一个具有良好的知识结构与年龄层次的 7 人研究室正式成立。紧接着,2014 年春,一个凝聚了范教授几十年教学、研究心血与产业化思想的产学研实体正式挂牌。实体成立之初,全体成员充分发挥了自己的特长,密切协作,刻苦拼搏,在圆满完成教学任务的前提下,为企业解决了不少技术难题,并且不断地把科研成果转化为生产力,为企业取得了可观的经济效益,该研究室成员的待遇也有了一定的提高。

问题的出现

正当人们交口称赞产学研一体化的丰硕成果时,原本凝聚力强、富有战斗力的集体开始松动。老年人开始展望退休后的好时光,中年人开始抱怨工作压力太大,年轻人开始要求提高工资,原本团结战斗的集体、彼此信任的研究室成员,开始以不同的方式考虑各自未来的发展方向。小张寻找去外资企业的就业机会,小黄准备博士研究生入学考试,小陈开始着手MBA入学考试的复习,大李开始寻求在行政管理方面进一步发展,老席向学校表示希望填补仪器测试与管理岗位的空缺,因为那样他就可以稳稳当当地工作到退休了。如此一来,研究室成员的工作状态与前两年相比发生了翻天覆地的变化,究其原因,还得从研究室成员的组成与实体的运作过程来找。

研究室成员的组成与实体的运作

老席1965年12月生于江苏太仓,从江苏农学院毕业后从事化工机械设计方面的工作,他是范教授研究室最早的加盟者。研究室成立之初,他凭借自己多年的工作经验与细心的工作习惯,跟随范教授为企业的厂房和工艺流程设计等做了很多工作。他待人主动热情,并且积极参与学校的各种文体活动,是工会活动的积极分子和组织者。在研究室内,他任劳任怨地完成范教授交给的各项任务,虚心向年轻人学习现代知识(如计算机、英语等),既是研究室成员的朋友,也是研究室的活力源泉。

近几年,由于学校实施科研体制改革,不断提高科研人员的经费标准,并将科研机构自筹资金的标准从2012年的5万元每人每年提高到10万元每人每年。对范教授的这样一个面向乡镇企业、以承接横向科研任务为主的研究室来说,每年要有70万元以上的经费进账谈何容易?为此,范教授深感不安。

老席自觉年龄偏大,知识老化,再加上身体状况不如以前,无法独立承担科研课题,只会增加研究室的负担。但老席已接近退休年龄,不可能改变研究方向,他只希望在一个稳定的工作岗位上工作到退休。而且范教授迫于经费压力,曾多次口头提出辞去主任一职,这在某种程度上意味着研究室面临解体的危险,也增加了老席心理的压力:范教授可以愉快地退休,再说许多乡镇企业都盼着老范早日退休,好聘请他做顾问,可自己怎么办呢?

前不久,学校负责大型仪器测试和管理的一位同志辞职了,这对老席来说真是一个好消息。于是,他毫不犹豫地向学校提出自己愿意接替这位同志。鉴于老席踏实的工作态度和积极主动的工作热情,以及认真钻研的精神,学校领导同意了他的要求。他愉快地调到新的工作岗位并迅速进入了工作状态,他觉得这样心里踏实多了,干什么都顺心。

大李1969年2月生于北京,1994年毕业于北京大学固体物理专业,获硕士学位，在上海这所大学工作了十几年，主要从事复合材料结构方面的研究。他曾兼任学生管理与学科管理工作，2012 年担任系主任后，行政工作量越来越大，终日为事务性工作所拖累。他希望有更多的时间和精力用在科研方面，对于范教授与外面合作搞科研很感兴趣，愿意凭自己的才能在其中大显身手。但是，他感觉范教授并未把他可以胜任的科研与管理工作交给他来负责。可能在范教授看来，大李已经是副教授了，又兼着系主任，理应成立自己的独立研究室。再说，从行政级别来讲，大李和范教授属于平级，都直接接受院长的领导，范教授不愿让院长认为自己与大李的合作会影响大李的本职工作。范教授只是在对外的一些工作计划安排中把大李作为项目负责人，以便让外面的合作者确信研究室有能力和实力承担这些项目，而实际上并未让大李真正参与进来。

在得知了范教授的这些安排后，大李很是烦恼。一方面，由于范教授没有正式安排他的工作，他也没有明确的项目，无法向领导提出自己的工作请求；另一方面，由于范教授已经向合作单位明确了进度计划，一旦完不成，他怕在不知情的情况下背黑锅，甚至影响自己在该行业的声誉。与其这样，不如一心一意干行政，也许前途并不差。于是，他在新一轮的聘任中走上了行政管理的岗位。

小黄 1981 年生于上海，他和小张一起研制了一种黏结剂（WZP6），成功地解决了某企业的技术难题。但是，由于他们没有深入研究该材料的组成结构与性能指标，致使产品的质量很不稳定，很难进行大批量生产。

为此，小黄希望能进一步深造，他向范教授提出了攻读博士学位的打算，希望能得到经费的支持。他想选择本研究室的一位博士生导师作为自己的指导老师，由范教授担任副导师，这样就可以在研究室攻读博士学位了。但范教授总是含糊其词，未予同意。于是小黄转而报考了本系另一位博士生导师的研究生，并把自己的工作也带到了新的研究室。

小陈 1987 年生于湖南，2012 年研究生毕业后留校，主要从事材料合成的研究工作。2014 年，她加入范教授的研究室，一方面是自己对这方面的工作比较感兴趣，另一方面她觉得范教授比较能理解人——因为自己的孩子小，范教授同意她不坐班，实行弹性工作制。起初，她积极参与合成材料的试验工作，一心想干出些成果，同时还承担室里的学生管理工作。

由于学校对经费的要求越来越高，小陈也试图寻找经费，并在 2016 年独立承担了一个小型项目的研究。从此对外联络增加了，坐在办公室里的时间越来越少，与研究室的关系变得疏远了。范教授对此提出了意见，并表示不能支持她的项目研究。

由于范教授对材料合成领域知之甚少，因此很难对小陈的工作提出实质性的意见和支持,而小陈又渴望得到支持,使自己的水平不断提高。现实的情况是,小陈这几年来只做了一些琐碎的工作,没有取得学术上的长足进步。她也想攻读博士学位,但最终还是放弃了。

产学研实体的成立又给小陈带来了新的希望,她希望在实体的经费支持下开展新的课题研究,并通过应用来验证成果的有效性。但是由于种种原因,经费并没有增加(由于市场管理权掌握在合同单位手里,研究室的劳动价值并没有得到真正的体现),对此大家议论纷纷。范教授是这些环节的纽带,但由于他平时与大家交流甚少,因此造成了彼此猜疑的局面,室内成员间的信息及许多技术问题互相保密,讨论中成员提出的技术问题无法反映到决策层。范教授又面临退休,研究室的前途令人担忧。于是,小陈想报考MBA,为自己找条出路。

小张1992年1月生于上海,2014年大学毕业后留在范教授的研究室工作。他思想活跃,较有闯劲,对解决实际问题很感兴趣,WZP6黏结剂的研制成功他功不可没。但是他不重视理论研究,以致该黏结剂无法工业化定型。

小张曾经是班里的团支部书记,人缘好,大学毕业后,一部分同学选择了到外资企业或独资企业工作,自然待遇很好,近几年越来越多的同学从原来不太景气的单位跳槽,经济状况日益改善。而小张毕业时工资每月仅为390元,现在也只有560元,每次接待完同学后生活费都成了问题,同学多次劝他跳槽。

随着时间的推移,他感到很不值得,每当加班加点地工作、身心极度疲惫时,他总会梦见老板送来香喷喷的鸡汤。要知道,就连自己刚参加工作的女友每月工资也有2 000元。这一切使他的就业观念产生了动摇,于是开始寻找去外资企业的工作机会,并决定不参与研究室的聘任,对范教授催他签聘任合同的事采取回避的态度。

一个朝气蓬勃的研究室面临解体,作为研究室主任,范教授感慨颇深:自己虽然学识渊博,但很难凭自己的力量解决所有的问题。

[思考题]

1. 作为团队的领导,范教授的沟通技能是否存在问题?
2. 范教授应如何通过有效沟通去激励团队成员?
3. 团队成员应如何提高自身的团队意识,加强相互间的沟通?
4. 一个原先颇具战斗力的团队面临解体,你认为主要原因是什么?

第十一章

会议沟通

学习目标

- 明确会议的目的与类型
- 了解组织会议的基本步骤
- 认识会议中的角色及其职责
- 明确影响会议的因素
- 掌握有效会议的策略

引导性案例

　　程强,立昌农机制造有限公司市场部经理,正驱车前往设在市郊的总部。他望着窗外田野美丽的风光,遐想着公司销售的前景。上周末,程强请求他的老板,吴莉——公司总经理,召集一个会议,意在讨论公司下一个财政年度的销售目标。当步入会议室时,会议正好要开始,其他与会者有严力臣,生产部经理;路遥,仓储控制主管;王贤石,人事经理。

　　程强首先发言,他回顾了最近市场销售情况:"我刚参加完年度销售总结会,发现去年我们丧失了比我们所预料的还要多的市场,主要原因是工厂里出现的拖延发货时间。同时我们也进行了下一个年度的销售预测,认为下一个财政年度销售量可达到 110 000 台。我们认为这个数字是现实的,如果做得好还有望突破这个目标。"

　　正在这时,严力臣打断道:"程强,你一定在开玩笑。就在 3 个月前,就在同样的这间办公室,我记得你对下一年度的预测是 100 000 台。现在,你将预测增加了 10 个百分点。面对一个不断移动的目标靶,试问我们如何去做生产计划?"

　　吴莉插言道:"老严,我理解,你的担心是有道理的。但是,我们必须面对变化着的市场做出相应的调整。现在还是 9 月份,我们还未对下一年度做出一个既定的生产计划,只是讨论计划。我想利用这个最新数据,尽快做出下一年度的生产综合计划。"

　　程强补充道:"最近,我们与许多老顾客接触,得到的信息是他们不断抱怨在旺季出现的交货滞后现象。有些甚至威胁,如果明年还得不到好的服务,他们将不再订购我们的产品。我想,我们不得不生产出足够多的产品,而且是适销对路的产品。"

　　路遥表示忧虑道:"我们必须降低生产成本。去年,我们的库存太多,占用了不少资金。鉴于我们高达 30% 的库存成本率,我认为明年不能再维持如此高的库存量。"

　　王贤石接着说:"若降低库存成本,采用跟踪需求的综合生产计划方案,则意味着雇员数逐月发生波动,这样会引起雇佣和解雇成本上升。目前,我们招进一个人的成本是 800 元,而解雇一个人的成本是 1 500 元。"

　　严力臣又表示担心地说:"为了实现这个较高的销售目标,我们不得不增加晚班,采用两班制。利用现有的常日班满负荷生产也无法达到这个预期目标。我想,在做决策投资增雇一班人马之前,有必要弄清这个销售预测目标是否可行。"

在大家你一言我一语的发言中,不知不觉已到了午餐时间。吴莉总结道:"老严,请根据最新的预测数据拟订一个综合生产计划,我不想在下一个旺季到来时,看到我们公司重蹈今年的覆辙。"

会议暂告结束,大家去用餐。

会议在管理工作中起着十分重要的作用。它是决策的重要方式,也是沟通信息的主要手段。企业为了从事必要的商务活动经常会召开各种类型的会议。有关资料表明,一些管理者用于参加各种会议的时间占其工作总时间的三分之一之多。由此可见,会议开得好坏,效率高低,直接关系到管理效能的高低。然而,目前我们的会议却存在许多问题,或者繁多,或者过于冗长,或者流于形式,既浪费了宝贵的时间,又达不到预期的目的。那么,怎样才能使会议变得有效呢? 这正是本章要讨论的内容。

会议的定义

> 会议是群体或组织中相互交流意见的一种形式,它是一种常见的群体活动。

根据不同的目的和要求,既可以将会议看作是一个集思广益的过程,也可以当作是一种信息传递的方式。通过会议,可以将许多人聚集在一起,就某些问题与员工互相交换思想并提出相应的对策。会议也是向上沟通意见的途径之一,管理者可以借开会的机会听取下属或员工的意见和建议。

会议的目的与类型

会议的目的
现代企业强调给员工提供更多的参与机会,鼓励管理者与员工一起做决策以创造更加舒适的工作氛围。一个成功的会议正是完成管理沟通目的的最佳工具,其目的大致可以包括以下几个方面。

◆ 交流信息

通过会议,管理者可以将有关政策和指示传达给下属或员工。同时,管理者也可以从他们那里及时得到反馈及获得其他方面的有关信息。

◆ 给予指导

企业通过把员工组织起来进行培训,以提高他们某个方面或某些方面的技能,使他们更好地适应工作环境。

◆ 解决问题

会议可以帮助澄清误会,处理各种冲突并利用他人的知识和技巧来解决问题。

◆ 做出决策

会议可以帮助营造民主的气氛,给管理者提供共同参与和共同讨论的机会,最终做出正确决策。

一个有效的会议,应该能使与会者心情舒畅并积极参与,使大家通过有效的方式得以沟通,从而获取有用的信息或实现一致的合作协议。

会议的类型

无论在企业还是在其他各种组织中,每天都会举行各种各样的会议。据称,在美国每天举行的各种会议竟多达一千万次。然而不管有多少会议,按照会议目的分类,其类型主要有以下几种。

◆ 谈判

其目的是解决双方在利益上的冲突,常采取双向互动式的讨论方法,力求实现一致的意见。

◆ 通知

其目的是传播信息,传播方式通常为单向式。在这里,一般不鼓励讨论,否则会影响信息的传播。

◆ 解决问题

这类会议的目的在于利用团队的创造力来解决问题。通常,要将待解决的问题摆在桌面上,与会者应提出解决的方法。在这类会议上,人们都会为探求解决的方法而努力,不会停留在过去的状态之中。

◆ 决策

其目的是在不同方案中权衡利弊做出抉择。与会者不仅要参与讨论和决策,而且还要遵守会议的决议,即使自己持不同观点。

◆ 交流

这类会议的目的在于集思广益,常采取"头脑风暴式"讨论法,即安排5～7人,每一位与会者都可以讲自己对问题的看法,并从相互间的发言中得到启发,激发灵感,产生创意。这类会议鼓励讨论和提问。

会议的组织

　　会议开得有效与否取决于对会议的组织,因此为了使会议有成效,就必须做好以下三个阶段的工作:会前准备,会议控制,以及会后工作。

会前准备

◆ 明确会议的必要性

　　会议的组织工作常常是从分析会议的主题和必要性着手,就设定的议题而言,若不经多方讨论协商不足以解决问题,那就有必要召开会议。如果通过其他方式能使问题更有效地得到解决,那就尽量不要开会。

◆ 明确会议的目标

　　一般说来,企业中常见的会议主题有两类:或者讨论工作中所出现的问题,或者分析将来工作中可能会发生的问题。一旦明确了会议的主题和必要性,就应当设置一个具体的目标,如实现协议或策划方案等。

◆ 会议议程

　　明确会议主题和目标后,就可以决定会议议程,即按会上将要讨论的问题的重要性和类别依次排序,并限定各项内容商议的时间。通常,会议议程应包括以下内容:会议日期、时间、地点、议题及参加对象等。一次会议所讨论的问题不宜太多,讨论时间也不宜太长。因为在有限的时间里讨论太多的问题常常解决不了问题。

◆ 准备会议文件

　　为了顺利地召开会议,会前应收集和整理与议题相关的信息,有必要的话,应装订成册。如果内容太多,可将其要点摘录出来。

◆ 分发预阅资料

　　会前先将会议议程和整理好的文件分发给与会者,使大家对将要讨论的问题有所准备。

◆ 确定会议主持人

　　会议的成败与否很大程度上取决于会议主持人。作为优秀的会议主持人,他不仅仅主持会议,而且要以一个政治家、鼓动者、调解人或仲裁人的角色参与会议。作为主持人,应具有敏捷的思辨能力、沉着自信、表达能力强、富有幽默感,并且有较强的领导能力。一般情况下,主持人常由群体中职位高的管理人员担任。高级管理者作为会议主持人,在会上常常会显现出老板的尊容,有时有碍于活跃会议气氛。因此,可以尝试着选择群体中具有相当知识经验的人来担当此主持人,或者采用现在比较流行的做法——让公司秘书担任会议主持人,或者由与会者轮流来担任主持人。

◆ 确定与会人员

根据会议主题,通常选择那些对会议内容比较了解并与其工作相关的人员参加会议,不要因为害怕伤害某些人的感情而迫不得已地去邀请那些不相干的人参加会议。另外还要依具体情况限定与会人员的人数,因为参加会议的人数越多,就意味着更多的人不能发挥作用。

◆ 预定会议场所

影响场所选择的因素很多,应该视会议的性质而定。如果是仪式性的会议,那么可以在自己公司的会议室,或在宾馆的大会议厅举行;如果是决策性会议,那么可以安排在一个能够促进真正沟通意见的环境。另外,会议地点应事先确定好。试想一下,在约定的时间内,与会的 12 名成员来到指定地点,却发现会议室已被占用或锁着,那将会是一个什么样的状况? 如果临时调换会议室,与会者则可能会为此感到心烦。为避免这种情形的发生,应事先列好相应的清单并在会前进行核实。内容包括以下几方面。

＊ 会议室是否预订好? 是否有足够的椅子?

＊ 视听器材如幻灯机、多媒体播放机、麦克风等是否都准备就绪?

＊ 分发的材料是否准备充足?

＊ 休息时的供应如茶水、水果和点心等是否准备好?

＊ 是否备好记录本、纸张、铅笔和名片等。

＊ 会场布置应根据会议的目的、会议的性质及与会者人数而定,常见的有 6 种类型(见图 11.1)。

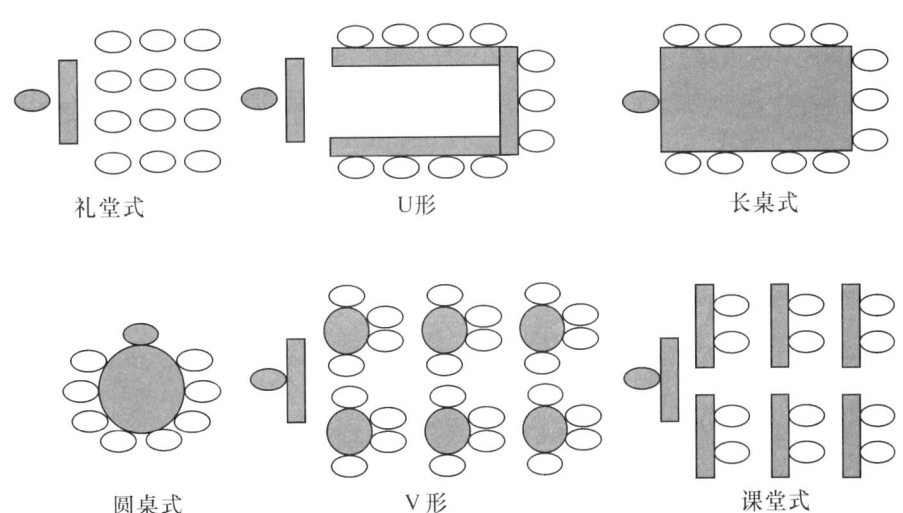

礼堂式　　　　　U形　　　　　长桌式

圆桌式　　　　　V形　　　　　课堂式

图 11.1　会议布置类型图

◆ 补充最新信息

在正式开会之际，查看一下是否有新的信息。如果有新信息，可以在会上向大家简要地通报一下。

会议控制

会议是否能得以顺利进行，很大程度上有赖于主持人对会议的节奏和方向的把握。具体来说，控制会议进程，大致可以按以下步骤进行。

* 宣布会议的主题和目的。

* 根据会议议程顺序提出每个项目，然后征求有关与会者的意见。

* 给每个人表述自己意见的机会。

* 控制讨论进程。如果发生与议题无关或深入到不必要的细节上时，应及时引导到议题本身。

* 如果会议上出现各种不同的见解，主持人应根据自己的理解将各种观点加以概括。

* 遵守预定的时间，不要拖延。

* 在每个问题讨论结束后加以概括，以便实现共识或做出决策。

* 在会议结束时，对已取得的结果进行概括。对于部分问题如确有必要做进一步讨论，可以安排在下一次会议进行讨论。

* 确定下次会议议题和时间。

会后工作

会议结束后，会议组织者还需做以下工作。

◆ 落实会议精神

为了贯彻会议精神，执行会议决议，可将会议记录或会议简报下发至与会者及其他有关人员。会议记录应准确，会议中所形成的决策要突出承担任务的责任人姓名、时间及验收标准，并表明下次会议的日期和时间。

◆ 监督和检查

根据会议精神，对执行工作进行监督和检查。

会议议程的设计原则

会议议程是任何会议的重要组成部分，它能使会议目标一目了然。会议议程的设计应遵循以下原则。

表明议题

会议议程应该表明需要讨论的议题以及这些议题排列的顺序。与会者可以提前递交议程内容，以便在会上得以讨论。

确定主次

议程设计的另一方面是应该正确评价在有限的时间内可以达到的目标的能力。作为一般原则，例行公事的内容放在议程一开始，然后再安排事务中的新问题。当议程中包括一些比较简短或紧迫的内容时，先安排它们，余下的会议时间专注于比较费时的事项。

注重实效

需要指出的是，不要将议程安排得满满的，这不免会造成超时，进而降低效率（如仓促决策），因为到该结束的时间，与会者都已准备离开。

适时调整

在实际的会议过程中，主持人还应根据具体情况对议程做适当的调整。

提供背景资料

议程也应包括在会前提供给与会者所需的背景资料，以便他们做好准备，了解各自在会议上的角色。

会议议程的设计步骤

＊ 突出问题，即根据上次会议列出突出问题。

＊ 提出新议题，即通过与其目前发展和与会议成员的联系，提出管理活动或工作中的新议题。

＊ 选择重要议题，即针对诸多需要考虑的议题，确定最为主要和紧迫的。

＊ 分清主次顺序，即将例行项目放在开始，按逻辑关系或难度系数排列关键项目。

＊ 确定时间，即根据可用时间和与会者情况安排项目。

＊ 表明顺序，即议程中的每个项目应用数字排序。

＊ 结束议程，即要求提出下次会议的细节，并在议程结尾处明确下次会议的日程，如图 11.2 为会议议程实例。

会议记录

在考虑会议程序时，会议记录常常被忽视。然而，一份完整的会议记录资

生物燃烧发电项目组

会 议 议 程

1. 会议时间:2005 年 9 月 2 日上午 10:30～11:30　　　会议地点:第一会议室

2. 进度安排与决定(20 分钟)

讨论:各子项目组工作近况介绍

　　　　着重通报项目进展中存在的问题

措施:

3. 向电网送电日期(15 分钟)

讨论:并入电网期间各部门相互协同预案

措施:

4. 高热卡植物推广种植及收购政策(20 分钟)

讨论:a. 确保生物燃料供给的两个预案

　　　　b. 高热卡植物种植技术的培训及财务预算

措施:

5. 下次会议安排(2 分钟)

日期:_____　　　时间:_____　　　地点:_____

图 11. 2　会议议程实例

料对于会后执行会议决议、检查会议效果甚至对下次会议的召开都起着至关重要的作用。

正式会议记录基本要求有下列内容:会议名称;日期;起止时间;地点;主办者;出席人员;缺席人员;会议主席致开幕词并宣布会议议程;会议过程;会议决议;下次会议的地点。

通常,会议记录的任务由会议秘书担任。将会议记录的工作做好也不是一件轻松的事。要做好这项事应该注意以下几点。

　＊ 十分了解会议主题、目的以及议程。

　＊ 可以采用笔记方式记录也可以采用手提电脑直接录入或同时采用录音、照相或摄影方式记录。

　＊ 记录时紧跟会议进程。

　＊ 及时确认要点,澄清含糊不清的观点。

　＊ 避免夹杂自己的主观意识。

　＊ 会后应将记录及时打印并校对。

会议中的角色

开会原本是为了节省时间而进行的一项活动，但结果却往往浪费了时间。这究竟是什么原因呢？研究表明，会议的有效与否很大程度上取决于会议中的角色。一个正式会议中的角色一般包括主持人、记录员和与会者。要使会议取得成功，会议各角色的同心协力是很重要的。

主持人的职责

可以这么说，对小组会议影响最大的人，就是会议的主持人。会议主持人的作用包括三个方面：一是引导；二是激励；三是控制。其主要职责涉及以下方面。

◆ 会前

明确会议的目的；起草议程；决定参加会议的人员；会议举行的时间、地点；准备分发的材料。

◆ 会议期间

创造合适氛围；宣布会议开始；控制会议进程；鼓励与会者发言；做出决定；确认行动和职责；宣布会议结束。

◆ 会后

重新检查会议记录；评估会议成果；使所有成员都明确会议结果。

不论开会的原因是什么，营造一种适宜的开会氛围对于主持人来说是非常重要的。所有与会者都能积极参与并各抒己见，确保每个人都有一种宽松的心情，确保宽松的氛围。

与会者的职责

参加会议的成员都有责任使会议取得成功。对于所有的成员来说，明确会议目的、议程以及自己与其他人在这次会议中的角色，这些是很重要的。与会者应该考虑到的问题主要包括以下内容。

◆ 会前

了解会议议程并阅读有关资料，明确会议主题和目的，确认在会议讨论内容中有哪些项目与自己有关，并对这些相关内容有所考虑，应该持什么观点，用什么材料作论据来支持这些观点。另外，要明确会议时间和地点。

◆ 会议期间

注意倾听别人的观点；积极参与会谈；对所讨论问题充满兴趣。对涉及自己工作的决策、行动计划，应做好详细记录。

◆ 会后

全力贯彻会议精神，完成会议期间所分配的任务。

对于每个人来说,应积极发言,提出自己的想法,找出最好的解决问题的方案,如果一个会议内容中包含有好几个不同领域的问题,很有可能你会因为曾参与过对其中某一问题的讨论而对这次会议失去兴趣。不过我们应尽量对整个会议有足够的兴趣,因为我们经常发现,各种能力综合起来就会产生一个更好的创意。

如果主持人不能控制会议的局面,那么其中一名成员应能机智地使会议处于正常运行中。当然,最坏的一种可能是主持人彻底地失去了对整个会场的控制,那么这时,该有一名成员站出来主持会议(使会场秩序得以恢复)。对于这名成员来说,帮助主持人以一种外交方式或手段来避免冲突,这是非常必要的。

会议秘书的职责

会议秘书的作用很重要,因为他/她直接向主持人负责。其职责包括以下方面。

◆ 会前

应详细检查会议的日期、时间;通知与会成员,分发必要的背景资料。

◆ 会议期间

记录会议时间、参加人数、会议内容以及报告人和会议结束的日期。

◆ 会后

写会议备忘录,核对必要的事实和数据;与主持人协商;会议备忘录的分发。

影响会议成效的因素

虽然在许多组织中,会议是必需的,而且运用广泛,但不等于会议都能达到预期的目的。我们常常听到这样或那样的对会议的抱怨,这是因为或者主持人没有很好地控制会议的进程,或者与会者没有明确会议的目的。影响会议成效的因素自然是多方面的,但归纳起来有以下几点。

会议目的不明确

由于事先准备工作没有做好,与会者不清楚会议的议题,致使讨论漫无边际。

会议持续太久

原本只需花半小时就可交代的事,非要开上一小时的会,而本该开一小时的会,却要花上两个小时,致使与会者过于疲倦。

简单问题复杂化

对于一个很简单的问题，本来三言两语就可解决，却要与会者反反复复地讨论，结果不仅花费了大量的时间，而且往往使问题变得复杂化，引出许多不必要的矛盾。

发言者过于健谈

一些发言者一有机会就滔滔不绝，使多数与会者生厌。

有效会议的策略

有时会议是一种既耗时费力又令人疲倦的活动。因此，若要提高会议的效率，掌握一套行之有效的策略显得尤为重要。通常，这些策略应包括以下几点。

不搞形式主义

只有在需要多方协商或有较多信息需要在一定范围内迅速传达的情况下才召开会议。许多公司，一般一周或两周内召开一次例行会议。有规律的员工会议可以使部门员工感到一种较强的内聚力，并有助于员工愿为实现部门的目标而努力工作。但是并不需要在每周或每月的例会上，只是一味地"回顾"。

明确会议的目的和目标

用书面的形式将会议的目的与目标记录下来。多数情况下，目的包括"讨论""以备评估"等。目标的范围就比较具体，如"购买品牌 A 或品牌 B""是否需支出 10 万元以装修房间。"

提前分发会议备忘录

在会议召开之前，应以备忘录的形式提前通知与会者，以便使他们有充足的准备时间，备忘录的内容包括：时间、日期、地点、会议参加人员、主要议题等。这些都应在送呈的议事日程上体现出来。

选择合适的与会者

主要邀请那些能够起到积极作用的人参加会议。那些优柔寡断、缺乏主见的人则尽量不要邀请。

控制好会议

按照议事日程上的安排按时召开和结束会议。

分发会议简报

在会议结束的 24 小时之内将会议简报分发下去。会议简报应列出已做出的决定以及要求采取的主要措施的具体日期和具体负责人。

小　结

　　一个有效的会议实际上就是一个论坛。那些知识渊博的学者、专家聚集在一起,通过这种开放的、相互沟通的方式来解决组织问题。在这个论坛里,合作的意愿得以进一步发展。一个有效的会议实际上也是一个群体聚会,在这个聚会里,群体的智慧发生碰撞,进而实现共识、形成决议、做出方案。

　　一个会议成功与否取决于会议主持人、与会者以及会议秘书的共同努力,其中以主持人最为重要。

讨　论　题

▷ 一般来讲,会议应包括哪几个步骤?
▷ 谈谈会议中各角色的作用。
▷ 主持人的职责包括哪些?
▷ 为什么会议秘书很重要?
▷ 联系实际列举其他影响会议的因素。
▷ 使会议有成效的策略是什么?

案例分析

　　翔达公司是一家汽车零部件企业,其主要客户是 A 公司、B 公司和其他一些汽车总装厂,如 C 公司、D 公司等。

　　2019 年上半年期间,翔达公司在轿车外饰件产品供货的质量和供货的及时性方面受到了来自 A 公司和 B 公司的巨大压力,A 公司和 B 公司一直对翔达公司在提高产品质量和供货能力方面所做的努力表示怀疑,总是抱怨翔达公司对外服务质量差,不重视客户意见,纠错措施不力等,由此,翔达公司在整个轿车制造业内声誉受到了不良影响。

　　翔达公司的执委会(总经理、三名副总经理)对当时的处境很是不安,他们清楚地知道造成目前这种局面的根本原因:一是翔达公司在轿车外饰件领域产品开发能力和生产制造能力的匮乏,对生产工艺研究不够深入,相关的技术专业人员紧缺,从而对产品质量的控制缺乏手段,产品质量不稳定,产品合格率较低;二是生产线能力的紧缺,现有的生产线只能满足产品开发初期的产量预计,然而因为市场需求的增加,A公司和B公司的需求量大大超出翔达公司当初的产量预计。两种因素的叠加造成了目前这种四面楚歌的尴尬局面。

翔达公司的执委们在广泛听取下设各相关部门(如生产制造部门、产品开发部门、质量部门和市场部门等)的意见后,基于对目前客户意见的分析和对未来轿车市场以及相关的零部件市场发展趋势的总体研究,一致决定尽快筹建新外饰件生产线,扩充其生产制造能力,以解决目前在供货质量、供货能力方面所存在的问题。

经过预测分析,新生产线的总投资要2 000万美元,根据该公司财务规定,超过10万元以上的投资必须要经过董事会批准。而翔达公司的董事会一年2次,分别在每年的4~5月和10~11月召开,而当时已到了6月份,当年的第一次董事会刚开过,第二次要到11月份才召开。可是,目前的形势是十分火急,这个决策不能再等,所有执委会申请召开紧急董事会,专题讨论新生产线投资事宜。

2019年7月中旬,紧急董事会如约召开,董事会决议:一是要求执委会加大对现有生产线产品质量的监控力度,组成技术质量攻关专题小组,以提高产品质量和生产合格率;二是加强与客户的交流沟通,了解客户所需,请客户理解并相信翔达公司在产品质量提高方面所做出的努力,以及翔达公司在对客户负责方面所做的承诺。加强现场服务,采取更加行之有效的能缓解目前用户抱怨和担心的一切措施。组织新生产线项目组,要求各部门为项目组提供一切支持,包括人员、工作程序等方面。同时要求项目组必须在2020年8月使新生产线全面投产。这是一份军令状,因为翔达公司的所有员工当时都清楚自己公司所面临的处境:根据市场预测,翔达公司的原生产线只能满足轿车总装厂2020年7月份的生产量。而2020年8月份的产量比7月份将有很大的提升,原生产线根本无法满足2020年8月份的销售需求。所以,如果一旦新生产线不能如期投运,那将意味着因翔达公司产品质量和生产能力不足的问题,造成A公司和B公司等轿车主机厂全面停线。这对整个轿车工业来说影响非同小可,而且,更重要的是,A公司和B公司的停线,将直接影响到D市的生产和销售等经济指标,从而间接影响D市在国内的影响力,并很有可能会转化为一个带有政治色彩的经济运作问题。

翔达公司在董事会决议后,马上行动,全面出击,并在公司范围内进行宣传动员,把新生产线的筹建作为公司第一号工程来抓。新组建的项目组成员来自公司各相关部门,公司执委会任命工厂工程部经理张凌飞担任新生产线项目负责人,全面掌管整个项目的费用、项目进度、项目的技术,包括基建、公用动力、生产线设备等。张经理接受任命后,马上挑选项目组工作人员。一天后,一份项目组工作计划就到了执委们的手中,上面详细描述了项目组组织机构和各工作小组人员名单及其工作职责。经得执委会同意后,张经理就召集所有项目组成员召开动员会。

在会上,张经理首先向大家简单分析了翔达公司目前所面临的危机,以及解除危机的措施。然后他把整个项目的规模、时间进度等要求向与会者作了详细说明。最后宣布了项目组人员名单，以及各工作组分组情况。工作组下设四个专业小组：规划组——由规划科科长王剀高工担任组长，主要负责项目审批工作；生产设备组——由外饰件生产厂工艺主管刘先生担任组长，主要负责设备的技术参数要求的制定，该小组成员来自工业工程科（车间平面布置）、设备技术科和设备维修股（提供设备机械和电气方面的支持）、现场工艺股（提供生产工艺方面的支持）；基建环保组——由工程部基建环保科李开为工程师担任组长，主要负责新生产线所需厂房的建设和项目环境保护方案的制定和落实；第四组——公用动力组，组长由动力科科长蔡先生担任，主要负责为新生产线的准时投运提供公用动力保证。同时，张经理还预先考虑了另外一个小组，即生产启动小组，因时机还没到，张经理在会上没有公布。

　　张经理向大家介绍完后，向在座各位成员征询意见。规划组组长王剀高工是一位老者，白发苍苍，很有学者风度，面对张经理这样一位年轻气盛的领导很有些想法。他首先发言：今天是 7 月 15 日，该项目是 2 000 万美元的投资，其审批权是在北京，而不是上海。从以前的经验来看，可行性文本编写至少需要 2 周，组织上级主管部门内审至少 1 周，文本修改后再送 D 市主管部门（外资委、计委、经贸委、规划局、环保局、消防局、劳动局、供电局、用水办等）审查需要 2 周，再到北京国家外经贸委、经委、环保总局等审批至少两个月，然后再进行设计文本编写需要 1 个月，组织上级主管部门内审 1 周，送 D 市相关部门外审 2 周，再送到北京相关部门审批又 2 周，总共需花时间至少要 4 个月（从过去的经验来看，这确实是最快的速度了）。再加上开工前的前期工作，如基建开工手续：办理执照、招投标、报检等至少 1 个月，即该项目至少要到 12 月中下旬才能正式启动，现在要求 9 月 17 日厂房开始打桩，这是不可能的。

　　张经理沉着地对王剀说："王工，能否把基建项目单独立项，使其列入 D 市审批范围？而且针对此事，上级主管部门和市经委、规划局等都表示全力支持，审批工作可以从简操作。王工，你们组的工作进度是我们项目进度的首道关卡，相信你能够在这件事上通力与政府部门合作，尽快办妥项目立项审批工作。你在这方面有足够的阅历，相信你会出色完成任务。"

　　此时基建组李开为工程师插话了，他是一位老资格人士，十分老练。他说，即使是由 D 市来审批厂房这个单项，最快也要一个半月，即要到 9 月的上中旬完成审批，等批文下达到办理开工前期手续也要 1 个月，也就是要到 10 月的中旬才能开工，9 月中旬开工是不可能的。而且即使是 9 月 17 日开工，但要求在 2020 年 2 月底开始安装设备是绝对不可能，简直是天方夜谭，要知道这是将近 2 万平方米的钢结构厂房。他的话很坚决，不容置疑。

　　李开为工程师是张经理的手下，因为时间匆忙，这个进度计划还没来得及与李开为工程师沟通。张经理想了想说："是的，大家都觉得时间很紧，都认为这个计划是不现实的。是的，我承认这个计划有点脱离'目前'的现实，但'目前'的现实我们是否可以去改造它？我们大家一定要建立一种特事特办的工作思维方式，和制度赛跑，和时间赛跑。我们可以在文本送批的同时，施工设计同步进行，然后征得相关政府部门的支持，简便操作手续，如减少审批等待时间，政府各部门同时审批,而不是像以往一个一个相互传递的审批方式,这样至少可以节省2周时间。当然有些必要的过程决不能省,尤其不能违规操作。我相信我们的目标是能够实现的。至于2020年2月底设备进场安装一事,我想只要我组织好厂房现场施工管理,和设备安装管理人员加强交流沟通,协调好厂房施工和设备安装进度,统筹管理,我想这个时间节点我还是有信心的。李开为工程师你在这方面有着足够的经验,2月底对你来说不是不可能。"

张经理尽管这样讲,但他清楚,这个目标只有在最理想的施工条件下才有可能,但在2019年9月到2020年2月这段时间要经历一个寒冬和初春,冰冻天是无法进行混凝土浇筑的,而且冬天的施工进度明显要慢于春夏秋季节,更何况还有一个春节假期。张经理之所以这样说,无非是要建立大家的信心。紧接着,生产设备组组长刘工也表达了自己的担心:"从主机厂A公司和B公司的生产线筹建的整个过程来看,他们从项目组开始运作到设备投运都费时将近3年。我们的第一条生产线建设,从项目组成立、出国考察、技术交流、方案确认、设计、施工、安装调试,历时18个月。长春H公司的轿车外饰件生产线规模要比我们的小,厂房、设备、工艺都要比我们的简单,他们也用时15个月,沈阳的H公司的外饰件生产线,其厂房、设备的规模和先进程度根本无法和我们本项目相提并论,可他们历时16个月。这些公司完成这些项目的时间都是指施工和安装周期,还不包括项目前期技术准备,如与设备供应商的技术交流和谈判等。而我们的施工安装期却只有10个月,整个项目周期也只有12个月。我们还有一个困难就是设备负重与厂房的设计问题,这是我们亟待解决的问题,因为我们首先要进行技术交流,制定方案,然后进行商务谈判,确定签订合同,然后进行技术交底,提供设计参数,进行厂房设计。可我们厂房设计能等这么长时间吗?再者公司要求在10月份签订供货合同,时间不够。一般从技术交流到方案确定,再到签订合同至少6个月以上。"

刘工是一位年轻有为的年轻干部,技术出色,工作认真,只是不善于和下属进行有效交流,下属对其评价不高。他刚才提出的问题也是张经理所担心的。因为,他知道这么大的投入,选择一个有信誉的,有雄厚技术支撑的,价格合适的设备供应商是项目成败的关键。而技术方案的制定又是最关键的。可要在2~3个月时间里完成,谈何容易,更难的是要在没有确定供应商的前提下,要把设备的布局、设备的各种参数进行风险确认,因为厂房设计等着这些信息。

张经理点点头说:"刘工的担心是正确的,可我们现在是在制定战略,我们的战略目标要一致,具体的战术,会后我们单独再谈。但我还是相信,只要战术得当,我们的战略目标还是能实现的。"

张经理已经有了一套完整而有效的谈判思路,这在以后的技术和商务谈判过程中得到了验证。

动力科科长蔡先生随后发言,大致意思都相同:时间,还是时间!计划要求6月份提供动能供给,可锅炉房、冷冻房要到5月完工。锅炉、冷冻设备安装调试的时间不够,另外厂变电间要到4月份才交付设备安装,时间实在太紧了。

蔡先生是张经理的部下,张经理对他的个性了如指掌,蔡先生的脾气比较暴躁,说话响亮,但办事很尽责。张经理对他的话不置可否,因为他相信蔡先生会尽力做好每一件工作。只是张经理提醒蔡先生一句:"6月份是夏天了,你现有的锅炉能力在夏天是有大量富余的。我想冷冻设备和电力供给是你的重要任务。"

张经理见大家不再说话,就问:"大家还有什么问题?"

生产设备组组长刘工表示,他们组是比较特殊的,成员来自各部门,需要集中办公,希望能解决场所和办公设施。

张经理说:"你的问题,公司领导都已经想到了,你们生产设备组的临时工作办公室设在质保部楼的办公区域内,你们的办公用品需要移动的,请与李开为工程师协调解决,他会提供搬运帮助。"

稍停片刻,张经理说道:"以后项目组每周召开一次协调会,由各组汇报一周来的工作进展情况和下一步工作计划以及需要支持的内容等。会议通知会在每周广播上公布,各工作组之间如有什么问题,请各组长及时协调解决。"

张经理继续说:"希望各小组成员振作精神,团结一致,为公司规避日渐临近的危机献策献力。各小组组长是公司的栋梁和精英,相信他们能够出色完成公司交给他们的任务。"

会议在张经理的鼓动声中结束。

问题

1. 工程部经理张凌飞是在怎样的情况下主持召开由所有项目组成员参加的动员会?

2. 在会上规划组组长王剀为什么反对工程马上启动? 张经理是如何应对反对意见的?

3. 刘工在会上提出了什么问题? 为什么张经理在回答时建议会后再细谈? 这样处理有什么好处?

4. 试评价张经理主持会议的风格以及对控制会议进程的把握力。

5. 谈谈你对会议主持者、会议参与者的基本要求的认识。

6. 试述成功召开一次基层各部门领导参与的工作协调会应该做好哪些准备?

情景模拟

作为主持人,你将如何处理以下的困境? 为什么?

1. 小张拖拖拉拉,开会总是迟到。

2. 小王在会上默不作声。

3. 小李和老陆在会上争执起来。

4. 在讨论中,与会者缺乏参与意识。

5. 大家讨论得很热烈,但在会议结束时,五个议题只完成了一个。

第十二章

面 谈

学习目标

- 了解面谈的一般含义
- 了解面谈的过程
- 了解面谈的种类
- 掌握面谈的技巧

引导性案例

肖亚如是一位聪明、受人欢迎和见多识广的环保专业大学生,于 2012 年 6 月大学毕业,拥有工程学士学位。在毕业前的一段时间里,她到一些招聘会上参加了许多工作面试,感到这些面试大多数是礼貌的,令人容易接受的,而且她觉得这些经验对于给未来的上司留下一个良好印象是相当有益的。

现在,她决定正式应聘一家环保工程公司,她很喜欢这家公司所从事的工作。她承认,这是一个她最想去工作的公司,因此,她对这次面试抱有很大的期望。由于她一直对保护环境抱有强烈的兴趣,并坚信只有在这样的公司工作,才能最好地发挥自己的技能,她认为,在环保公司工作能使自己拥有一个成功的职业生涯,同时使世界变得更美好。

但是,这次面试对她来说却像是一场灾难。

当她满怀希望走进公司的面试室时,她被指定在屋子中间一张孤零零的椅子上坐下,在她面前的长条桌子后面,齐刷刷坐着 5 个人,包括公司总经理、两位副总经理、市场部经理以及一位工程师。刚一坐定,他们就开始铺天盖地地提问起来了,她甚至感觉这些问题就像一个个圈套一样,主要目的好像是使自己犯错误,而不是了解自己在工程技术方面能为公司做些什么。

提问首先是从一些没有必要的甚至是不礼貌的问题开始的。例如:"如果你是那么聪明能干的一个人,你为什么在大学时没有获得社会工作方面的奖励?"到后来甚至有人问:"你准备工作多长时间后结婚、生孩子?"东拉西扯的面试结束之后,肖亚如已经有点心灰意冷了,她不知道这家公司到底想要什么人,他们到底对员工有什么期望。接下来,她又被要求分别与两位技术专家会面,面谈内容几乎全部集中在她的技术专长方面。她认为这些后来的面谈进行得非常好。但是,面试的明显无目的和不够得体,使得她对于这份工作的期望有所下降,而且,她对自己的面试结果也是如坠云海。

令她吃惊的是,几天后她得到了该公司的录取通知。

从她个人兴趣的角度来看,工作本身是不错的——她喜欢自己将要做的事情,喜欢这个行业以及公司的地理位置。只是,公司的这种面谈方式到底意味着什么?

面谈是管理沟通中的重要方式,其类型多种多样。面试是其中常见的一种。在上面的案例中,你将怎样解释肖亚如经历的面试?你认为应该做些改进？如果你是肖亚如，你会接受这份工作吗？所有这些问题都是面谈中常见的。本章将就这些问题进行讨论。

面谈的定义

> 面谈是为了达到预定的目的而有组织、有计划开展的交换信息的活动。

　　面谈，简单地说就是"人与人面对面的谈话"。管理人员每天的大部分时间都会与各种各样的人接触，而接触的目的多半是为了与有关的人员面谈、交谈。通过面谈，人们可以获取各种有用的信息，以满足各种不同的需求。可以说，面谈是日常管理工作中最普遍、发生频率最高的活动，也是管理沟通中最常用的工具。但是，高超的面谈技巧并不是与生俱来的。事实上，如何才能实施有效的面谈，用最短的时间达到预期的目标是长期困扰着管理者的一个难题，人们常常抱怨被淹没在无休止的面谈之中，却依然一无所获，毫无进展。

　　面谈的目的多种多样，与管理有关的面谈目的大致包括以下几个方面。

　　＊　为了选择适当人员完成特定的工作；

　　＊　为了提供、获取或者交流信息；

　　＊　为了监控、评价或者纠正工作表现；

　　＊　为了咨询、商讨并解决问题。

　　显然，面谈是一项目的明确的活动。不仅如此，这种目的还是在面谈发生以前就已经确定了的。如果要成为一名成功的面谈者，首先就必须有明确的面谈目的，然后再决定实现的途径与方法。

　　从本质上讲面谈是一个交流信息的过程，有两个或者两个以上个体参加。这是所有面谈都具备的共同特征。但是，仅仅认识到这一点是远远不够的。实际上，在面谈这个互动过程中，交流双方所扮演的角色是不同的，因此他们的地位也就有所不同。面谈通常由参加面谈的人中的一个人组织、控制并实施，他在整个过程中处于主动地位，我们将执行此项职责的个体称为面试者，而面谈的另一参与方在总体上处于被动地位，被称为受试者。一般情况下，受试者通常拥有更多的信息。基于不同的角色定位，面谈应被理解为一个说服的过程，一个训练有素的面试者应通过精心选择与组织的提问，来引导与激发受试者将其拥有的私人信息以一种适于接受的方式展示出来。面谈中的有些问题也许会令人尴尬窘迫，但这充其量只是面谈的一种副产品而绝非其初旨。这种对面谈意义的深层理解是有效地实施面谈过程的前提，正是由于这种深层次理解才激发了我们对面谈全过程的研究，巩固了对面谈技巧的把握。

面谈同时又是一项正式的安排。它需要精心组织、有计划地展开。通常面谈的过程包括准备阶段、实施阶段与总结评价阶段。每个阶段都有大量的细节工作。认真、准确地做好这些工作才能完成好一个有效的面谈。

面谈的过程

面谈准备

预先准备可以有效地缩短实际面谈的时间，也可以避免面谈中可能出现的尴尬场面。用于面谈的时间不可能随面试者的喜好与需要而单方面决定，它通常也受到受试者的约束，大量统计数据表明，有效的面谈时间一般在30分钟左右。时间的约束要求面试者必须事先做好准备工作，以达到面谈的目的。

会前通常应考虑以下几个问题。

* 预先需要受试者准备什么吗？

* 需要收集哪些信息？

* 谁是合适的受试者？其个性习惯等如何？

* 面谈中要提出什么问题？如何提出这些问题？

* 安排何时面谈？

* 在哪里面谈？

虽然这些问题看起来似乎是常识，但实际上很多人在面谈前并不能习惯性地做到，相反，有人甚至在开始面谈时还对自己的目标不是很清楚，其他方面很随意处理的情形更是比比皆是，面谈的效率与效果便可想而知。

因此，面谈者首先必须明确，面谈的目的是一切面谈活动的出发点，面谈者需要在透彻认识目的的过程中，逐步明确需要具体收集的信息，以及为了获取这些信息，所要考虑选择的适当的面谈对象。确定了面谈的对象之后，接下来的问题便是如何有效地完成信息交流的互动过程。

面谈中面谈者提出的各种问题是收集信息的基本手段，也是其向受试者发出信息的主要载体。

将信息需求转化成问题的过程在沟通学中被称为编码的过程。针对这些问题,受试者会根据自己的知识体系、个性习惯、思维特点加以理解,这个过程就是译码的过程。受试者结合自己对面谈者意图的理解与自己掌握的信息,再次编码,传递给面谈者。面谈者经过理解,掌握了所需的信息。这就是面谈互动过程中的一个回合,其流程如图 12.1 所示。

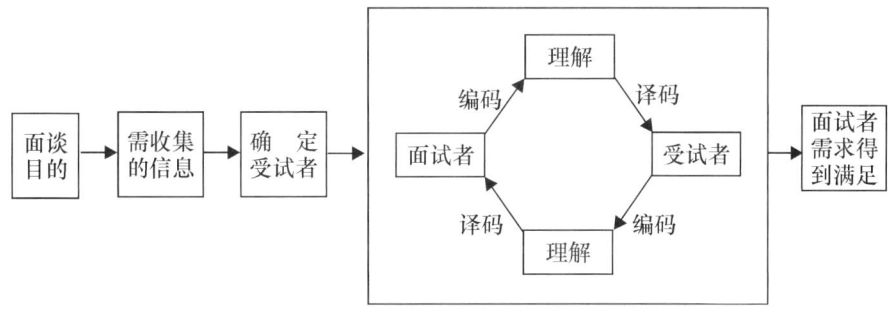

图 12.1　面谈的互动过程

　　由于在面谈互动实施过程中,面谈者提出问题的类型、方式以及受试者本身的知识体系、个性习惯、思维方式都会影响受试者对面谈者意愿的理解,因此,面谈者在准备阶段应该仔细阅读有关材料,明确自己需收集的信息类型,并把面谈中需要获取的信息罗列出来,这样既有助于对具体问题做出决定,有效避免遗忘,同时也有利于对不同受试者提供的信息进行比较。为了增强面谈的有效性,面谈者最好准备一张事先经过设计的问题表。同时,面谈者还需要了解受试者的背景资料以预测其可能的反应与理解,从而调整自己提问的方式以引导受试者按其需要的方式组织拥有的信息。

　　面谈场合的选择有时也能决定面谈的成败。一个舒适宽敞、通风明亮的环境有助于面谈双方保持清醒的头脑,一个安静、不受噪声侵袭与电话打扰的场所会有效地提高时间的利用效率。特别需要指出的是,办公室的空间安排也可能会对面谈的效果产生极大的影响。研究表明,大部分办公室可以分为两个区域:压力区域和半社会化区域。压力区域是指办公桌周围的那片区域,其特点是办公室的主人坐在办公桌的后面,而这张桌子可能就会在交谈双方之间形成一道自然的和心理上的"屏障",因此,这一区域一般只适合安排正式面谈。半社会化区域指稍远离办公桌的区域,如果是较大的办公室,其中可能还会有舒适的沙发和茶几,在这个区域内的交谈被认为是建立在比较平等的基础之上的,容易使面谈者产生一种轻松、随和的感觉,进而提高面谈质量。通常,如果不是带有惩戒性的、很严肃的面谈,最好安排在压力区域以外比较舒适、随意的空间中进行。另外,面谈双方的空间位置也会影响面谈的质量。心理学家指出,交谈时,双方座位成直角时要比面对面的交谈自然六倍,比肩并肩的交谈自然两倍，因此，面谈者应根据不同的目的与需求来精心策划与调整面谈的环境。

还需要一提的是，如果因为某种特殊原因（最好不要这样）不得不让面谈者等待时，应该尽量安排舒适的等待场所，并备有杂志、报纸、茶水、咖啡，甚至有人作陪，以帮助受试者在等候的过程中不至于影响面谈的情绪，从而保证面谈的效果。

面谈实施

面谈实施大致包括四个阶段，如图 12.2 所示。

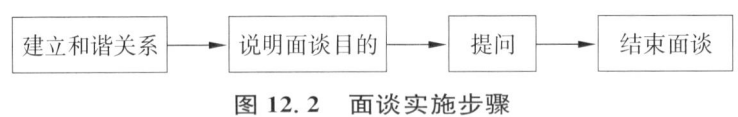

图 12.2　面谈实施步骤

◆ 营造氛围

受试者进入面谈场所以后，面谈者首先就应该有意识地努力为有效面谈创造良好的沟通氛围。由于所处地位的被动性以及可能出现的尴尬局面，对大多数受试者而言，总不免有些紧张。因此，面谈者有必要在面谈双方之间建立融洽和谐的关系，营造令人放松的良好气氛，这将有助于受试者放松紧张的神经，使信息顺利通畅地互换，提高面谈成功的概率。为此，面谈者可不必急于进入正题（除非面谈目的本身需要向受试者传递压力），而用几分钟时间进行有关社会生活的谈话。一声主动亲切的问候或对共同关心的问题简短的讨论等，都是可选的方案。作为面谈者，应尽早地建立这种关系，它能够为你获取需要的信息铺平道路，即使在初始阶段一切都进行得相当顺利，也应该为维持良好的氛围而花费必要的精力，因为紧张的气氛随时可能会影响到面谈的效果。

◆ 交代目的

在必要的松弛之后，面谈者应该简短清晰地向受试者说明面谈的目的、步骤、进度安排，以及面谈者的期望等。对于面谈者而言，切不可因为这只是举手之劳或自认为面谈目的显而易见而将其忽视或者省略，除非由于某些特殊的面谈目的而有意不向受试者透露这些信息。否则，面谈目的没有明示或单凭面谈者的主观臆断，常常会造成受试者对面谈本身摸不着头脑，从而使面谈的效果大打折扣。

◆ 提问控制

完成了前续工作，面谈便可进入核心部分——提问阶段。提问是面谈中获取信息的最主要手段，这一步骤成功与否直接决定了面谈的成效，它最能体现面谈者的面谈技巧与运用水平。

提问是面谈中获取信息的最主要手段,提出问题的方式不同会导致受试者对同一主题所作回答信息量的不同,侧重点的不同,组织方式的不同,甚至真实性的不同。因此,信息获取的数量和质量在很大程度上依赖于面谈者的一种特殊的提问技能,即能选择适当的提问方式、提问内容,以便使人愿意提供信息。研究表明,使用与面谈主旨密切相关的结构化提问方式,比使用探索性、无限制的非结构化方式,能明显提高面谈质量。

在应用有效提问技巧时,应掌握两个关键:一是可以采用的提问方式有哪些? 二是这些不同的提问方式可以期望得到什么反应? 成功的面谈者应有正确选择提问方式的能力,有评价所获信息准确性的能力,有根据信息进行决策或采取适当行动的能力。

本书第三章中所列举的有效提问方式,也适用于面谈的不同场合。另外值得一提的是,在提问过程中要尽量使用中性问题以免造成误导。

在整个面谈过程中,一定不要忘记面谈是有目的的,要避免任何偏离目的的问答出现。对面谈者来说,就要保证提问没有任何暗示性的引导或误导,否则可能会造成信息质量的降低,甚至获得根本无价值的信息。因此,以下的一些提问方式在面谈中就应该尽量注意或避免。

◆ 引导式提问

有时面谈者的提问可能会带有一定倾向性。常常有意无意地将受试者的反应导向自己期望的方面。如果是要向下级征求意见,而你的见解已经非常肯定的时候,这种提问方式就会有问题。比如:"如果我们引入这种新的分配方式,分配中的问题就会解决,你同意我的观点吗?"再比如:"你有汽车驾驶执照,是吗?""你是否像大多数学生一样认为自己的课业承担过于沉重?"等等。

在面谈中,使用引导式提问应特别慎重,它虽然有助于证实一些事实性的细节,但运用不得当,极易造成信息的扭曲与偏差。

◆ 引诱式提问

这种提问方式比引导式提问具有更强的诱导性。从表面上看这种提问很正常,但对回答者具有欺骗性,它们通常被用在需要了解受试者情绪和情感的场合,面谈者通过这类提问配以适当的语气向受试者施加压力,迫使其揭示内心情感。这种方式是建立在对他人不信任的基础上的。例如,你怀疑下属昨天未经许可早退了,你可能会问:"昨天下午在我们门口发生了一起交通事故,你看到了吗?"这意味着,如果你的下属看到了,你就可以断定他早退了。

使用这种方式的危险性是显然的,一旦受试者认识到上当了,双方之间的对立情绪就很难缓解了。面谈的基础也就失去了。实际上大多数面谈中没有必要使用此种手段,而且它对面谈者的技巧要求很高。

◆ 组合式提问

有时,面谈者想让受试者同时回答几个问题,例如:"你说你的下属都是称职的,是吗？ 他们是否都得到过足够的培训？ 他们能否工作得更出色些？ 他们是哪些人?"

这种提问方式会造成回答者思维上的混乱,他们往往回答得不得要领,甚至只回答其中的一个问题,多数是他们最有把握的问题或是最后面的一个问题。结果自然不会令面谈者满意。

面谈结束

面谈结束时,有必要对面谈交谈的内容做简要归纳,这有助于统一面谈双方的理解与认识,大大提高所获信息的准确度,若不进行必要的总结,面谈双方就可能无法发现事实上存在的理解上或认识上的分歧,各自按自己的演绎版本执行面谈实现的决定,结果差之毫厘,谬以千里。例如:"现在听下来,你想要从事的是财务、行政或人事方面的工作,对吗?"

面谈总结的突出优点是可以适时中断对方谈话,进一步明确已交谈的内容,从而重新选定面谈目标,改变话题。通过小结面谈者还可以有效阻止受试者一些无关的话题,而不引起反感。

当面谈者获得了所需信息之后,就可以准备结束面谈了,结束的方式应该让受试者感到欣慰。同时,也应当提供受试者向面谈者发问的机会,对其提出的问题应给予尽量全面、诚恳的答复。最后应该感谢受试者的合作,同时提供受试者了解相关信息的机会。

面谈的种类

面谈的种类有很多,主要包括招聘面试、信息收集的面谈、信息发布的面谈、解决管理中的有关问题(比如员工评估、申诉处理等)的面谈等多种类型。作为员工甄选的一项有效工具其中尤以招聘面试最为常见。如何有效地认识与把握面试的技巧与方法,是管理者一项重要的沟通技能,也是招聘中很关键的一环。

招聘面试

通过面试者与应聘者面对面的接触和问答式的交谈,招聘单位可以进一步了解应聘者的各方面情况,从而做出正确的录用选择。

信息收集的面谈

信息收集面谈通常包括数字数据、客观事实、描述、主观评价和感受等内容。

管理人员运用信息收集面谈的例子有：市场调研面谈；事故调查面谈；旨在评估组织内部变更的基础的面谈；员工离职面谈；工作计划跟进与复查面谈。

信息收集面谈的结果常常包括报告或研究文件，它们可能用于指明主要组织变革范围，如新的营销策略，同时回顾组织变革的过程，指出需要变革的必要性并把其作为有效变革管理的第一步。可见，信息收集面谈通常是起始步骤中的关键一环。

信息发布的面谈

信息发布面谈是以面谈者向受试者发送信息为主要内容的面谈形式。信息发布面谈的一个例子是向新进入公司的员工介绍本公司情况与其特定岗位职责的迎新面谈。迎新面谈的目的是帮助新员工明确职责、快速适应新的工作环境与工作风格。迎新面谈会影响新员工对公司的最初看法、态度与期望。

解决问题的面谈

与解决问题有关的面谈可以包括：评估面谈、纠正面谈、咨询面谈。在这种面谈中，受试者对面谈的成功至少起着同等重要的作用。虽然面谈者的主要责任是陈述事实和寻求解决问题的方式方法，但同时要意识到受试者在其中所担负的重要角色。

由于解决问题的面谈中，受试者一般是问题中的相关者，甚至是关键性人物，解决问题的方案有赖于受试者的认同，而问题的最终解决也离不开受试者的参与。因此，此类面谈最需要面谈者以平等的方式参与其中，也最需要面谈者的沟通技巧。

下面分别介绍几种常见的、有助于解决问题的面谈。

◆ 评估面谈

评估面谈的目的通常是向员工反馈关于企业对于员工工作表现评价的信息。具体说来，可以包括回顾评估者在某一特定时期内的表现；指明其将来业绩有待提高的方法；制定其个人业绩的目标，以及评估其培训与发展的需要。评估面谈的具体目标因人而异，它依赖于评估者的工作表现。

在评估面谈开始之前，管理人员应确定评估目标，并决定在初始阶段，评估人对于评估工作的参与程度。很多企业在这一阶段都发给评估人一张自我评估表，让员工对自己的工作表现做出自我评价，评估面谈中主要议题就是讨论管理人员评价与下属自我评价的差异之处，并最终取得一致意见。

评估面谈应该是一个双向交流与沟通的过程，因此，评估面谈时，作为主管不应将所有精力都用于将自己的观点强加于评估者，而应就员工有优秀表现的领域、尚需改进的领域以及如何提高的方法和步骤等问题在平等基础上经过讨论达成共识。评估要取得预定的效果，必须建立在面谈参与者互动的基础上，接受评估的员工对评估的结果必须真正地认同才会化为实际行动，否则就只能是走过场。

评估面谈结束之后，作为接受评估的员工应将评估的结果付诸实施，而作为管理人员则应起到监督、协助的作用。若在评估中，有员工抱怨评估的标准有失公允或者不切实际，管理人员应尽早调查研究并在必要时加以调整，避免其成为下一次评估中影响评估准确性的干扰因素。

◆ 纠正面谈

评估面谈是每一个员工都会经历的面谈类型，而纠正面谈则不同，它是针对工作表现欠佳的员工而进行的，其目的在于帮助员工纠正不当的行为，提高工作效率。纠正面谈的性质决定了受试员工多多少少会带着一种质疑，甚至敌视的态度参加纠正面谈，因此对面谈者沟通技能的要求也就比较高。

在这种面谈中，面谈者必须做好充分的准备，要掌握尽可能多的事实材料，努力排除主观因素的影响；在做出结论或处罚决定之前，应该已经给予受试者某种提示或修正的机会，要了解受试者是否熟悉有关的规章制度，是否还有其他特殊情况或人员需要加以考虑；在做出结论或处罚决定时，要参考以前对类似问题的处理情况，充分估计可能的后果，确保公正。

在进行纠正面谈时一定要慎重，特别是涉及对受试者的惩戒时。

◆ 咨询面谈

咨询面谈的主题通常涉及员工的个人问题。有效的咨询面谈可以帮助员工解除个人的一些后顾之忧，提高员工的工作效率。

在这样的面谈中，面谈参与方之间的信任与和谐气氛至关重要。管理者一定不要将自己的隐情、反应和观点强加给受试者，认识不到咨询的这个基本规律，不仅会影响面谈的效率，而且会使受试者感到迷惑不解，甚至引起他们的反感。

招聘面试的基本程序

面试使招聘者有机会亲自评价候选人，使招聘者有机会直观地了解候选人的知识、技巧、能力等，并有机会评价候选人的主观方面信息——生理特点、仪表举止、紧张程度等。

正是基于面试的诸多功能，它已成为现代社会招聘工作中不可或缺的一个环节。自信的应聘者也往往希望通过在面试中的上佳表现而使自己在众多竞争中脱颖而出。但是面试毕竟是一种主观性评价方法，因此面试的有效性与可信度在很大程度上取决于面试者的经验及技巧。另外，从应聘者的角度来看,面试多多少少与紧张的心情结伴而行,要克服不稳定的心态,避免表现失真,要求应聘者对面试的目的、内容有一定程度的了解与准备。

面试在本质上是一种主观性评价方法,因此面试者难免将自己的思维定式带入面试过程,影响面试的实效,但是,经过科学、严格的设计程序,并按程序实施,能大大提高面试的有效性与可信度,充分发挥它在员工招聘中的重要作用。面试的一般程序大致包括工作分析、确定目标、编制面试问题、确定评价标准、组成面试小组并实施面试五个步骤。

◆ 工作分析

面试者首先应该对招聘岗位的工作进行仔细分析,从工作职责、所需知识、技能和能力,以及其他工作资格条件的角度撰写工作说明。这一步骤是整个面试工作的根基与出发点。

◆ 确定目标

每一次面试,面试者都应该有明确的目标,要明确通过这次面试应该了解到什么信息,应该达到什么目的。一般而论,面试的目标有以下几点。

→ 确定特定应聘者是否适合担任招聘岗位的工作。这是进行面试的首要的、同时也是最基本的目标。

→ 向应聘者详尽地说明招聘岗位的职责。应聘者对招聘岗位的了解通常都是粗浅的,因为作为企业的一个外部人,其信息渠道非常有限,面试者的详细说明有助于应聘者对信息的全面把握,使应聘者对自己对于该份工作的兴趣与胜任能力做出正确的判断(面试毕竟是一个双项选择的过程);另外,一旦录用,也能帮助应聘者迅速进入角色,适应新的工作。

→ 树立良好的企业形象。对于应聘者来说,面试者是招聘企业的唯一代表,即使未被录用,面试者的行为、态度、风格也会影响到他们今后对公司的产品与服务的看法。统计数据表明,面试人数与实际录用人数的平均比率为37:1,因此这种影响力是不容忽视的。

◆ 编制面试问题

一旦工作分析和面试目标确定下来,接下来就要编制具体的面试问题了。问题的编制因面试的要求和目的的不同而不同。假如面试是招聘的唯一手段,且应聘者的申请材料信息不足,则面试的内容应尽量广泛;反之,假如面试只是安排在其他测试之后的补充性手段,或应聘者的申请材料中已包含了大量信息,那么面试的内容可适当缩小。此外,申请不同职位工作的面试内容也因事而异。

从广义上说,编制的问题可以涉及以下几部分的内容。

＊ 个人背景,家庭情况,学习经历,工作经历等;

＊ 个人成就,学业成绩,工作成绩,奖励情况,专长等;

* 理论知识,实践经验,知识面或有关常识等;
* 兴趣爱好,职业兴趣,知识兴趣,生活情趣等;
* 逻辑思维能力,分析问题能力,语言表达能力等;
* 价值观念,是非标准,个人理想等;
* 求职动机及意愿,应聘动因,就职期望,工作要求等。

◆ 确定评价标准

面试者对评价与判断标准应有明确统一的认识,也就是说,要制定标准答案,受试者怎样回答算正确的或怎样回答是有效的,怎样回答是不正确的或无效的,要有一个明确的标准。比如,为每一关键事件问题制定一个 5 分制答案评定量表,并规定最佳答案(5 分)的具体回答是什么;最低可接受答案(3 分)的具体回答是什么;最差答案(1 分)的具体回答是什么。

事先确定与统一评价标准有助于提高面试的公正性。大多数招聘面试是由几个面试者分头进行的,统一标准有助于使应聘者面对不同面试者时机会均等。即使是同一面试者,明确评价标准也能防止或减轻面试者容易出现的"前紧后松"或者"前松后紧"之类的问题。

◆ 组成面试小组并实施面试

面试小组最好由参与工作分析并撰写面试问题和答案的人组成,也可以包括所招募职位的主管或现任者,以及人力资源部门的代表。在招聘同一职位候选人的整个面试过程中,面试小组成员必须一样。在面试前,有关工作职责、问题及评价标准应该得到小组成员的认可。此外,面试当然应该如上文所说的,在一个安静、宽松、融洽的气氛中进行。理想情况下,应有一位成员专门向其他人介绍求职者,并对所有求职者提问所有问题,以确保一致性。结束时,要向每一位求职者说明后续程序并回答求职者的问题。

面试者应遵循的原则

要提高面试的效果,面试者必须遵循如下原则。

◆ 只问与工作有关的问题

这一点十分重要。有的面试者在面试时往往会偏离主题,这样既浪费时间又达不到目标;有的时候受试者也会主动或无意识地把目标引开。

◆ 不要过早做出判断

研究表明,面试者常常在面试的最初几分钟就会对求职者做出判断。在这种情况下,很多有价值的信息就会被遗漏。

◆ 掌握面试时间

面试应该规定一个基本的时间界限,不要有的时候一开始就没完没了,这样既影响了以后的面试,又使面试的内容不易集中。

◆ 对每一个求职者一视同仁

先紧后松或者后紧先松的现象在面试中经常会出现。刚开始时由于面试者精力较旺盛,思想较集中,提问较仔细,对求职者的评价比较准确,到了后期,由于长时间的工作,面试者有可能疲倦,就草草了事,这样面试的结果就不够理想。

◆ 对求职者要充分重视

有时面试者在面试中会表现出对求职者一种漫不经心的态度,这样使求职者感觉到自己受冷落,就会不积极地反映,从而无法了解其真正的心理素质和潜在能力。

◆ 注意非语言行为

人们的语言行为往往是通过大脑的深思熟虑才讲出来的,尤其在面试的时候,求职者往往事先做过充分准备,他讲话的时候会把最好的一面反映出来,但是要真正了解应聘者的心理素质,有时应该仔细观察求职者的表情、动作、语调与非语言行为。

面试中常见的误差

以招聘中的面谈为例。有关证据表明,面试中很容易产生判断和知觉误差。如下情况最为常见。

◆ 相似性误差

面试者往往对那些与他们(在背景、兴趣、爱好等方面)相似的候选人有正向的先入为主的印象,而对那些与他们不相似的人有负面偏见。

◆ 对比误差

面试者往往倾向于将候选人与同时面试的其他候选人进行对比。例如,在面试时,排在几个较差的候选人之后,一个一般的候选人可能会受到较高的评价;如果排在一个优秀的候选人后面,可能受到过低的评价。

◆ 过分看重负面信息

面试者倾向于对负面信息过度反应,并以此找一个理由说明候选人不合格。

◆ 性别年龄偏见

面试者或多或少地在对待候选人的性别和年龄时会出现偏见。

◆ 第一印象误差

在面试中,一些面试者会在短时间内迅速形成较为固定的印象。

◆ 晕轮效应

所谓晕轮效应就是指面试者基于对受试者某一方面的好的或坏的印象而决定其总体的判断,这种评价模式有损于面试的有效性与可信度,有可能使最好的求职者落选。

为了提高面试的准确性，面试者要明白自身的限制，并尽量避免上述误差的发生。

求职者面试须知

求职者要明确的第一件事是，面试对你来说主要是为了让面试者了解你是怎样一个人。换句话说，你怎么与他人相处和你的工作意图的信息在面试中是最重要的。在这个过程中，求职者应努力得到面试者的倾听与理解，充分展示自己的优势。要克服紧张情绪，尽量做到自然、自信、从容不迫地面对面试者，应对面试的目的、方式有一定程度的了解，并且掌握一定的面试技巧。当然，也要注意收集有关工作和企业的信息，并据此做出应聘与否的决策。

◆ 准备面试问题

面试中大多数的提问是标准化的，也就是说，面试者提问的意图、需要了解的信息大致相同，只是具体的提问方式有所差异罢了。因此，求职者完全可以通过预先的准备来扬长避短，以最佳的方式展示自己的才能。

面试中经常被问及的内容包括以下方面。

* 在中学或大学的教育中，哪些成就能使你成为这个职位适当的候选人？

* 你具备哪些条件和资格使你能胜任这项工作？

* 你为什么对这份工作特别感兴趣？

* 你有哪些业余爱好与兴趣？

* 最近看过什么书？看过哪些表演？

* 你经常阅读哪些报纸杂志？

* 从工作经历中，你学到了什么？

* 你认为自己能为雇佣你的公司做出哪些特殊贡献？

* 你现在应聘的工作对你长期的事业目标来说有哪些助益？

* 你如何证明与显示自己处事的成熟、领导才能、创造性和主动性等？

作为求职者，回答问题要紧紧围绕主题。因为面试者正是通过你回答问题的内容来判断你的表达能力与思维逻辑能力。

◆ 发现面试者的需要并认真思考

要尽可能少花时间回答面试者的第一个问题，而尽可能花时间让面试者说明自己的需要。确定面试者希望达到的目标，希望招聘到什么样的人。比如问类似"你能告诉我更多的情况吗"这种开放性问题。

在回答问题的时候应当是采取这样的步骤，即停顿—思考—回答。停顿是为了确认自己理解了面试者的意思，思考是为了有效组织自己的答案，然后才是回答。

◆ 留下良好的第一印象

良好的第一印象在面试中非常重要。研究表明,在多数情况下,面试者在面试开始的第一分钟就对求职者形成了判断,而且,这一印象一旦形成往往很难改变。为此,有专家建议面试中应该注意以下方面。

* 得体的着装;

* 良好的修饰;

* 有力的握手;

* 表现出控制力;

* 恰当的幽默和微笑;

* 对过去绩效的自豪;

* 对面试者的尊重与关注;

* 对公司的了解和愿意效力的意识。

◆ 回避不必要的提问

作为求职者权利的一部分,你也可以拒绝回答面试者提出的某些问题,而不必对面试者言听计从,有问必答。特别是一些易带来歧视性印象的问题,如:"你与男朋友的关系是否会影响工作?"或者"你的家庭是否反对你经常出差?"等有可能暗含着面试者潜意识中对女性的特别看法的问题。容易带来歧视性印象的因素除性别外还包括种族、宗教等。

作为求职者,应事先对此有一定的心理准备。当被问及这些问题时,可以拒绝回答,但应明确地说明理由。

◆ 注意非言语行为的作用

要与面试者保持目光接触非常重要。此外,说话要有力量,声音要清晰流畅,要热情,并花一点时间组织你的答案。

面谈者的误区

为了使面谈有效,在面谈过程中,面谈者应努力避免以下情况的发生。

* 与对方争论或者试图评价对方的观点,这会影响客观性并浪费宝贵时间;

* 就某一细节问题而浪费过多时间,以致不能在规定的时间内完成所有面谈计划;

* 被对方控制面谈局面,如提出过多问题;

* 以严肃的态度对待对方,使他们的神经绷得更紧;

＊ 被自吹自擂、喜好夸大的受试者所蒙蔽。

面谈者的技巧

显然,面谈是一项技巧性极强的活动,为了使自己不至于陷入误区,面谈者必须掌握一定的面谈技巧。

＊ 尽早与对方建立和谐信任的关系,营造融洽轻松的气氛;

＊ 保持客观的超然心态面对受试者,警惕将自己的成见带入面谈中;

＊ 按一定的逻辑顺序排列问题,这有助于对方保持清醒头脑;

＊ 尊重对方,包括对方的习惯与意愿,不过分纠缠于对方不愿回答的问题;

＊ 对对方的回答应预先估计,提高记录的效率,充分利用非言语沟通技巧。

需要说明的是,面谈本身是一个操作性很强的过程,不同类型的面谈,不同的场合,不同的参与人会产生不同的局面,无定式可循,掌握面谈技巧更多是靠实践。

最后需要再次强调,任何一种面谈,都是为了达到预定的目的而有组织、有计划地展开的交换信息的活动,是管理中最常用的工具,用以满足不同的管理要求。作为有能力的管理人员必须能够使用全面的面谈技巧并将其运用到不同的环境之中,展开各种不同类型的面谈。

小　　结

本章主要介绍了管理沟通中的面谈问题,其中包括面谈的一般过程,面谈中常见的问题,以及应该掌握的原则与技巧等。作为管理中面对面沟通的主要形式,面谈的种类有很多,本章一一做了介绍。作为操作性很强的一种沟通方式,面谈应该因时、因地、因人而异,关键应该明确每次面谈的目的、目标,面谈中应该努力营造平等、坦诚的良好氛围,并紧紧围绕需要解决的问题展开。过于情绪化的东西不应该出现在正式的面谈中,除非它的确能够提高面谈的效果,并能够得到较好的控制。

讨 论 题

▷ 面谈的目的主要有哪些?
▷ 面谈的主要过程有哪些?
▷ 解释面谈的实施步骤。
▷ 非语言沟通在面谈中有何作用?
▷ 面谈的种类有哪些?
▷ 面试中应该注意些什么?
▷ 面试中常见的误差有哪些?
▷ 求职者在面试中如何赢得优势?
▷ 解决问题的面谈有哪些?
▷ 面谈的技巧有哪些?

案例分析

　　华夏银行某分行商业信贷部总共有 4 名出纳员,其中 1 名是资深出纳员马晓丽,张岚是部门主管,负责信贷部的工作已有 3 年。张岚和马晓丽是好朋友。最近张岚了解到不久她将调往其他部门,而且马晓丽有可能会接替她的职务。但是两个星期后,银行却把张小燕调到信贷部任部门主管。

　　张小燕是财经专业大学本科毕业,在此之前已经在华夏银行下属的一个储蓄所里工作了 5 年,绩效评估记录一直是优秀。她有很强的领导能力,与同事相处也很愉快。这次升职是对她以往工作成绩的一个奖励。当张岚向她介绍信贷部的员工和具体的工作职责时,她马上意识到这里的工作与以往在储蓄所的工作内容和程序有很大不同。在欢迎她的会议上,张小燕诚恳地表明了要努力工作并尽快熟悉工作环境的意愿。

　　上任几天后,张小燕注意到,当她向马晓丽询问有关工作程序方面的问题时,马晓丽表现得并不友好,也不愿意合作。她不由得想起了张岚临走时说的话:"你的到来让马晓丽很不高兴,因为她认为你抢占了原本属于她的主管职位。所以,当她的主管要格外小心。"

　　在接下来的几个星期里,张小燕发现马晓丽不但时时与她作对,而且在工作中的表现也很糟糕。比如,她经常迟到、早退,甚至经常算错商业贷款的利息。根据马晓丽这样的绩效表现，张小燕很难相信她竟然能晋升为资深出纳员。

但是，经过了解，张小燕惊讶地发现，马晓丽以往的绩效评估记录都是优良。相比之下，现在的马晓丽则判若两人！张小燕决定先从侧面了解一下这究竟是怎么回事。

虽然信贷部其他几名员工吞吞吐吐、闪烁其词，张小燕还是了解到了一些有关马晓丽的情况：马晓丽来信贷部工作并且多次被评为资深出纳员，凭的并不是她自身的学历和工作能力，而是她在银行上级管理层的背景关系。她特别注意与信贷部的主管搞好关系，所以她的绩效记录都是优良。本来她对在张岚调走后升任信贷部主管非常有信心，没想到事与愿违，于是便心怀不满，要给这个既没有关系又没有后台的新主管一点颜色看看。

了解情况后，张小燕感到有几分不安，在她以往的工作经历中还从来没有遇到过这样的员工。她决定第二天就和马晓丽谈一谈，希望处理好这件事，尽量缓和与马晓丽之间的紧张关系。但是谈话的结果并不理想，马晓丽在张小燕指出她工作中的一些失误后，非常生气，对张小燕厉声地说："你先把自己的事情做好吧，我自己的事自己会做！"

转眼又过了几个星期，马晓丽的表现根本没有任何转变，她还是经常算错账，在同事中拉帮结派，试图孤立张小燕。然而，银行半年一次的绩效考评就要举行，张小燕不知道应该给马晓丽一个什么样的评价，又该怎样与马晓丽进行绩效考评反馈面谈……

[思考题]

1. 张小燕就任信贷部主管后面临怎样的沟通困境？

2. 张小燕在了解到马晓丽的一些背景后，试图与其改善关系。但是，张小燕和马晓丽之间的谈话结果并不理想。为什么？你有什么建议？

3. 按照部门绩效考评要求，张小燕必须与马晓丽进行一次绩效考评反馈面谈。面对马晓丽的抵触情绪，为了取得面谈的良好效果，请你提出自己的建议。

4. 从有效沟通的角度，谈谈在面谈过程中对面谈者的基本要求。

第十三章

跨文化沟通

学习目标

- 理解跨文化沟通的重要性
- 了解文化的多样性问题
- 了解跨文化沟通的障碍
- 掌握跨文化沟通的改进方法
- 学会分析和解决跨文化沟通中的实际问题

引导性案例

2005年3月下旬，正当植树节前夕，由联合国森林对话组织、世界自然基金会等主办的2005年"国际森林环境论坛"在中国香港举行，会议重点讨论并力求制订全球森林保护和开发标准。

温州商人、上海安信地板有限公司董事长卢伟光也因其去年在巴西收购森林的大手笔而应邀与会并演讲。他也是唯一在会上发言的中国企业家。

卢伟光做的是木地板生意，与巴西的原始森林早已结下了不解之缘。2004年11月份，国家主席胡锦涛访问巴西，随团访问的企业家包括宝钢集团董事长谢企华、中国建设银行董事长张恩照等，在巴西投资了森林的卢伟光也一同随行。"就此次出访而言，企业家队伍中直接获益最大的应该是我。"因为卢伟光趁此机会又在巴西境内亚马孙河畔添置了8.5万公顷的原始森林，加上此前他在巴西购买的另外1.5万公顷原始森林，卢伟光在巴西已经拥有了10万公顷原始森林。卢伟光也因此被人们称为"森林大王"。

刚刚参加完香港会议回到上海的卢伟光接受了《今日早报》记者的专访。

记者：据说您现在大量的木材是从巴西进口的，是这样吗？

卢伟光：对，因为从1994年到1998年巴西木材都是通过中国台湾的贸易商转口贸易卖给我们。那个时候我们对国际贸易不懂，也没去过很多国家……在工厂我经常去车间看我自己的产品，检验采购来的产品质量好坏。有一包地板里面就有一个胶带纸上面印着巴西供应商的电话号码和传真号码，通过这一点，我也尝试着跟他们联络。

记者：您后来跟巴西的供应商之间一下就联系上，就开始跟他们合作了呢，还是也有一段磨合期？

卢伟光：有一段磨合期，因为巴西人的想法和我们中国人的文化传统相差十分巨大，而且他们对中国的了解很少，也不知道中国人经济条件怎么样，现在饭吃得饱不饱。你说买他们很多地板，很多木材，他们会觉得这么贵的东西，你能买得起吗。我经和他们多次的交流，给他们介绍中国的情况，中国的经济很好，老百姓的生活水平提高很快，而且生活水平提高，最大的体现就是买房子，买房子就要装修。听了我的介绍，他们也半信半疑。

记者：为了跟巴西人做成生意，您具体都做了哪些努力？

卢伟光：2000年，我在北京的新工厂开业的时候，就邀请巴西的供应商来参加我们的开业典礼。把他们请到中国来后，我还带他们去上海浦东，北京的长城、故宫、天安门去参观，让他们对我们的国家、我们的企业有一个更为感性的了解。另外,我们还必须尽量融入他们的文化。比如,我现在到巴西去,一到了休闲时间或者节假日,我总会脱去西装,换上衬衫和供应商们一起晒晒太阳,下场和自己的巴西员工们踢几场球。因为,在巴西,你必须按照他们的思维方式思考,也必须按照他们的生活方式生活。

记者:您一直从巴西进口木材,后来怎么想到在那边买森林了?

卢伟光:我们在巴西的生意发展到一定阶段后,我就觉得应该有自己的原材料基地。森林资源虽然是可再生的,但巴西的森林绝对是稀缺资源。我们现在把森林买下来,对于我们以后的发展来说具有非常重要的战略意义。赔本生意同样要做。

记者:现在我们都知道,您跟巴西人做生意已经很成功了。那您这整个过程中有没有一些挫折或者失败的经历呢?

卢伟光:当然有。可以说,我们在巴西有今天的地位,完全是因为2001年的一次赔本生意。那年春节前夕,因为市场被普遍看好,很多亚洲商人都增加订货量。但按照传统习俗,绝大部分装修工程在那时候都停工暂歇,没人买货,商家手头现金一下子窘迫起来。不知道是巧还是不巧,印尼盾暴跌,1美元本来兑换8500印尼盾,一下子跌到了1:13000,大部分供应商都转向印尼采购,包括和巴西合作多年的中国台湾人。当时我就在犹豫:如果按照原来合同中规定的汇率从巴西订货的话,自然能够赢得巴西人的尊敬和喜爱,今后就能够得到更优惠的价格,但贷款利率加上汇率损失,折合起来要亏损1700多万元人民币,几乎是当时一整年的利润;可是如果毁约的话,自己这3年在巴西辛苦经营的渠道和信用都要毁于一旦。

记者:这样的决定一定非常困难。

卢伟光:是啊,当时我只知道未来两三年中国的房地产业必然还会发展,我有机会把这笔钱赚回来。至于这笔损失需要多久才能赚回,能否全部赚回,我却没有十足的把握。但最终我还是把钱打到对方账户上。就像森林里的树木一样,一年长一个轮儿,所有的事物也都有周期。这是该做的事,不得不亏的钱。整个中国的房地产业正处于高速发展期,今后两三年只要保持增长,这个成本我承担得起。

记者:那现在您回想起当初的决定,有一种怎样的感触呢?

卢伟光:现在回想起来还算幸运,因为当年绝大部分经销商都宁愿选择毁约,以避免这笔损失。而我,不仅仅给供应商带去了资金,也确立了自己在巴西良好的名声,其他供应商也都倾向于给我供货。

在经济全球一体化过程中,如何看待和应对多元文化差异及其冲突?卢伟光成就"森林大王"的历程告诉我们多元文化交融在跨国经营中的重要作用，同时也揭示了要进行有效的跨文化沟通，就必须全面了解跨文化沟通过程中的各要素，譬如沟通对象的语言、非语言特征、宗教信仰和习俗等。

跨文化沟通的定义

> 所谓跨文化沟通，是指拥有不同文化背景的人们之间的沟通。

随着世界经济的日益全球化，企业管理人员必然面临跨文化沟通的问题。无论是在进入国内市场的外资企业，还是在为寻求市场多元化而开拓国际市场的中资跨国企业，各级管理人员都必须掌握跨文化沟通的技能。那么，何谓跨文化沟通呢？

所谓跨文化沟通，是指拥有不同文化背景的人们之间的沟通。在这里"拥有不同文化背景的人们"不是绝对的。我们可以将上海的"海派文化"、北京的"京味文化"等称为不同的地区文化，但这些不同的地区文化合在一起可以称为"中国文化"。同样地，美国的东海岸、中西部、西海岸等也有各自的文化区域特征，这些合在一起称为"美国文化"。其他国家与地区的情形也一样。所以跨文化沟通的问题可以在"中国文化"与"美国文化""日本文化"……这一层次上展开，也可以在"海派文化"与"纽约文化""东京文化"……这一层次上展开。沟通实践则需要我们从多个层次上交叉讨论。

这里，我们对"文化"也要做适当的界定。什么是文化？所谓文化，就是一种生活方式，它是由某一群体的人们发展、共享并代代相传的。文化由很多复杂的要素构成，它包括政治、经济、宗教、习俗、语言等。我们穿衣打扮的方式，同父母、亲戚、朋友的关系，对婚姻、工作的期望，每天吃的食物、说的话等都深刻地受到文化的影响。这并不是说每个个体跟同一文化群体内的每个人的所思所想以及行为方式都一模一样，亦即同一文化的所有成员并不拥有相同的文化要素。而且文化会随时间而演变。但是，一个群体总有一种共同的特征——系统论称之为"序参量"——可以追寻。本章就着重谈谈企业经营管理人员应该了解的跨文化沟通中的基本知识与沟通原则。

跨文化沟通的渠道

由于现代通信技术和交通的发展,跨文化沟通的渠道变得十分丰富,人们可以通过电视、电话、传真、电子邮件、无线电、报纸、杂志等进行远距离双向或单向的沟通。火车、民用航空业的飞速发展也使跨国旅游变得十分快捷。旅游业已成为公众跨文化交流的重要组成部分。企业经营管理人员主要是通过电讯手段、面对面的方式跟同僚、下属、客户以及各种组织机构进行沟通。

地球已经变成了一个村庄,村民之间很快、很容易彼此交往,那么为什么还会遇到沟通障碍呢?

答案很简单:全球范围内我们享有相同的信息和技术,但我们的文化却彼此不同。因为文化迥异,我们的家庭、习俗、价值观等也互有差异。这样住在汉堡的科尔,纽约的杰克逊,伦敦的爱米莉,东京的田中,北京的老张⋯⋯交流时便会产生困难和误解。

人类技术的进步日新月异,但基于千百年发展而来的文化的嬗变却慢得多。文化的多样性使这个世界精彩纷呈,但也正是这种多样性造成了跨文化沟通的主要障碍。文化上的差异有时使人们彼此难以理解。

跨文化沟通的障碍

具体来说,跨文化沟通中的障碍主要来自以下三个方面。

语言和非语言

语言和非语言是人们沟通赖以成功的两个重要因素。共同点越少,沟通越难。以语言为例,全球说英语的约有 7 亿人,但英国人、美国人、印度人、澳大利亚人等说的英语也不尽相同。美国人称戴的小圆软帽和穿的皮靴分别是"bonnet"和"boot",而在英国,人们却用它们指汽车引擎的盖子和汽车的后车厢。美国人的"scheme"是阴谋的意思,英国人却可能指一个计划。"satisfactory"对美国人来说是指"可以接受的",而在英国外延却大得多——可解释为"可以接受的"一直到"最好的"。其他例子如下所示。

公　寓——英:flat	——美:apartment
创可贴——英:elastoplast	——美:Band-Aid
尿　片——英:nappy	——美:diaper
药剂师——英:chemist	——美:druggist

就连标点符号的称法也不同：英国称句号为"full-stop"，而美国人则说是"period"。南非共和国的官方语言为英语和"南非荷兰语"——后者已不同于欧洲本土的荷兰语。

同一种语言因为不同的人群使用，沟通时会有障碍。完全讲不同语言的人们之间沟通时要通过翻译的过程，此时有麻烦则就更不难理解了。譬如，日本人把中国古代美女"王昭君"译成"王昭先生"。英文"喝百事——活力无限"一句在德国被译成"从坟墓中出来"，在亚洲某地被译成"百事把你的祖先从坟墓中带出来"。

同样，非语言沟通中的误解也是数不胜数。

在所有的文化中大量的沟通是通过非语言进行的。非语言的暗示从抚摸、手势到身体运动……应有尽有。在欧洲或中东看到两个男人行走时手牵着手，甚至环抱着肩膀，是寻常事；在许多国家，两个男人彼此亲脸颊也是平常事。但这种现象在有些国家却会被认为是同性恋的表现。

在美国，经理办公室中上下级的讨论可能以一种非常放松的方式进行——他们可能一边喝着咖啡。如果经理是男的，他可能把一个脚搁在旁边的空椅子或桌子上。在中东则全然不同：跷着二郎腿或将鞋底面对另一个人是粗鲁无礼的信号。在许多国家，包括欧洲的很多国家，当下属对上司说话时，下属几乎是"立正"的。在德国或澳大利亚，员工对老板说话时，从不两手插袋。

跟美国人交往，如果你不看着他的眼睛，或者让人觉得眼神游移不定，那么他就会担心：你是否不够诚实，或生意中有诈？而跟日本人交往如果你盯着他，他可能认为你不尊重他。有趣的是，美国西南部的印第安人跟日本人有着相同的看法。

信仰与行为

沟通者之间的信仰与行为习惯的差异必然使双方对同一事件产生不同的理解。事实上，我们也是戴着有色眼镜去看待别人的。下文"价值观比较"将进一步阐明由于信仰与行为的不同而产生的沟通障碍。

日本思想家池田大作曾说，世界分裂并相互对立的原因之一，就在于虽为同一地球的各个民族，但相互之间极其缺乏了解。

不同文化背景的人群在信仰与行为方面有差异，这是无法回避的客观现实，沟通时产生障碍也就成为必然。这种障碍甚至冲突大到什么程度，则取决于沟通双方对另一方信仰与行为的了解与接受程度。

曾经一家中国出口商向日本出口泥鳅，但发现冷库中只有黄鳝，此时发货期又近在眼前，再采办泥鳅时间不允许。考虑到与日本进口商是老关系，中国出口商遂将黄鳝装运出口。货到日本后，日商大吃一惊，并立即要求退货，同时提出索赔要求。我出口商解释说，鉴于贵方是老主顾，这才将我们心目中营养价值更高、价格更贵的黄鳝当作泥鳅卖给你方，何故如此呢？日方回答说，黄鳝像蛇，很可怕，我们日本人是从来不吃的，河豚倒是吃了一百多年了。所以黄鳝虽好，在日本却是废物一堆。结果我出口商只能接受退货并作赔偿。

以上难题源于我方对日本饮食习俗缺乏了解，属于"好心办坏事"。这种冲突还算轻微。涉及宗教问题就可能变得很严重。譬如，有一日商在斋月期间来到中东同阿拉伯人做生意，谈判顺利结束，为了放松一下，日商坐进自己车里抽起香烟来。不料，一下子车窗外便聚起很多阿拉伯人对着日本人指指点点。日商不知何故，为了表示友好，便不时朝窗外笑笑，谁知窗外的人群愤怒了。眼看不知如何收场，来了警察才算了事。这个案例中日商是出于对伊斯兰教斋月中不得抽烟的无知，而车窗外阿拉伯人对日商的无知几乎到了不能容忍的程度。

全球范围内不同文化背景的人们，只有通过对其他文化的理解与尊重，才能有效地进行沟通。

现实生活中，每个地区、每个城市，都有自己独特的文化底蕴。譬如，在"大中华文化"这一概念下，北京、上海、广州、武汉……这些大城市的文化都有自己的特点。所以同为中国人，北京人同伦敦人、大阪人、法兰克福人、赫尔辛基人……之间交往就不同于上海人同这些人的交往。这种沟通，同为跨文化沟通，但行为人之间交往的模式、遇到的障碍，可能很不相同，因而在沟通中要注意的问题也会很不相同。因此，我们讨论跨文化沟通时，不能笼统地说是中国人同外国人之间的沟通。外国人一定要细分。

改革开放至今，中国北方城市的普通居民见到外国人往往笼而统之地称其为"老外"；相比之下上海居民在涉外活动中能细致地将交往对象区别开来，如：美国人、日本人、英国人……甚至还进一步细分，谨慎地注意到对方来自哪个城市，应该注意什么，这种细分，正是体现了跨文化交流中的特殊性问题。越能细分，沟通遇到的麻烦也就越少，沟通也就越有效。具体沟通对象具体分析，这是跨文化沟通的精义所在。好多上海的多年从事外贸工作的人在这方面已经达到炉火纯青的地步。这是经验使然，对于多数尚无丰富经验的人来说，就首先有必要学习、研究合作伙伴的文化——不打无准备之仗，进而在交往实践中进一步完善。

文化的多样性

◆ 对空间的不同理解

动物，无论是野生的，还是家养的，都会守卫其"领土"。有些动物总在特定的地方交配和养育后代。它们年复一年回到同一地方，直到死去。

"领土"概念也存在于国家、文化甚至家庭之中。为了确定并保护我们的领土，我们树起旗帜，筑起栅栏，扎起篱笆，画上标志……

社会规范总是影响着"领土"概念。老师总是占据着全班同学前面的那一块空间，而学生总是坐在除此之外的地方。

"领土"概念有三个层次。第一层次，指我们用的物品，如床、牙刷、梳子等；第二层次，指我们吃饭时通常坐的椅子，上课时用的桌子等；第三个层次，指公共场所，如图书馆、停车场、海滩或野餐地点。在这些地方，我们也是通过某种方式跟他人沟通着：在图书馆的书桌上放上书或衣服，以此表明这是"我的地方"；同样地，在海滩上铺开地毯；在停车场刷上自己的名字或职位；在野餐地放上我们自己的食品……

在中外文化对比中，想必我们已经注意到了这样一个有趣现象：在国外，如果主人邀你同车出行，他必请你坐在副驾驶的位子上，这个位置被认为是贵宾座，因为车子往往是主人自己的，你是客人自然应坐在其身边，这样也便于交流；而在国内，由于过去有车的人还少，自己会开车的人也相对要少，无论是坐公车，还是出租车，右边的后座才是贵宾座，这个位置最安全也最远离陌生的司机，视野比左边后座也要好，作为主人的你，通常坐在这个位置的左边以便同客人并排而坐。如果还有一个人陪同，那么坐在前面副驾驶的位置上。这个位置上的人通常要鞍前马后地照顾，包括探路、付费等。

在交际中，还有一个重要的"个人空间"问题。"个人空间"指我们身体周围的一块区域，它因文化规范的不同而有大有小。

譬如，如果你同来自墨西哥或意大利的商人做生意，那么你就应当让他们更多地占据你的个人空间，也就是说交流时相互很接近，而同德国商人交流，则正相反。意大利人说话很激动，他可能很靠近你，而你可能会后退，这时你们两个都会糊涂，你会想："为什么他靠我那么近？"而意大利人则会想到："我亲近他，他为什么后退？他不同意我吗？"这种沟通上的障碍就是源于不同文化背景下的人的个人空间大小不同。

在人际空间关系中，个人地位或职务可能起到决定性作用。在美国，公司总裁总是占据着顶楼有窗户的大办公室，很是豪华，与别人永远是分开着的。法国或近东国家的管理人员通常坐在其部下中间，以便能"看见"（监督）他们。

对个人空间的理解，在同一文化中是有用的；在跨文化交流中更要考虑在内。

◆ 对时间的不同看法

不同的文化对待时间的态度差别很大。时间对于发达国家的人们来说，极其重要，几乎什么活动都以时间为中心。譬如人们常说"节约时间""花钱买时间""浪费时间"，甚至说"投入时间"。人们如此看重时间，以至于如果他人不遵守时间,就觉得十分恼怒,如美国人、瑞典人等。而在有些国家和地区,人们对待时间就比较随便,因为这"只是时间"问题。例如在巴西,你的合作伙伴可能让你等上1~2小时,巴西人赴约迟到是常有的事。整个拉美地区,只有圣保罗的商人最守时,有些文化则认为守时是头脑僵化的表现,如墨西哥人和希腊人,他们的时间观念不强。

一般来说,在工业化、现代化的时程中,人们会逐渐改变对时间的看法——会变得越来越守时。

准时赴约是一回事,如何花时间谈正事又是一回事。例如有些国家的商人喜欢单刀直入,见面之后很快进入正题,而有些国家的商人通常先天南地北扯一番,如在土耳其,商人在会见时必定会奉上一杯苦不堪言的土耳其茶,再聊上好长时间别的事才谈正事;在中东,阿拉伯商人喜欢跟你喝上2~3小时的咖啡,眼看天色已晚,临结束时才轻描淡写地说某事就这样定了——他们相信"欲交易,必先交友"。

◆ 友谊

不同的文化中,友谊观也不同。美国居民搬家频繁,他们从一个城市搬到另一个城市。通常美国人交友既快又容易,新邻居、教友、工友很快可以互相用昵称。可在英国、德国、日本、芬兰或其他很多国家,情形却大不相同。彼此称呼相当正式,一般姓氏前都要加上"先生"或"太太"之类。

在许多文化中,友谊的发展缓慢而谨慎。在英国和德国,人们邻居多年彼此称呼可能还是非常正式。

◆ 协议

文化差异使人们对"协议"的理解差别很大。对普通美国人来说,签好的协议几乎是神圣的。但对中东地区的很多人来说,合同只不过是"一张纸"而已,撕毁时就可以解除。但经过慎重而彻底的讨论,喝过很多杯咖啡之后的一次握手,那才是一份协议。令人啼笑皆非的是,在中东从事大项目的美国建筑公司发现,他们的合同方把他们精心措词写成的合同看作是谈判的开始,而不是终结。近年来,这种理解上的差异才逐渐缩小。

在一种文化中,不同地区的人对协议的理解与执行也不尽相同。例如,我国南方的商人在谈判桌上,通常较爽快,什么条件都答应,可在履约过程中,却千方百计地打折扣,少一点好一点;而上海人谈判时可能给人留下"斤斤计较"的精明印象,可签约之后,就会丝毫不差地去执行。

◆ 伦理道德

某些行为在一种文化中可能被皱眉头,而在另一种文化中可能是非法的。为了确保一个合同顺利执行,而付给供货人一笔钱,在美国被认为是"行贿",在某些国家这种行为并不是非法的,可能被认为是"佣金"(好处费)。在奥运会的申办过程中，似乎也已有类似的事件发生。在美国的办公室里男女之间某些语言或相当开放的行为被认为是"性骚扰"，并且是不道德的。在地中海国家的办公室里，同样的言辞或行为却并不被看得如此严重。

一个组织或一个国家的英雄主义行为在另一种文化中可能被认为是彻头彻尾的恐怖主义。譬如，对美国人来说，在海湾战争中向伊拉克扔炸弹的飞行员是英雄，而对伊拉克人来说，他们是恐怖分子。在马岛之战中，英国士兵是英国人的骄傲，而在阿根廷人眼中，他们是敌人。所以在跨文化交流中有一个重要的原则，那就是要尽力避开涉及道德判断的话题。

◆ 饮食习惯

全世界人们的饮食习惯差别巨大。在餐桌上，谁应该是第一个被服务的对象？男的在先，还是女的在先？在"重要"宴会上女性是否该出席？餐具如何用？什么时候该用什么餐具？需要提供饮料吗？是否要同主人互相敬酒？你可以拒绝喝酒吗？并且在如何传递接取食物的问题上也要特别谨慎。例如，在中东很多国家从不用左手取食，因为左手通常用于"不干净"时（如在卫生间时用）。……事先了解当地习俗，以便做好心理准备，免得不经意中冒犯主人。

◆ 男女关系

男女关系是诸多文化中敏感的一面。在中东地区经商，千万不要去问及对方太太或女儿的健康状况——这类问询可能被认为热心有余。在东京，如果有男子做东给你安排晚宴，那么也不要去问他的太太在哪里，因为在大和文化中几乎不存在太太同丈夫出席商务晚宴的概念。

诸多文化中存在男尊女卑的现象。在这样的文化中，女性如何做生意呢？

如果能预料性别差异会带来麻烦，那么可以通过商务函电、熟人同客户事先进行联络，从而在客户中建立起自己的专业地位，这样的事先准备会很有效果。

有时女性可以同自己男同事一起做最初的工作，等商务关系发展了，男同事再退出。

文化的相对主义告诉我们，习俗无所谓正确与错误，只是不同而已。但在性别歧视的问题上文化如同个人，会很顽固；可是，当女性在生意中能同男性一样专业，一样能干时，人们态度会改变。由于跨文化交流，经济上不发达的文化受到发达文化尊重女性这一现实的影响，情况也会改变。

◆ 对于礼品的不同看法

国际交往中免不了要送礼品，但什么地位的人送什么档次的礼品，什么东西不可作为礼物，以什么样的方式接受礼物等都颇有讲究。例如，日本社会等级森严，如果部长与科长收到同样的礼物，前者会觉得是一种侮辱，后者则觉得非常尴尬——礼物抹平了他们地位上的差异。在巴西，我们不能将"张小泉"剪刀和苏绣手帕这些我们认为是上档次的小工艺品送给巴西朋友，因为剪刀意味着断交，手帕则会带来不幸。收到日本人的馈赠，不应当着送礼者的面验看礼物，而欧美人通常当面打开，不管是什么礼品，都要赞赏一番，并表示感谢。

价值观比较

不同文化的价值观不同。了解价值观方面存在的差异会使我们更好地看清来自其他文化的人们如何看待我们。

◆ 人与自然

我们中国人自古以来就讲究人与自然的和谐。虽然近年来发展经济，已经对自己的生存环境造成了很大的消极影响，但在普通人心中这种天人合一的思想还是明显存在。世界其他诸多文明也认为人为改变环境是错误的。但在许多发达国家，尤其像美国，人们认为人类应该控制自然。这意味着可以改变一座山的大小、气候的类型、河流的方向，甚至改变生物组织遗传基因的结构。

◆ 变化

世界上许多古老的文化喜欢稳定，热爱传统，认为变化会引起混乱，带来苦果。但是在美国，人们感到变化就是好的——变化总是和进步、发展、增长等相关联。中国目前正处于由传统向现代化的转型期，至20世纪90年代中后期，改革开放已深入人心，经济发达地区的人们开始越来越喜欢变化了；而中西部地区大多数人对待变化的态度还是相当保守。

◆ 时间的利用

在不同的文化中，人们对时间的利用差别很大。在很多国家人们不愿意让时钟控制其活动，对时间表现得相当随便，如拉美地区，人们约见迟到是常有的事。在发达国家情形就大不相同，尤其是在大城市，人们的活动深深地受到时间的影响，"时间有价"的观念深入人心，不守时被认为是很不礼貌的。有趣的是，法国人要求别人一定要守时，自己迟到却漫不经心。

◆ 平等

人们对于平等的看法也迥然不同。美国人认为人生而平等，视人与人平等为重要的社会目标。当然，社会现实如何另当别论。但在世界上许多地方，等级、地位和权威被认为是生活中不可或缺的一部分。对许多人来说，明白自己是谁、属于哪个阶层才有安全感。

◆ 个人主义和隐私

这一问题上，美国人表现得最强烈，他们认为自己是个人主义者，自己是独一无二的个体。但世上很多文化中，人们并不重视美国式的个人主义，也没有像美国人那样对隐私的需求如此强烈。当然，这种情形也在不断变化之中。

◆ 竞争和自由企业

美国人崇尚竞争，从教室到运动场，到董事会会议室，处处讲竞争，其经济体制也是建立在自由企业的基础之上。但世上许多文化崇尚合作，人们不容易接受美国式的竞争。譬如，在纽约，一个美国人可能对一个外国移民说："你的妻子很漂亮，可惜你养不起她！既然如此，那你就把她让给我吧，因为我爱她，我可以给她更好的生活。"碰到这种事，外国移民真会产生"文化休克"。

◆ 将来打算

发达国家的人们，尤其像美国人，始终不停地在为自己更好的未来而工作、策划，真可谓是马不停蹄。他们喜欢制定长期、短期的目标，为改善自己的经济、社会、健康状况设计蓝图。而有些福利国家，普通百姓的生活是很悠闲的，甚至是属于享受型的，如奥地利人甚至说"实在没办法才做老板"。而在另外一些国家，人们可能认为改变将来的企图是徒劳的，甚至是罪恶的。"将来怎么样，就怎么样"——人们必须接受一切。

◆ 劳动观

发达国家的人们通常拼命工作——每天都有计划，做什么事情甚至提前几周、几月就做好计划。人们是如此投入工作，以至于成了"工作狂"。而许多地方的人们并不如此关注生产劳动，相反，恬淡的生活，甚至漫步、冥想才被视为生活的要义。

◆ 直率、外向和诚实

世上有些地方的人们认为实话实说、直率是一种美德，但有些地方的人们却认为过于直率并不是好事，对于喜欢顾及面子的人来说，含蓄才值得提倡。这两种迥然不同的观念会导致沟通双方相互失去兴趣甚至是信任，而且沟通过程也会是困难重重。例如，美国人是典型的直率型人群，中国人却讲究含蓄、客气、婉转、点到为止……对此美国人喜欢拿出这样的例子：一个中国人到了美国人家里被问及想喝什么时，中国人总是客气地回答"不用，不用"，美国人便认为他真的不要喝什么，但实际上他可能已经真的很渴了。

近年来，中国开拓南非市场很有进展。中方经营管理人员发现，在南非商人的私人俱乐部或者别墅里商谈时，南非商人同样也领会不了自己的"言外之意"，还是采取"直言相告"的策略为好。

◆ 实用与效率

很多国家的人们强调实用与效率。看待事物经常会问这样的问题："能还清吗？""这段时间里能完成吗？""有没有找到最有效的解决办法？"但在另外一些文化中，人们做决定都要回答以下这些问题："这可以带来审美的愉悦吗？"

"有没有艺术价值?""会有趣吗?"

◆ 物质主义

美国人认为他们给人的印象是特别崇尚物质生活,甚至被认为是"拜物""拜金"。而美国人自己则认为他们家里的电器、汽车等财富都是自己辛勤劳动的奖赏。金钱与财富都是自己才能的象征,是值得"展示"给别人看的东西,而有些地方的人们则淡泊得多。

跨文化沟通的策略

时刻牢记"入国问禁,入乡随俗";花点时间,学点沟通对象的母语;按照该国习惯,学会正确称呼对方;跟外商沟通前,每次都要考虑其文化背景、价值观及其对将要涉及的问题所特有的心理期待。

仔细阅读下列"注意事项",或许有直接帮助。

下面选取一些国家作为例子,向读者展示一些与不同国家的人交往时应特别注意的问题。如果不注意这些问题,沟通中会立即"触礁"——产生沟通障碍,从而产生负面影响。需要说明的是,限于篇幅,本章只能选取少数国家作为例子,读者可根据自己的工作需要,按照同样的思路有针对性地研究沟通对象所在国的文化,"检索"到相关的注意事项,从而改善自己的沟通实践。另外,这些"特别注意事项"也只是跨文化沟通中应注意的一部分内容,实践中还需注意除此之外的很多方面,所以对于沟通者来说,事先的案头工作似乎始终很有必要。

与法国人交往

→ 国人习惯于餐桌上谈生意,这种习惯在法国会碰壁。法国人很注意生活情调,他们把在优美环境中的会面小酌、喝咖啡看作是交友的好时光,也是一种令人舒心的享受,此时谈生意可真不合时宜。

→ 法国人的自我感觉很好,但一味奉承法国人反而被看不起;无论是对人,还是对事,若能有根有据地指出其缺点、不足,反而能获得法国人的尊敬。

→ 法国人要求别人赴约一定要准时,而自己却常常迟到。如果有求于法国人,自己应及时赴约;对方若迟到,不必感到意外,因为这种坏习惯为普通法国人广泛接受。另外应注意,在法国,越有身份的人参加活动时,越晚出现,以此表明其身份。

→ 与法国人交往,应注意穿衣。应根据不同的场合、活动选择合适的衣服。如果始终穿同样一套衣服经历很多活动、很多天数,则会被小觑。

→ 法国人喜欢追求完美,所以爱抱怨、发牢骚。对于这种好上加好的要求,我们可表示理解,如果真的不能做得更好,那就随他去——抱怨之后,他就会忘了一切。

→ 美国人表示 OK 的手势在法国则表示一文不值,千万别误解。

与日本人交往

→ 世界上多数国家流行握手礼,但在日本,如果一见到日本人就紧握其手行见面礼,却会使日本人在生理上产生厌恶感,日本人更希望外国人如同自己行鞠躬之礼。但弯腰深浅有讲究,男女亦有别。弯腰最低至约九十度,表示最有礼貌,一般而言,略微倾身即可。鞠躬时男士双手下垂紧贴两腿,女士则一手压着另一手下垂置身前。

→ 一般认为,以下三个要素有助于获得日本人的尊敬:地位、年龄和英语。中国人出差日本,如果在本国公司已有较高的地位,则办事会较顺利;如果出访人员级别过低,则往往受不到重视。日本是个尊老的社会,年长者受到尊敬,出访人员的年龄也能帮上大忙,年龄过轻会给日本人"办事不牢"的感觉。日本人崇"西洋",一口流利的英语常会使日本人对你刮目相看。日本人的英语普遍相当差,一般国人的英语水平便能鹤立鸡群。

→ 日本社会等级森严,如果一群人在一起交换名片,应让职务高的人先交换。交换时应说出对方名字,加上"先生",千万不可接到名片后直接塞入口袋——这意味着你认为对方很不重要。接名片时应鞠躬,接到后看内容时再需鞠躬。西方人一般在会谈结束时交换名片,日本人则在会谈之始。如果交换名片之后,后来再次同该日本人见面,却忘了其姓名,日本人会认为这是一种侮辱。送礼也要根据职务高低将礼品分成不同等级,如果常务董事与董事收到同样的礼物,那么前者觉得是对他的侮辱,而后者则会觉得尴尬不已。

→ 日本人颇以自己的烹饪术为自豪。同日本人吃饭,如果能从色香味的角度表示欣赏之意,日本人会对你产生大大的好感;如果喜欢上生鱼片、四喜饭之类典型的日本饭菜,则非常有利于搞好宾主关系。

→ 日本人聚会喜欢唱歌,中国人参加聚会可大胆助兴表演,绝不会有因走调而被耻笑之虞;相反置身事外,反而很不合适。另外,日本人的笑未必是表示快乐。譬如,一位日本女侍在你面前不小心打碎了一只杯子,她会一直对你笑——这表示她不好意思。

→ 日本人最爱面子。国人如果做了有损其面子的事,或者说了不该说的话,甚至因不满而斥责日本人,那就无异于彻底断交。

→ 性别角色在日本社会很重要。如果中国人当着日本人夫人的面谈生意,则会使日本人尴尬;日本人来中国,如果中国女经理出面迎接会谈,则会使日本人不知如何是好。明智的做法是派级别相当的男性代表出席一切活动。

→ 跟日商交往，重在建立一种长期的信赖关系，就事论事，操之过急则会得不偿失——真诚友好的关系远胜过单笔交易。

→ 中国人对外谈判时，为了确保生意成功，往往喜欢先略做让步，以表诚意。跟日本人交往，这一定会事与愿违，因为在日本人眼中，首先作让步既是弱者，也无诚意。所以如果有必要让步，那也一定要使日本人做相应的让步。针锋相对近乎固执的谈判策略反而能赢得日本人的尊重。

→ 日本人远不像欧美人那样对待合同严肃认真，他可能会经常对已实现的协议要求重新商谈。所以合同签好并不意味着大功告成，中国商人要努力适应这种风格才不至于造成僵局。起草合同也应竭力用通俗易懂的语言，因为法律术语只能招致日本人的讨厌及猜疑。谈判时带上律师更是绝对应避免的事。

与美国人交往

→ 同美国人交往，赴约准时至关重要，尽量早到在门外等，晚到要说明原因并致歉。有些国家中故意迟到以显示自己身价的做法在美国绝对行不通。

→ 在美国人面前过分谦虚往往只能招致对方怀疑自己水平、能力、实力……不够。所以不能让谦虚这一传统美德成为我们被美国人小觑的原因。

→ 在我国男尊女卑的封建意识还有相当市场，而美国人生而平等的观念深入人心，在交往中稍不注意，就会引起冲突。

→ 与中国不同，美国小费盛行。多数服务行业的工作人员靠小费谋生，因为工资很低，向侍者支付一定数量的小费，既是对其劳动的尊重，也是有教养的体现。

→ 美国人比较温和、直率，结交很容易。首次见面可称"先生""夫人""女士""小姐"之类，认识之后一般就可直呼其名，也不管其地位、职称、年龄的高低，有的美国人还会主动要求你用昵称。如果我们套用国内的"王总""李主任""老张"之类的称法，美国人可能会认为你不愿意同他建立友谊。

→ 跟美国人一起用餐，千万别浪费食物。在国内我们浪费食物的现象很严重——大中学校的食堂是最明显的证据——而美国人对此会非常反感。

→ 在国内问别人年龄、收入、婚姻等往往是表示关心；在美国这些都是个人隐私，故回避为上策。

→ 跟日本人交往，要注意建立长期的相互信任的朋友关系；但若同美国人交往过于亲密，美国人会认为你的产品技术等有问题，是在试图通过拉拢关系做成生意，所以同美国人交往不必追求很密切的私人关系，还是公事公办为妙。

与英国人交往

→ 不事先约定而直接登门拜访英国人是非常失礼之举。

→ 英国人酷爱动物，虐待动物犯法，所以在英国碰到对方豢养猫、狗之类的宠物，"平等友好"对待是良策，切勿表现出讨厌之情，更不可动手去打。但英国人唯独忌讳大象，所以商品包装出现"象"字及其图案，绝对是下下策。

→ 英国人认为"7"是个能带来好运的吉祥数字，而"13"则是个不吉利的数字，所以商务活动避免 13 人参加，也不要安排在 13 日。

→ 和英国人握手不能越过两人正在握的手去和第三人握手，因为这样交叉握手被认为会带来不幸。点火时也不可连续点三支烟，应该在点完两支后重新点火再为第三人点烟，否则也会被认为会给其中某人带来不幸。

→ 英国人最怕自己被别人称老，这一点与我国截然不同。我们可以说"老张""老何"，倒过来称"张老""何老"更表尊敬之意，后者还特别适用于称呼德高望重的老前辈。这一思维定式已经无数次使国人在对外交往中遇上麻烦与尴尬。譬如，20 世纪 80 年代一批中国留学生在英国格拉斯哥举办隆重的聚会，特别邀请了大学校长的母亲。当主持人特别表示感激老夫人光临晚会而提到"老太太"时，校长大人的母亲吓得脸色刷白，夺路而逃。

→ 英国人得到馈赠的礼品必定当面打开，无论礼轻礼重，都会热情赞美，同时表达谢意。国人出访英伦，务必入乡随俗，在客人走后再细看是何物被证明是不妥当的。

→ 慎用"聪明"(clever)一词。英国人常把它用作贬义词。如果英国人用它评论你时，你就需要自省有何不妥之处；同样，也不要随便用它来夸奖英国人，因为这可能引起误解。

→ 英国民族个性中有保守的一面，所以不易接受新事物。譬如，英商一旦习惯了我方某种品牌的商品，如果我方对其包装稍做改进，他就可能坚决不接受。

→ 跟英国人交往，很多人会觉得他们矜持傲慢、寡言少语，其实这只是一枚硬币的一面，国人完全可以消除这层顾虑而主动与其交往。内向而含蓄的英国人寡言少语是出于对别人的尊重，怕的是影响了别人。

→ 作为企业经营管理人员，同英国人在商务往来中还应注意：不佩戴条纹领带；免谈政治，包括英皇室、北爱尔兰、日不落帝国的消亡等——天气才是最安全的话题；向英国出口商品，忌用人像作商标、图案。

与阿根廷人交往

阿国人特别爱以服装取人，所以跟阿国人交往，特别是出差该国，一定要穿保守色样的西装，无论是在饭馆吃饭，还是进行正式商务谈判，要始终使自己显得"衣冠楚楚"，并且千万别穿灰色西装——阿国人认为灰色总是让人不开朗，有阴郁感。

小　结

跨文化沟通是指拥有不同文化背景的人们之间的沟通。它对管理人员来说非常重要。在世界经济全球化的今天，研究跨文化沟通对跨国经营的各级管理人员更有实际意义。

跨文化沟通的障碍主要来自三个方面，即语言和非语言的障碍、信仰与行为方式的不同以及对他人信仰与行为的了解程度与容忍程度。

由于自然环境、社会制度、历史发展等的不同，世界各地不同的人们拥有相差悬殊的文化。管理人员应当认识到文化的多样化问题及其对沟通的影响。在工作实践中，管理人员应当从工作需要出发，有目的地去了解某种文化，以便积累与不同文化背景的人沟通的基本常识，并逐步提高自己的沟通技巧。

讨 论 题

▷ 浅谈某国风俗习惯及其对跨文化沟通的影响。

▷ 讨论传统国家工业化之后的共同变化，以日本、韩国为例。

▷ 找三位在华不同国籍的外国人，请他们谈谈中国文化中哪些习俗最使他们认同，哪些最不认同，为什么？并请他谈谈其自身的文化特征。（本题目为：培养习惯——沟通前应先试图弄清老外如何看待我们）

▷ 近代以来中国文化吸取了外国文化中的什么文化特征？（如：上海的海派文化的海派特点）

▷ 中国大城市中的经营管理人员有无必要接受跨文化沟通的培训？为什么？

▷ 比较不同宗教信仰下的女子地位及其对跨文化沟通的影响。

▷ 比较不同文化对老年人的不同态度及其对跨文化沟通的影响，以美国、韩国、中国、日本为例。

▷ 列出四五种你所熟悉的不同种类的人群,譬如,日本人、英国人、美国人、法国人等,还有当地人,譬如,上海人、广东人等,找出将他们彼此区别开来的文化上的特征。想想在何种程度上你对他们的描述是过时了,你的信息来自何方,是什么原因使你的这些描述是错误的。

技能训练

企业管理人员跨文化沟通常识与技巧测试

与不同文化背景的人沟通时,如果按照国内通常的标准与做法,往往会到处碰壁。为了更好地与外国人沟通,企业经营管理人员一定要了解沟通对象的文化,尤其是与本国文化有很大差别的方面。下面的一套测试题有助于我们衡量自己与部分国家的人们沟通的基本能力。

1. 同外国人交往,有时选择合适的话题非常重要。下面哪项是正确的?

a. 同英国人交往最安全的话题不是天气。

b. 法国人谈论"性"很随便,如果正好碰到这种情况,比较合适的处理方法是佯作听不懂。

c. 在土耳其,我们可以随意地谈论有争议的国际问题。

d. 巴西是个多民族的国家,因此种族问题是个合适的话题。

2. 许多文化中都有数字的禁忌与偏爱,下面哪一项是错误的?

a. 日本人忌讳"4"和"9"。

b. 英国人喜欢"7"。

c. 西欧人普遍不喜欢"13"。

d. 韩国人不忌讳"4"。

3. 同样的颜色在不同的文化中被赋予了不同的含义,下面哪一项是错误的?

a. 叙利亚人喜欢绿色,认为这是生命和青春的象征;日本人却忌绿色,认为绿色象征不吉祥。

b. 欧美人多数认为白色是纯洁和光明的象征,新婚礼服常采用白色;但在亚洲多数国家用白色代表死亡,如日本和印度等。

c. 黄色在委内瑞拉被用作医务的标志,得到尊重和敬爱;但在埃及、巴西等国却被视为不幸、凶丧之色。

d. 蓝色在瑞士、挪威、荷兰等国是不吉利的标志，比利时人却喜欢蓝色。

4. 送礼是国际交往中的重要手段，它有助于密切联系、加深情感、传送友谊、表达敬意或谢意。但如何恰当送礼却大有学问，以下哪一项是不正确的？

a. 日本人送礼盛行，但如果中方管理人员出差日本先于日本人送礼，则会使日本人感到突然，其实日本人并不希望你这样做。恰当的做法是：等日本人先送礼，之后再根据职位高低准备好不同的礼品回赠日本人。

b. 沙特阿拉伯人喜欢送比较贵重的礼物，他们喜欢比较谁更慷慨，他们希望对方送的礼物也很值钱。

c. 如果送给英国人的礼物太贵重，会有行贿之嫌；法国人富有审美情趣，所以唱片、艺术画册、书籍等都是受人欢迎的礼品。

d. 应邀到阿根廷人家里做客，空手上门更能体现宾主间的友情。

5. 商务活动应避开当地假期，否则会找不到沟通对象。以下哪一项是不正确的？

a. 法国：圣诞节及复活节前后两周不宜往访，法国人一般在 7 月 15 日至 9 月 15 日度假。

b. 巴西：狂欢节前后一周商业活动几乎完全停顿，每年 12 月至次年 2 月为当地"暑假"度假期，商务访问最好避开这两段时间。

c. 土耳其：最佳商务活动的时间为每年 9 月至次年 5 月，6～8 月间许多人会休假，而且一休就一个月。

d. 南非：除了避开犹太节日外，一年四季都宜前往。

以下为判断题。

6. 中东地区阿拉伯人非常好客。如果阿拉伯人招待你喝又香又苦的咖啡，你拒绝接受，会被"解释"为对主人不太恭敬。但如果你的确喜欢喝，那也不能一口气连喝三杯。欧美人忌讳喝东西时发出声音，但同阿拉伯人喝咖啡发出咂嘴的声音，会被阿拉伯人解释为"品味和赞赏"。

7. 同阿拉伯人交流时抽烟是不严肃的，而如果你在长者或权威面前抽烟，多半会一事无成。

8. 同日本人谈判，通常应事先派我方的一位高级职员先去拜访日本公司地位相当的职员，以便向日方表示我方代表已经到达，此时不要谈论正事。为了适应日本人独特的商务习惯，这种礼节性的拜访不可或缺。

9. 瑞士人作风保守，处事谨慎。与其交往，必须有足够的耐心。你一旦被接受，便意味着已经找到老朋友、老客户。瑞士人也很相信老字号，如果你的公司或产品品牌已有较长年代,那么不妨在传真、信封等处标明年份,这样会收到出乎意料的好效果。

10. 澳大利亚公司的高级管理人员对工作很热心,待人不拘小节,也很乐于接受招待。不过招待他们可一定要慷慨大方。

11. 与约旦商人见面,不能指望他准时赴约,相反要做好心理准备——等很长时间。同时会谈中,也不能指望对方始终专心致志,因为可能还有别的商人在场,而且各色人等未经通报也会闯入。所以最好是单独约对方到咖啡店面谈,以免干扰。

12. 法国人特别喜爱鲜花,商务应酬中有时难免要送花给主人。但中国人喜爱的菊花在法国代表哀伤,只有在葬礼上才送。也不能随便送康乃馨,因为法国人认为它是一种不吉祥的花朵。跟法国人交往,绝对不要戴红、白、蓝三色混合的领带。

13. 荷兰人喜欢在节假日去中国菜馆吃中餐,所以回请荷兰人时可以邀请对方全家上中国菜馆。荷兰人倒啤酒有讲究——杯口要留出食指加中指叠在一起的空间。倒满是失礼之举,会被认为缺乏教养。跟荷兰人交往,切忌戴橙色领带。

14. 在西班牙出差,宜穿戴保守式样西装及领带,内穿白衬衫。西班牙人喜欢黑色,所以穿黑色皮鞋比穿棕色皮鞋好 100 倍。西班牙人来华访问,带其游览苏杭园林是个错误,因为他们不喜欢山水、亭台和楼阁。

15. 俄罗斯人忌黑色西服,较喜欢灰色和青色。同俄罗斯人谈话,要学会使用敬意语和谦让语,特别是对于年长者。自己不会俄语,则须特别提醒翻译,这样会给对方留下良好的印象。

16. 商务招待在俄罗斯也是寻常事,需要特别注意的是,俄罗斯人对葡萄酒很挑剔。如果请他们喝品级较低的便宜的葡萄酒,他们会大大地降低对你的评价。

17. 国人初次见面通常习惯于相互交换名片,但俄罗斯人不轻易交换名片,因为他们认为名片就是一张传单,除非经他人介绍或者经过业务合作确信是合作伙伴时才交换。尽管近年来俄罗斯人有所改变,但还是有必要相机行事。

18. 如果设宴招待来华德国商人,千万不要就在他下榻的宾馆进行,因为德国人把自己所住的宾馆看作是自己的家——你总不能在人家家里请他客。

19. 同日本人交谈时他回答"是"的时候,并不表示对方理解你或同意你,而仅仅表示他注意到了你在跟他说话。

20. 如果谈判时日本人对你提出的要求保持沉默,这有可能表示他理解你有困难,也可能表示他跟你在一起感到轻松愉快,甚至有可能表示他对你的谈判方式很反感。

参考答案

　　1. b

　　2. d 韩国人忌讳"4"。他们认为"4"与"死"相同,门牌号、座位号等都不用"4"。

　　3. d 正确的表述:蓝色在瑞士、挪威、荷兰等国是人们喜爱的颜色,而比利时人却忌讳它,在比利时蓝色是不吉利的标志。

　　4. d 去阿根廷人家里做客,空手而去极不合适,应带上糖果、巧克力等小礼物,送鲜花也是个好主意,但即使是同一种花,颜色不同其含义也会很不相同,所以宜慎重。

　　5. d 南非的许多商人每年要度假两次:12月至次年1月和6～7月,所以最好于2～5月和9～11月去访。另外圣诞节与复活节前后也应避开。

　　6～20. 全对。设计目的是让读者从正面积累知识。

案例分析

　　2017年6月的一天下午,(中日)永成有限公司中方总经理吴一明坐在办公室里,思考着公司近几个月发生的事情。由于合资公司内部矛盾问题,生产经营情况逐月下降,高级管理人员心事重重,普通员工窃窃私语,特别是合资公司的中方管理人员产生人心不稳的苗头。他是任由这些管理人员自行离去,眼看着公司业绩继续下滑,还是主动与董事会进行沟通呢? 这件事已经惊动了H市商务委员会,他必须尽快做出果断的选择。

合资公司背景

　　(中日)永成有限公司身处沪宁线上的H市。H市是一个中等城市,全市总人口约260万人。(中日)永成有限公司是一家中日投资的企业,公司成立于2006年6月,中方的投资公司是H市有名的GT集团公司。GT集团公司是中国的大型一档企业,主要生产UP、GF、FRP等产品。D公司是日本国内有名的上市公司,1994年的销售收入在日本工业企业中位列前30名,D公司在全球有78家分公司(工厂),1994年全球D公司的UP产量是3 660 000吨,名列第一,其产品品质也是一流的。在这样的背景下,GT集团公司和D公司合作兴办合资企业的步伐迈开了,双方的谈判十分顺利。为增强合资企业的实力,经D公司举荐,日本最大的商事公司I公司也成为第三方出资人。三方最后商定:合资公司总投资 2 900 万美元,合作期限为 35 年,三方出资比例和出资方式以及合资公司的管理层的组成如表 13.1 所示。

表 13.1　三方出资比例、出资方式及管理层组成表

	GT 集团公司	D 公 司	I 公 司
股份	40%	40%	20%
董事	土地、厂房、市场、信誉、现金等	现金	现金
董事长	董事长	副董事长	
董事人数	4	4	2
高级管理人员	副总 1 名,正副部长 6 名	总经理 1 名,部长 1 名	供销部长 1 名
高级管理人员工资	24 万美元	14 万美元	7 万美元
高级管理人员性质	委派	委派	委派

合资公司制定了详细的合资章程,摘要如下。

合资公司的产品在中国境内外市场销售。产品出口和内销的销售目标为:出口部分占 20%,内销部分占 80%,I 公司应努力扩大外销渠道,争取为合资公司获得更多外汇。特别强调的是合资公司要求 I 公司利用其在中国和全球的销售网络发挥作用,作为回报,合资公司的原材料进出口通过 I 公司操作,合资公司的供销部长由 I 公司委派。下列事项必须由董事会的简单多数通过(摘要):

1. 经营策略、经营管理制度和长期业务计划。

2. 合资公司与本合同以及与合资公司董事、总经理、副总经理或其分支机构的重要合同交易。

3. 业务机构的调整。

4. 合资公司的董事长,副董事长,总经理,副总经理和正、副部长等高级管理人员的任免、薪金、奖金、其他福利、惩处等事项。

5. 合资公司的职工工资福利的确定。

合资公司的经营管理

合资公司设经营管理机构,负责公司的日常经营管理工作。经营管理机构是总经理 1 名,副总经理 1 名,任期 5 年。首任总经理由 D 公司委派,续任的总经理和副总经理由董事会确定,董事长和总经理分别由 GT 集团公司和 D 公司委派。总经理的职责是执行董事会会议的决议,组织领导合资公司的日常经营管理工作。总经理的职责权限由董事会确定。副总经理协助总经理工作。经营管理机构可设若干部长,分别负责各部门的工作,办理总经理和副

总经理交办的事项,并对总经理和副总经理负责。

合资公司的冲突

2016 年年底,GT 集团公司总经理更迭,新上任的合资公司董事长对(中日)永成有限公司烧了三把火。

1. 到(中日)永成有限公司现场办公,分别找合资公司副部长以上的高级管理人员单独谈话,重点了解合资公司近 4 年多来的运作情况,对中日双方委派到合资公司的高级管理人员的工作情况进行详细的了解,并且要求每个人谈一下对他人的工作和对 GT 集团公司的态度和看法,特别要求每个人针对合资公司运作过程中存在的问题谈谈自己的意见。

2. 在谈话后的第三周召集 GT 集团公司所有高级管理人员开会,包括正、副总经理,党委书记,组织人事部部长,劳资处长,财务处长等人。会上强调了上次的谈话内容,通报了 GT 集团公司 2009 年的经营情况审查结果,对合资公司几年来的运作情况做了总结,并就 GT 集团公司干部和职工对合资公司的生产经营的不满提出他的看法,特别是对合资公司中方高级管理人员的工作提出严厉的批评,对他们的工资收入提出要进行规范,并且在 2010 年 7 月任期届满时要对部分委派的高级管理人员进行交谈。

3. 以投资公司的名义发文至(中日)永成有限公司。文中提出:① 为规范 GT 集团公司委派到合资公司的高级管理人员的工资,根据有关文件精神,决定从 2010 年 2 月开始,合资公司的中方高级管理人员的工资按 GT 集团公司决定的标准发放;② 为加强合资公司的管理,委派一名人员到合资公司担任主管原材料供应的副部长;③ 建议合资公司一位比较年轻的中方生产部长到供销部加强销售力量,担任供销部副部长;④ 建议合资公司加强公司的内部管理,开拓市场,提高产品的市场占有率。

收到 GT 集团公司的文件后,(中日)永成有限公司中方总经理吴一明大吃一惊,因为有关内容他事先一点也不知道,有些敏感问题直接关系到中方高级管理人员的经济利益(当然也关系到他本人的利益),而此时,日方总经理大高正好离开公司去日本开会,这一份文件的到来不是时候。吴一明唯一能做的就是将文件传真到日本,同时也写了他的看法,一起传真给大高。两天后,大高发回了有他签名的传真,指出有关问题等他回来以后再作决定。

半个月后,大高回到中国。与此同时,一份 D 公司的传真也发到了 GT 集团公司。传真内容如下:"尊敬的(中日)永成有限公司董事长阁下:鉴于 D 公司委派到(中日)永成有限公司担任总经理的大高先生不具备独立领导一个公司的能力,D 公司决定从 2010 年 3 月起委派河恶武先生替换大高先生。"与此同时,I 公司也发文到 GT 集团公司,内容如下:"尊敬的(中日)永成有限公司董事长:鉴于合资公司的领导状况,为加强对合资公司的领导,经 I 公司与

D公司商量决定,提拔I公司委派到(中日)永成有限公司担任供销部部长的小野田先生为合资公司的副总经理,与D公司的河恶武先生,GT集团公司的吴一明先生共同领导合资公司的运作。希望在5月份召开的董事会上得到认可。"

这一系列的变化大大出乎GT集团公司的预料,原来的一系列计划都给打乱了。

3月1日,河恶武上任,接替大高出任合资公司的总经理。上班的第一天就对GT集团公司发给合资公司的文件做了答复:文件的1~3条必须经过董事会的确认,现不宜做调整。根据I公司和D公司的指使,董事会于2017年5月18日在中国上海召开。同时提醒:合资公司是一个独立的公司,重大决策由董事会决定,日常管理由总经理负责。河恶武上任后即召开合资公司的部长会议,在会上宣布:

各部正副部长以上高级管理人员在工作中必须严格按总经理的指示办事,不允许相互推诿,影响工作。

所有有关GT集团公司与合资公司的往来必须报告总经理。

查询合资公司5年来两公司的来往账目。

董事会决定提取的中方委派高级管理人员的名义工资和实际工资的明晰账目进行审查。

合资公司是独立法人,经营权独立。

董事长无权过问合资公司的日常内部管理。

一时间,合资公司内部的正常运作被打乱,中方和日方的矛盾加剧,工作中的对立情绪也越来越突出,4月份的生产经营状况下降到合资公司成立以来的最低点,高级管理人员心事重重,普通员工窃窃私语。据预测,5月份的生产经营状况可能比4月份还差。

而GT集团公司也以合资公司董事长的名义发了一份传真给D公司:合资公司自成立以来,生产经营状况远远未能达到合资公司各方的目标和要求,其原因是多方面的,但是有一点十分明显,D公司委派到合资公司的三任总经理都不懂中国国情,不懂中国企业的运作规则,不懂管理,尤其在经营方面的成绩更令人失望。根据合资公司的章程,GT集团公司委派合资公司的总经理,D公司委派合资公司的副总经理,董事长由D公司担任,副董事长由GT集团公司担任。I公司提出由小野田担任副总经理的事,GT集团公司没有意见,但是根据合资公司的章程,D公司和I公司中只能由一家担任总经理或副总经理。集团公司委派到合资公司的高级管理人员的收入必须由GT集团公司决定,在5年任期将完成时必须对部分人员进行调整。如果以上意见D公司不采纳,5月18日的董事会会议的召开也失去了意义,合资各方的合作诚意也将受到伤害,GT集团公司将对此表示非常的遗憾。

吴一明知道GT集团公司这份传真的力量,从河恶武与小野田两人去找H市市政府主管外贸工作的副市长,到前几天H市商务委员会主任一行来公司了解情况,说明合资公司的矛盾已引起市政府的重视。还有令吴一明担心的是:GT集团公司委派到合资公司的高级管理人员已产生人心不稳定的苗头,年龄大的流露出提前退休的想法,年龄小的流露出对合资公司失去信心,特别伤脑筋的是,他们都未与合资公司签订劳动合同。大家都在等待,等待这位合资公司中的中方最高代表拿出一个好办法。

问题

1. 合资企业(中日)永成有限公司内部发生了什么冲突?
2. 请评价作为高层管理者新上任的合资公司董事长的沟通技能。
3. 董事长在新上任时"烧的三把火"产生了怎样的效果?
4. 合资企业(中日)永成有限公司合资各方围绕新董事长的"三把火"先后向对方发送的传真文件对于这次冲突起到什么作用?
5. 试从多元文化差异的角度解读合资企业内部发生的冲突。

第十四章

网络沟通

学习目标

- 了解信息技术给管理沟通带来的变化
- 认识组织必须重铸沟通理念,以应对网络时代的发展
- 熟悉网络沟通的特性和作用
- 掌握网络沟通存在的问题和对策
- 将网络沟通和传统沟通有机结合,使管理沟通效果最大化

引导性案例

　　很多年以前,一家主营住房贷款业务的美国公司 TRANSWORLD GIBIC 将其主要实体部门搬到了南京,在当地招兵买马,至今已招聘了 200 多名员工。这家总部设在休斯敦的美国公司准备在中国开辟市场吗?否也。公司在南京,员工服务的仍然是在美国本土的 5 万多名客户。这些员工通过电话和因特网为远在美国的人们工作。在这里,员工的工作时间是每晚 10 点到次日早上 7 点;桌上的电脑一律显示美国时间;他们的日常工作就是用英语接电话和打电话。接电话,回答客户们的问题;打电话,则是提醒客户按期付款。最具特点的是,公司从南京铺设了一条专用光缆直通美国,这样员工从南京打到美国的电话就像打美国国内电话一样。相反,若他们往家里打电话却要以国际长途收费。而且,客户们不会知道,电话那头那些操着流利英语,能滔滔不绝讲述美国有关贷款方面的各种规定的声音,竟是来自遥远的大洋彼岸。

　　至今,该公司已陆陆续续将 10 个部门移到南京,而在美国注册的公司总部已逐渐"虚拟化"。只有经理坚守阵地,外加一两个人员坐镇办公室"撑门面"。先进的信息技术和发达的信息高速公路使得异地办公成为现实,催生着全球资源的重新配置。

　　上述案例向我们生动展示了信息技术的强大生命力,而这只不过是信息技术举不胜举的事例中的一个。

　　20 世纪 80 年代以来,信息技术革命席卷全球。打字机被文字处理机替代,庞然大物的文件柜已完成其历史使命,让位于数据存储器。跨地区的商业会议由于可视电话的产生随时随地即可召开。

　　不同于以往的工具革命、交通革命、光学革命、听觉革命,沟通媒质革命伸展和拓广了人脑的思维能力。计算机,作为沟通媒质革命的核心技术,从多个方面增强了人的智能。

　　首先,软盘、硬盘、光盘、大型数据存储器通过计算机的驱动成为人脑的强大延伸——"外脑",使记忆力呈几何指数扩大;其次,计算机也能对存储的文件进行质量检测,只要预先输入程序,计算机便可以进行文字检查,而且既快又准。

　　以上这些基本能力对计算机来说易如反掌,通过编制高级程序,计算机可以提供专家系统,模仿人的智能,成为更加智能化的辅助设备,如帮助大夫诊断病例等。

第十四章　网络沟通

网络沟通的定义

> 网络沟通指企业通过基于信息技术(IT)的计算机网络来实现企业内部的沟通和企业与外部相关关系的沟通。

本质上,网络沟通与传统沟通的不同之处在于其主要突出了沟通凭借的媒质——计算机网络。凭借信息技术进行企业内部沟通和企业与外部环境沟通,就是网络沟通。应该明确的是,对企业来讲,发展至现阶段计算机网络已拓展至包括 Internet、Extranet 或 Intranet 的全方位的网络沟通。但事实是,彻底抛弃传统沟通媒介,而纯粹凭借网络沟通媒介的企业在今天还很少。所以,广义的网络沟通是指那些网络沟通与传统沟通并行或者网络沟通占主导地位的企业管理沟通体系。

IT 对管理沟通环境的冲击

显然,网络沟通不仅是沟通媒介的革命。在讨论网络沟通的形式、内容之前,有必要认识信息技术对企业组织沟通环境的冲击。

信息技术(IT)正在把世界经济由工业经济时代推进到知识经济时代,成为知识经济的核心技术。网络的诞生引爆更多的观念,为了不被历史无情地抛弃,企业必须重铸观念。网络使企业组织分子化成为可能,组织内部的员工,更应该被称为知识工作者,成为企业的最小单位,可根据工作的需要做机动组合,通过网络合作,以知识与创意为产品创造价值。互联网的出现,也改变了企业竞争环境与方式,小企业可以通过网络整合资源,结成同盟,建立网络化的组织,从而与大企业竞争。大不一定强,小不一定弱,竞争的胜负不一定取决于资本和规模。

在宏观层面,IT 对管理沟通环境的冲击

◆ 竞争法则的变化之一:不破不立,不进则退

网络时代的竞争特点是,竞争规模更大,竞争时机稍纵即逝,"差之毫厘,谬以千里",一夜之间,行业的领头雁可能就会处于竞争劣势,原因就是对新生的事物的认识稍稍迟于竞争对手。这种实例比比皆是。20 世纪 80 年代,蓝

色巨人国际商用机器公司(IBM)在对386芯片的认识上略显迟钝,在英特尔向他们推销386时,他们却认为286芯片的表现已经够好了,数年之内他们不再需要新的。于是大方地把以微处理器为心脏的个人电脑(PC)的市场拱手相让于康柏、宏碁等在当时名不见经传的小公司。

计算机和通信技术的发展遵循着摩尔定律。由英特尔公司创始人之一的戈登·摩尔提出的这一定律指出,芯片所能容纳的晶体管数量,以每一年半至两年为一个周期,逐期倍增。这意味着每经过6.6年,芯片功能提高10倍,隔13年提高100倍,经过20年,将增至1 000倍。这预示着高科技业界的竞争者必须以摩尔定律指标的速度推陈出新,随时以新的产品淘汰现有的产品。这预示着竞争是无情且不容置疑的。不破不立,只有通过不断淘汰自我,才能获得持续发展。英特尔公司最近10多年的发展正是对这一道理的最好诠释:286、386、486、奔腾Ⅰ、奔腾Ⅱ、奔腾Ⅲ……一路过来,犹如"逆水行舟,不进则退"。

◆ 竞争法则变化之二:生命不息,学习不止

摩尔定律所揭示的高科技领域快速变动发展的特性,在驱使企业不断创新和变革的同时,也在向企业昭示组织与个体必须持续学习。一方面,知识老化的速度日益加快;另一方面,新的知识不断扑面而来,没有哪个企业和个体可以高枕无忧地认为其在某一阶段的知识储备可以永远满足需求,唯有不停地学习新技术、学习新理念,组织和个体才能永远站在时代发展浪潮的潮头。

因此,学习成为网络时代、数字化时代企业制胜的法宝。学习能力也渐渐凸显为企业的核心能力。

然而,组织学习的秘诀又在于以团队为学习单位的方式。因为团队里各成员间的自由辩论和互相切磋,无疑给每个参与者都带来裨益。"头脑风暴法"的每次使用,在解决问题的同时,对每个成员来讲又何尝不是一次学习的机会。

◆ 竞争法则变化之三:团队协作,互动共荣

应对网络时代的快速竞争,缺乏协作的个体独立工作方式显得捉襟见肘。为了获得更大的产出,企业组织结构出现团队化的态势。伴随团队化的"团队精神"在高效准确处理日益复杂的任务中发挥了无可比拟的作用。这种由信息技术和网络技术推动的团队化趋势和团队精神在曾经是孤胆英雄主义大行其道的美国更得到了飞速发展。

信息技术和网络技术衍生的团队协作和团队化,并不同于在日本由来已久的植根于日本本土文化的团队文化。网络时代的团队文化强调参与,而日本企业曾经风靡一时的团队文化强调服从;网络时代的团队文化建立在对个体、对知识尊重的基础上,而日本的团队文化则以亲情为纽带。

◆ 沟通主体之一：管理者向领导者的蜕变

信息技术日新月异的发展和更新，信息技术在商业企业快捷的应用和推广，不仅提高了管理和运营的效率，也改变了企业运作和管理模式。信息技术及其在商业领域的应用，向工业时代形成并得到尊重的种种传统策略提出挑战，摆脱传统组织分工理论的束缚，以任务和作业为中心，倡导面向顾客和员工，强调自治管理和授权的新型的管理技术和手段如雨后春笋般凸显出来，传统的基于"命令与控制"的管理策略正在被注重"集合与合作"的公司内部和公司之间多团队的管理方式所取代。

随着信息时代的到来，管理者比以往任何时候都需要在公司内外更好地进行信息交流与管理沟通。新技术与交流工具使管理者和公司成员能够通过电子网络分析信息和观点，使公司能够以比以往更经济、更有效的方式与其在全球的合作伙伴、供应商和顾客保持联系。然而，"信息爆炸"也产生了许多负效应，并已成为影响管理效率的障碍，各种电子、声音、印刷、多媒体信息耗费了人们大量的可以创造利润的工作时间。

信息时代向管理者提出了新的挑战，管理者要保证其组织的管理沟通与信息交流得到全面的管理，以最小的投入得到最大的产出；同时，管理者还必须保持各种管理决策能够在向下传递过程中不"走调"，并对员工、顾客、合作伙伴、投资者和支持者产生预期影响；再则，来自员工、顾客、合作伙伴、投资者和支持者的各种建议、要求等信息，要及时反馈到管理者的"接受器"，以确保管理决策的准确性和前瞻性。

传统上，管理侧重于公司内部的关系，每个员工和每个管理人员的位置都可以被明确地定义，负责汇报关系也被清晰界定。而在知识经济时代，企业生存的外部环境发生了重大变化，企业与它的商业伙伴、供应商、顾客、顾客的顾客之间的关系是一种平等的关系。这种关系不同于严格的等级之中的上下级关系。相反，外部的关系基于信任和共有的利益。不同的部门、相关的部门之间必须仔细倾听、尊重和诚实。随着不同的公司用电子数据交换、技术数据交换和因特网彼此联系，他们开始共享长期计划和购买意向。

同时，纵向分层次、横向分部门的传统的金字塔的结构被打破，企业组织结构出现扁平化，像一块"比萨饼"。横向职能部门间不可逾越的分界线被拆除，以作业和任务流程为中心进行再造，各职能部门的活动呈并行化趋势，而非传统的顺序化进行。

这一外部关系的转变，迫使企业对传统的命令和控制理论进行重新评价。

◆ 沟通主体之二：雇员—员工—知识拥有者

信息技术革命的主体无疑是人，而非计算机。在这一场革命中，人的体能和智能得到极大程度的拓展和延伸。同时，人的心智模式、观念、态度也获得了前所未有的转变和发展。人在组织中扮演的角色也发生了本质的变化。从最初的狭隘利益驱动的经济人，发展为有尊重需求的社会人，到现在崇尚自我实现的知识人。

如今，视人为谋求生存的雇员的观念显得愚蠢而无知，而视他们为寻求归属感的员工的观念也变得落伍和不合时宜。因为在这种观念下的员工，依然走不出组织和科学管理原理所预定的程序和框架，其探索精神和创造力仍然得不到充分释放。只有将他们看成是拥有知识的人，是技术的使用和发挥者，这样我们才能做到对人力资源的重要性不仅停留在意识的层面，而是提升至挖掘人力资源的行动的层面。正是信息技术引发的这场革命，使得追求个人价值的实现与组织的价值的实现得以有机结合。当我们把员工描绘成网络中的节点或决策点时，我们才会感觉到要充分授权。获得授权和认可的知识拥有者才能通过发挥自身的创造力来实现企业的目标。

在微观层面，IT 对管理沟通环境的冲击

网络技术推进企业信息化进程：三网（Triplenet）并举。

随着企业信息化建设，组织内部出现纵横交错的网络结构的信息交流渠道。以 Internet 为代表的网络技术的出现，更为企业的信息化进程带来了机遇和挑战。通过企业内部的 Intranet，企业供应商间的 Extranet 以及企业外部的 Internet，企业信息化步入网络化的时代。借助三网，企业内部的成员可以同时同地、同时异地、异时异地进行大量的信息分享和沟通活动。再辅以多媒体技术，平板二维的文字交流变动更加生动立体、绘声绘色。企业的文化和价值也可以通过无处不在、无时不有的网络渗透到企业的每个角落、潜入到员工的情感深处。

◆ Internet

今天，没有任何企业可以将 Internet 置之度外。而 Internet 的发展也经历了三个阶段。最初阶段的 Internet 主要是提供广告和相对静态的信息，即用户只能查看网络服务供应商（Internet Services Provider）提供的信息，不能进行交互式对话服务。第二个阶段的 Internet 主要是提供动态的信息服务，比如，提供浏览产品目录、浏览图书馆书名目录以及检索飞机航班转港等服务。这时，网络可以根据用户的需求提供特定的信息。第三个阶段，网络提供交易服务。

因特网的发展和日臻成熟，使其成为企业信息化结构当然的选择。企业信息系统的体系结构的变迁，也经过了三个阶段。由最初的主机/终端的结构，转变为客户机/服务器（Client/Server），如今发展成为基于因特网网络技术的企业内部网（Intranet）。最初的主机/终端的结构，是由主机集中处理，有"处理集中"和"系统封闭"的局限性。然而客户机/服务器，无论安装和升级均需在成百上千的 PC 上全面实施，费用居高不下。而基于 Internet 的网络技术的公司内部网，不仅提高了企业信息服务的自动化程度，而且降低了企业管理费用。

◆ Intranet

公司内部网是面向公司雇员的网络。访问该网的可能是公司在外地的销售代表或现场销售人员等。Intranet 模式以浏览器/Web 服务器＋数据库服务器为核心，以信息资源组织管理平台、消息传递和工作流程控制平台、事务处理平台、网络支撑平台为基本构件。信息资源组织管理平台就是根据一定的数据模型和超文本组织模式，组织和管理来自企业内部和外部的各种数据，明确它们的生成、组织、发布、搜索、处理、存贮和更新方式，并通过其他平台的作用，形成面向不同用户的信息产品，供企业各级人员使用，也通过防火墙将可以公开的信息对外部 WAN 的用户发布。信息资源管理平台的功能是使信息有一个生成、组织、发布、搜索、利用、再创造的活性机制。

建立以 Web 为核心的与平台无关的统一而简单的信息交流方式，实现企业从上到下的各部门（包括行政、生产、营销、技术等部门）之间及部门的内部信息的开放式交流，把过去的、现在的、未来的有关数据库、多媒体、安全等各种技术纳入以 Web 为核心的客户/服务器模式中，使企业从各级领导到基层工作人员都能以特定的级别通过 Web 浏览器这一简单的工具实现各类信息的查询及交流。

Intranet 的应用可以体现为以下两种形式。

➔ 发布内部文件。将企业内部的一些文件、报告等信息通过 Intranet 发送到企业各个部门。比如，有关福利条款的修订，关于节假日和休息日的日程安排等信息，不论是常规的还是非常规的，都可以快捷地传送到每个员工手里。

➔ 内部通信。Intranet 提供的电子邮件成为内部员工的相互通信的快通道。与因特网上提供的电子邮件相比，公司内部网提供的电子邮件服务更加有针对性，不仅可以用于一对一，还可以实现单对多的通信，而且可以采用标准的通信格式。

◆ Extranet

因特网可以被描绘成面向产品和服务的最终消费者的网络。而公司外部网则是面向公司合作伙伴、相关企业和主要客户。Extranet 是一个使用 Internet 和 Intranet 技术使企业与其客户和其他企业相连来完成其共同目标的合作网络。Extranet 犹如架构在公用 Internet 和专用 Intranet 之间的桥梁。Extranet 可以被看成是一个能被企业成员访问的 Intranet 的一部分。Extranet 通常是由企业与其合作伙伴企业共同开发生成，也可以是由其中某一规模较大企业投资建成。与 Intranet 一样，Extranet 通常位于防火墙之后，通常也不向大众提供公共服务信息。Extranet 的访问用户除了公司的成员外，还包括关系紧密的企业，但也不是完全开发的。Extranet 可以安装访问控制，使得外部非密切型的用户不能接近其网内的资料。Extranet 的作用如下。

→ 商业信息传播。定期将最新的销售信息以各种形式分发给散布在世界各地的销售人员，从而取代原有昂贵的文本拷贝和传递分发。所有的销售商业信息可以根据用户的权限和特权通过 Web 访问和下载。

→ 在线用户服务。灵活的在线帮助和在线用户支持机制，可以让用户方便地获得其所需的信息以及解答用户的提问，比如，售前的价格和功能信息，售后的保养、维修和故障排除等信息；可以低价、快捷、高效地处理一些销售事宜。

→ 企业间电子商务（E-business）服务。通过 Extranet 进行的电子商务相比传统的商务往来更便捷、更经济，尤其对于跨地区的企业间的合作与贸易往来。

Internet、Intranet、Extranet 三者的关系如图 15.1 所示。

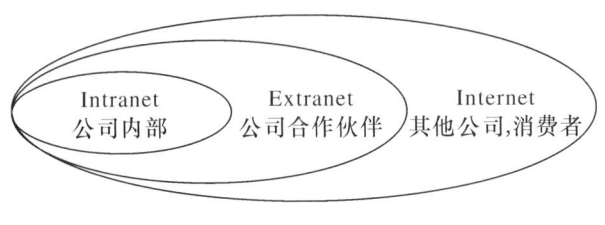

15.1　三网关系示意图

网络沟通的主要形式

企业利用上述的计算机网络（Internet、Extranet 和 Intranet）都可以极其容易、高效地建立网络沟通系统。这三种网络在满足企业的网络沟通的功能上有某些差别。对于实现企业内部网络沟通的目的，Intranet 显得更为可取。正如前述，Intranet 针对了企业特定的经营环境、组织结构特点，可以根据企业的管理特点设计网络沟通体系，取舍网络沟通的形式，真正满足组织沟通的需要。在满足企业与外部环境沟通的目的上，Extranet 具备更明显的优势。Extranet 使企业直接指向紧密关系的外部伙伴进行沟通，甚至进行交易。而针对企业对整个外部环境粗线条的了解、接触和监测的需要，Internet 自然技高一筹。

这里介绍的是用于内部组织沟通的网络沟通形式。基本上，这些形式包括：电子邮件（E-mail）、网络电话、网络传真、网络新闻发布等。

网络电话（Internet Phone，IP）

随着 Internet 技术的不断发展，利用网络进行实时通话终于梦想成真。网上电话的发展经历了三个阶段：电脑对电脑（PC to PC）的通话、电脑对电话（PC to Phone）的通话和电话对电话（Phone to Phone）的通话。目前，不仅使电脑与电话的通话成为现实，更实现了电话对电话的实时通话。也就是说，世界上任何一部普通电话机都可以通过 Internet 呼叫本地或异地的普通电话机。相比较传统长途或越洋电话，IP 网络电话突出的优势是价廉，通信成本大大降低。

网络传真（Internet Fascimile）

传真是企业进行外部沟通的主要形式之一。传统的传真技术通过当地、国内或国际长途线路，存在费用昂贵的缺点。同时，传统的传真技术需要发送人在事前确认接收者传真机的工作状态，在发完传真后，再打电话确认。而网络传真通过互联网使传真件发送到对方的普通传真机上或电子信箱中，可以选择任何时间、任何地点发送传真。而且网络传真也有电脑和传真机、传真机和传真机间通信的两种形式可供选择。如果是电脑中的文档，可以不需要先打印出来就可直接传送。或者对方传真机的传真件可以直接进入自己的电脑，根据文件的特征和重要性，再决定是否打印。总之，网络传真在功能上比传统传真更强，在价格上更便宜，在时间上更自由。

网络新闻发布

网络提供的另一个沟通信息的形式是发布新闻。基于内部网络的新闻发布，可以满足内部员工对公司经营信息的需求，在这一点上，公司可以借助内部网络新闻发布系统出版电子刊物，可以替代传统的内部刊物。基于外部网的新闻发布，可以满足公司合作伙伴以及主要顾客对公司经营信息的需求。基于互联网的新闻发布，可以满足所有一般意义上的外部顾客对公司经营信息的需求。这好比公司的窗口，向公众传达企业的经营理念，树立企业形象。

电子邮件

电子邮件作为一种通信方式，在管理沟通过程中被广泛应用。电子邮件既可以用于一对一的通信，也可以用于一对多或多对多的通信。因此，管理者可以利用电子邮件向个体或群体发送会议通知、备忘录等信息。此外电子邮件还具有一些其他功能，如转发邮件、建立新闻组、订阅电子刊物等。

电子邮件具有以下几个特点。

（1）发送速度快。电子邮件通常在一瞬间即可传送至世界任意位置的收件人信箱中，其速度比电话通信更快捷。接收者如果在收到电子邮件后即刻回复，发送者就可以即刻收到回复的电子邮件。这就如同一次次简短的会话。

（2）形式多样化。电子邮件可发送的信息形式多样，除普通文字外，还包括录音、动画、视频等多媒体形式。

（3）收发方便。电子邮件采取异步工作方式进行通讯，即发人在发送电子邮件时，收信人可以在任何时候、任何地点接收并回复电子邮件。因此，发件人在发送电子邮件时不会因"占线"或接收方不在而受阻，收件人也无须在同一时刻守候在线路另一端。因此，电子邮件的使用使人际沟通跨越了时间和空间的限制。

（4）成本低廉。与传统的电话通信相比，电子邮件通信的价格极其低廉，甚至可以说是完全免费的，因为用户只要在有网络的情况下即可将重要的信息快速发送到世界任何一个地方的用户手中。

（5）更为广泛的交流对象。发件人通过电子邮件可以将同一封邮件快速地发送给一个或多个收件人，甚至可以通过电子邮件召开网上会议，与世界各地的不同人员进行交流、讨论。

（6）安全。电子邮件通信安全可靠，即使收件人不在电脑旁或暂时没有网络，E-mail 软件也会定时自动重发，不会影响邮件的送达。此外，如果电子邮件无法送达，E-mail 软件会自动通知发信人。

视频会议

视频会议系统是指通过网络通信技术支持人们远距离地进行实时信息交流与共享、开展协同工作的应用系统。它可以帮助人们实现虚拟会议场景，使身处各地的人员通过图像、声音等多种方式进行信息交流。视频会议对于远程教学也有着举足轻重的作用。

目前，视频会议系统主要包括以下三种。

（1）基于硬件的视频会议系统：使用专用的视频设备来实现视频会议。这是目前最常用的视频会议系统，其优点是设备操作简单，维护方便，视频的质量非常好；缺点是系统设备造价较高，对网络要求较高（须使用网络专线）。

（2）基于软件的视频会议系统：主要借助于高性能的计算机来实现硬件解码功能，并完全使用软件来实现视频会议。其特点是充分利用已有的计算机设备，总体造价较低。

（3）网络视频会议系统：完全利用互联网实现视频会议。其优点是客户使用非常方便，无须购买专用的软件和硬件设备就可以实现非常强大的数据共享，对网络要求极低，完全基于电信或移动提供的公共网络；缺点是视频效果一般。

手机

手机现在已成为许多人随身必备的通信工具。手机不仅可以进行日常语音通信,也可以上网收发电子邮件、检索网络信息、接收由计算机通过网络发送的短信等。鉴于手机通信的应用如此广泛,我们必须对手机通信过程中的礼仪及规范予以足够的重视。

(1)开会时应关闭手机,或者将手机设置为静音、振动状态,以免对会议产生干扰。此外,不应在会场上接听或拨打电话,因为这样会影响周围的人员正常开会,在不影响会议的前提下,应尽量到会场外面接听或拨打电话。

(2)如果会议涉及商业机密,相关人员在出席会议时,不仅要关闭手机,而且还应将手机的电池板取出,以防止泄密。

(3)与重要来宾会见时应关闭手机。尤其要注意,在会见宾客的时候接听手机是很不礼貌的行为。

(4)在公共场所接听手机时应尽量避免大声说话,以免打扰周围的人,这是对别人应有的尊重。

(5)虽然现在几乎每个人都随身携带手机,但这并不意味着人们在任何时候都乐意与他们的上司或同事通过手机讨论工作。在非工作时间,我们应尊重别人的私人空间,不宜像在单位时一样随时给同事打手机。

(6)开车时应将手机设置在静音状态或者关闭手机,以免因注意力不集中而影响安全驾驶。特别应该指出的是,驾车时接听电话不仅违反交通法,而且也是非常危险的行为,应严格禁止。

微信平台

微信是一个基于智能手机进行网络沟通的应用程序。由于它安装便利、使用简单,加上近年来智能手机的广泛普及,微信作为即时沟通交流的一种便捷方式,不仅广受个人的青睐,而且也被广泛应用于企业管理沟通过程中。例如,个人通过微信可以即时、快速地发送语音短信、视频、图片和文字,也可以借助"微信群""朋友圈"等服务插件与朋友共享流媒体信息;企业可以通过注册微信公众号建立企业公众平台,实时对外发布企业最新动态等信息;此外,企业也可以基于微信平台建立互联网营销网络,与客户进行即时交流互动或为客户提供网络咨询服务。

网络沟通的优势

沟通媒质革命波及社会每个角落,影响个人沟通的同时也以迅雷不及掩耳之势改变着组织沟通。从表面上看,组织内部正式沟通渠道的物理介质发生了翻天覆地的变化,计算机、光纤传输、网络技术给原先的电话、传真机等介质统治的沟通领域插上了腾飞的翅膀;Extranet、Intranet、Internet 让公司飞越时空障碍,沟通更加游刃有余地运作于四通八达的世界里,为企业更加高效地达到目标起到不容忽视的正面作用。

总的来讲,沟通媒质革命为公司沟通带来的利益有以下几点。

大大降低了沟通成本

IP 电话的产生,使跨国公司总部与分部之间电话沟通交流,相比国际电话往来成本大为节省。通过 E-mail,不仅可以像传真机一样传送文件、数据、表格,还可以增加内容的色彩信息,增强信息保密性,同时便于接收者修改并存贮于计算机内。而且重要的是,其费用比传真机便宜。

使原先一对一的单调的语音沟通立体直观化

电话,无疑一直是组织沟通的主角,今天,计算机主机、modem、光纤的加盟,加上三维图像识别软件技术,使电话的沟通价值再次大放光芒。可视电话的诞生,使企业在真正意义上感受到"地球村"的含义。

极大缩小了信息存贮空间

高密度磁盘、光盘、数据存储器等强大的信息存贮能力,节约了大量的信息存储空间。信息存储无纸化的趋势,同时便于对文件信息的管理。

使工作便利化

感谢计算机网络系统!对于那些被工作地域、工作时间挟制的员工来讲,网络系统的发达使他们长舒一口气。他们不一定非要去办公室,同样可以做一分工,养家糊口。SOHO(Small Office, Home Office)已经被越来越多的公司和个人所推崇。

安全性好

成熟的防火墙(Firewall)技术可以较好地保证公司内部网的安全性。

跨平台,容易集成

采用标准的 TCP/IP、HTTP 协议,它可以与企业现有网络很好地结合。同时,这些协议可以使公司内部网与外部网实现集成。

例如,福建实达公司通过公司内部网(Intranet)建立了颇具特色的网络文化。公司内部网上设立了"员工之家"等主页,员工通过电子邮件、电子公告板等渠道可以在网上自由收发信息。凭借这些手段,员工可以在网上抒发对工作的感受,宣泄不满情绪,也可以互通有无,互相探讨,共同学习。公司内部网加大了员工之间的联系,即使是不同部门、素不相识的同事,也可以互相帮助、互吐心声。疲劳的工作情绪可以通过网上交流得以释放,孤寂的个人也可以从网上伙伴处寻求慰藉。

内部网将企业联结成为一个整体。每个人可以很清楚地知道自己的位置和价值。个人既有归属感，又能感受到竞争的压力。对于管理人员，随时掌握员工的工作情绪和心理需求变动易如反掌。每天只需少量的上网浏览时间，管理人员就可以发现今天员工正在关注的事情，了解正在发生的工作状况。

更为重要的是，网络面前，人人平等。内部网络为企业管理人员与员工的对话提供了绝佳的平台，实现了管理人员与员工间的平等沟通。在过去，基层员工或许数月才能与老板见上一面，通过网络员工可以随时与老板交流。这种网上角色的转变，极大地满足了员工的心理需求，在很大程度上鼓舞了员工的士气，提高了企业的凝聚力。

网络沟通存在的问题

综上所述，网络沟通为企业内部沟通、外部沟通创造了许多鼓舞人心的利益和便捷之处。因此，越来越多的企业越来越多地使用着网络。然而，网络沟通也带来了某些问题，企业在倚重网络沟通的同时，也要认识到此类问题。

沟通信息呈超负荷态

信息以前所未有的速度在组织与组织、组织与个人、个人与个人间进行流转。信息流速加快的必然结果之一，就是对于组织中的个体所接收到的信息数量远远超过其所能吸收、处理的能力。

口头沟通受到极大的限制

在传统的组织沟通中，口头沟通是重头戏。在没有电话的时代，口头沟通是纯粹意义上的口头沟通，沟通的各方通过面对面的口头表达进行信息交流。随着电话的出现，口头沟通扩展至沟通各方通过电话线，进行口头上的信息交流，而无须谋面。在这种意义上的口头沟通，已经逊色于最初意义上的口头沟通，不能原汁原味地传递交流各方的感情和意思。进入网络时代，电话时代意义上的口头沟通的使用也受到了极大的限制。人们越来越青睐电子邮件和电子公告板。这两种方式虽然有着快捷又廉价的优势，但最基本的是，他们使沟通更加非人性化。正如前文所述，沟通不仅是表达事实，也可以传递情感和意见。因此，口头沟通作为能完成这两个沟通目的的最佳介质，在组织沟通中有着不可替代的地位。网络时代使得工作与工作场所的分离成为可能，在推崇工作自由取得全面胜利的同时，组织沟通却遭受了最严重的打击。而且，令人遗憾的是，弥补因口头沟通不足带来的工作情绪不高的窘境的手段和途径还未得到充分的开掘。

纵向沟通弱化，横向沟通扩张

当我们将人们视为网络中的知识资源而不是一定范围的所有者时，向横向沟通的转变是一种显而易见的过程。当然，仍然会存在纵向沟通。但当以任务为中心的核心团队在公司各处带动知识进步时，居于主导地位的将是横向沟通形式。

在网络环境中的横向沟通由于减少了官僚体制的阻碍而显得更加自由、更加流畅。同时，也增加了发现意外的可能性，使得我们可能在不经意中发现问题的关键所在。

网络沟通的策略

网络时代，组织结构形态发生变化，随之衍生的组织文化也发生了变化，管理沟通必然也发生很大的变化。这些变化有好的一面，也有坏的一面。那么，怎样改进组织沟通思路，在新的数字化时代真正提高组织沟通的效率呢？

世界著名的微软公司为我们创造了 IT 业界公司发展的"神话"故事，他们公司内部的沟通机制同样为我们在网络时代提高沟通效果提供了典范。

微软公司的总裁比尔·盖茨坚持利用电子邮件来加强与部属和员工的联系，他每天上班的第一件事，就是检查电子信箱。同时，公司内部的所有员工通过电子邮件频繁进行信息交流，一本新书、一篇好文章、一种创意、一丝灵感，都是员工电子邮件传递的内容。他们还形象地将这种沟通方式称为"东走西瞧"。

尽管有着最快捷、发达、高效的电子沟通介质，公司并没有弃传统的非正式沟通形式于不顾。如前面在管理沟通的讨论中，我们就提到在微软公司盛行着一个"蓝色托盘活动"。这些都给我们在网络时代进行网络沟通提供了新思路，我们认为管理者在个人信息交流行为和制定公司的管理沟通目标方面都应成为员工的楷模。为了适用 21 世纪的竞争需要，提升管理效率，管理者在使用网络沟通方面必须遵循五大原则。

交流面对面，管理最有效

随着 Internet 和 E-mail 的普及，管理者越来越依赖这些新技术传递信息，然而面对面的交流仍然是最重要的管理沟通方式。因为电子沟通并不能替代上司与下属的直接交流，在直接交流中上司还可以观察到下属的面部表情等肢体语言，并确保沟通的有效性与反馈的及时性。

信息传递前,深思又熟虑

管理者与员工经常会收到各种并不适用的信息。在有效的管理沟通系统中,传递者应对其信息和接收者进行认真的考虑与筛选,进行情景管理与沟通,为每个接收者准备个性化的信息。

注重影响面,圈内与圈外

管理沟通就像往一个相对静止的池塘中扔一石块,会产生"一石激起千层浪"的连锁反应。对你的直接上司、下属或一起工作的同事,必须准确识别、了解并理解其沟通风格与交流方式,以减少沟通障碍。同时,作为管理者还得考虑你的沟通风格与交流方式对圈外成员的影响。其中最为关键的是,为了使得管理沟通更为畅通、更为有效,管理者应该将沟通对象视为合作伙伴,彼此尊重,为沟通持续顺利进行打下良好的基础。

技术新趋势,冷静多思考

人们面临电子通信与网络交流的到来,误以为无纸化办公和无纸邮件将全面取代纸上交流。其实,新的通信工具并不会全面取代传统的交流工具,但它们会全面渗透、融入现有的通信设施。我们必须不断适应我们在全球的合作伙伴、顾客、投资者和支持者的不同的沟通习惯与交流方式。

控制通信费,事半又功倍

在许多公司中,通讯方式是多种多样并由不同的部门负责管理,如E-mail、声音邮件、电话和传真,因而公司对通信费用没有一个准确的认识。有效控制通讯管理费用(其中蕴藏着巨大的管理机会),管理者必须具有高度的责任感,重新审视与设计公司的管理沟通系统和通讯程序,这样既能控制成本,又能有效实现管理沟通的目标,真正做到事半功倍。

小　结

本章首先介绍了当今社会正在发生的沟通媒介的革命,并给网络沟通下了个定义。认为基于信息技术的计算机网络来实现企业内部的沟通和企业与外部相关关系的沟通就是网络沟通。然后,本章讨论了信息技术对组织沟通环境的冲击以及产生的宏观和微观层面的组织沟通环境的变化。接着,本章概要地介绍了主要的网络沟通的形式,包括物理的网络沟通体系:互联网、外部网和内部网以及四种主要的沟通形式:电子邮件、网络电话、网络传真和网络新闻发布。最后,本章尝试着总结了网络沟通的优点和缺点,并据此给出了网络沟通的新思路和策略。

讨 论 题

▷ 何谓网络沟通？

▷ 信息技术对组织沟通环境的冲击有哪几个方面？

▷ 对一个企业而言,网络沟通的物理结构的形式有哪些？ 各有什么特点？

▷ 网络沟通的主要形式包括哪些？ 各有什么功能？

▷ 网络沟通存在的问题是什么？ 如何认识这些问题？

▷ 如何制定有效的网络沟通策略？

案例分析

早晨,当客户部经理小蒋走进办公室的时候,信息系统的数据仓库就已经开始为他准备好了这一天工作的所有必需品,从打开电脑到接收来自美国的电话会议录音、预订飞往巴黎的机票……

傍晚,当他下班回家的时候,信息系统的数据仓库又为他自动打卡、整理一天的工作任务、预订晚上公司酒会的位置、自动关机……

"别以为这些都是假想,它们已经切实地发生在欧美的一些大公司。管理水平决定信息化水平,单靠信息化建设是无法促进管理的。也就是说,只有管理水平达到了,信息化才能够发挥促进和优化管理的作用。"华普超市连锁有限公司(以下简称华普超市)信息部总监沈强开门见山地说道。

自中国加入世贸组织后,国际间的竞争在零售行业表现得尤为突出,像沃尔玛、家乐福等国际零售业巨头纷纷登陆中国,它们凭借丰富的运作经验、颇具规模的经营体系,给国内的本土超市带来了前所未有的"灾难"。在这些巨头面前,用信息化加强管理成为本土超市的必要手段。

1. "粗旷"式管理

自 2007 年进军零售业市场至今,华普超市的发展取得了骄人业绩。产业规模迅速增长,企业规模不断扩张,分部遍及全国各大城市,已经成了本土零售业的一张招牌。随着发展步伐的加快,管理模式陈旧、老化,成为制约其发展的绊脚石。

从华普超市信息化建设的总体情况来看,其信息化在企业中的运用已经有了一定的规模,已经构建了 MIS 系统、ERP 系统、供应链和物流等管理系统。但是,这些系统只是企业管理中的某一纵向分支,对于企业日常事务的工作处理没有实现并行管理。

华普超市的经营地点分散,分支机构众多,总部与全国各地分部之间的信息有效互通是企业高效运作的有力保障。但是华普超市依然沿袭电话、传真、电子邮件等传统的沟通方式。由此,造成了总部与分部之间、部门与部门之间的信息难以实现同步共享,成为提高企业内部管理的又一障碍。

例如,信函、文件的收发,多层分支机构造成文件的收发过程冗长、审批过程复杂,经常出现文件无法及时送达执行部门手上,造成时间上的拖延;又比如,门店间的调货,分部需要先与总部联系,总部再查找每个分部的货物情况,然后再分别通知两个分部进行调货处理。这样可能造成的后果是,货物调完,销量已经进入低谷;再有,可能甲分部派车到乙分部调货,由于乙分部没有及时接到总部下达的通知,不允许调货,结果人为地造成了时间、人员及车辆的浪费,进而延误了良好的商机,带来间接经济损失。这样的信息沟通滞后与脱节造成各部门之间无法得到紧密衔接,团队的协同能力无法得到及时有效的发挥,制约了整个企业健康、协同的发展。

信息的无法互通,不仅使企业错失了很多商机,更让其无法适应瞬息万变的市场竞争,因此,解决这些问题迫在眉睫。

2. OA 系统对症下药

为什么信息化发展到了一定的阶段,还会存在上述问题? 中国软件行业协会顾问委员会主任杨天行教授对《当代经理人》表示:"由于华普超市信息化技术应用还停留在日常的业务操作层面上,忽略了管理,尤其是内部信息沟通和共享机制,极大影响了企业管理整体水平的提升。"

华普超市的领导层及时意识到了这一问题的严重性,决定为企业建构一套系统的协同办公平台,来加强总部及各个分支机构的紧密联系,规范和优化办公流程,加强企业对市场信息的实时有效掌握,从而使企业内外资源达到最大化利用和最优化配置。

经过几番沟通,最终华普超市选择用金和的 OA 系统办公软件来进行精确管理。通过构建 OA 系统可以将日常行政管理、各种事项的审批、办公资源的管理放在一个平台上解决,实现了多人多部门以及各种信息的沟通与传递的协同办公。项目小组与华普超市各部门管理人员进行了深入的沟通和研究,最终根据华普超市自身的发展特点及实际需求量身定做了一套系统解决方案。

2015 年 7 月,项目小组开始了协同办公平台的实施工作。经过一个多月的努力,顺利完成了实施计划中的所有项目,协同办公平台正式开始运行,华普超市开始逐步实现从内而外的精确化管理。

华普超市协同办公平台实施目标是搭建内部网络办公平台架构,完成数据中心的规划设置,实现企业内部日常办公流程的规范优化及监督可控性。主要分为两大模块:一是工作流程模块,二是个人业务模块。工作流程模块主要包括文件收发管理、通知、报告、合同会签、各种指令的下达、文件审批等事务;个人业务模块主要包括网络寻呼、工作日记、工作计划、总结等事务。

例如,总部要向分支机构下达一则通知,以往的情况,是通过电话、传真或电子邮件形式。如果采用电话形式,总部的工作人员需要一个分部一个分部地打过去亲自通知,但很有可能存在 10 个分部里有 2 个分部没有接通电话的情况,这时候,就需要过会儿再次电话传达。半个小时以后,工作人员又打去电话,结果其中的一个分部又没有接通。这时,工作人员有可能为了忙手上的其他工作而遗漏了一个分部没有通知到位;如果采取传真的方式,也会有类似的情况发生,比如分支机构众多容易产生文件漏发现象,还有不确定对方是否收到传真件,也无法保证文件的清晰度等;电子邮件的形式更是无法得到保障,邮件地址发错、邮件丢失、病毒侵害等都是问题。

系统上线后这些都不再是问题,系统早已将各个分支机构的信息录入,如果总部要下达通知,只要将通知写好,鼠标选上所要通知分支机构相关负责人的名字,轻轻点击提交就可轻松完成。系统会自动显示出发件人的所属部门、职位、名字及发件时间,而收件那一方只要登录系统,就会利用寻呼功能自动弹出邮件,同时系统会将收件人登录和查阅信息的时间记录系统中。由此,通过收发文件管理能够实现收、发、查阅的痕迹保留,同时提供流程监控、跟踪、催办和查询,极大地缩短了收发文件的审核时间,保证了传输过程的安全性和稳定性。

在采访中,沈强还给记者在系统中亲自演示了个人业务模块的应用流程,打开某分部员工的工作日记后,可以清楚看到这一员工一天做的所有工作,都按照系统格式一一具体呈现出来。当看到新会员发展情况异常时,沈强立即拿鼠标点了批示按钮,写了意见提交后,系统自动显示批示人的所属部门、职务、名字和信息发布时间。沈强说,当这名员工再次登录系统时,系统将自动寻呼,弹出这则新信息。这就是工作日记在个人业务模块中的一个小模块,工作日记主要用来记录员工每天的工作情况,是为了便于领导通过管理权限对员工工作情况的随时查阅和批示;同时,也方便个人对工作的梳理和有序计划。

系统中的网络寻呼功能结合了电话的即时性、邮件带附件的功能和短信的方便性,同时克服了电话不可重现、邮件技术壁垒、短信输入困难等缺点,它支持点对点、点对面、面对点的信息发送,还可召开网络会议,即使出差在外,也能随时实现沟通无障碍。沈强告诉《当代经理人》："这一点,光在电话费方面,就节省了原来的 1/4 甚至 1/3,极大节省了公司的运营成本。"

"信息化是管理的手段和工具,只有管理与信息化完美结合才能发挥最大的效用。"这是华普超市信息化建设中最深的感受。

问题

1. 华普超市信息化建设项目上马之前,企业内部沟通是怎样的?
2. 目前欧美国家信息化管理状况如何?
3. 华普超市协同办公平台实施后信息交换与共享的优势何在?
4. 请谈谈学习对于组织未来管理沟通的意义和作用。